区域金融合作风险防控论

王旭 著

区域合作理论丛书

中国社会科学出版社

图书在版编目(CIP)数据

区域金融合作风险防控论 / 王旭著. —北京：中国社会科学出版社，2021.9
（区域合作理论丛书）
ISBN 978-7-5203-8276-2

Ⅰ. ①区… Ⅱ. ①王… Ⅲ. ①金融—国际合作—风险管理—研究 Ⅳ. ①F831.6

中国版本图书馆 CIP 数据核字（2021）第 066858 号

出 版 人	赵剑英	
责任编辑	孙　萍	
责任校对	郝阳洋	
责任印制	王　超	

出　　版	中国社会科学出版社	
社　　址	北京鼓楼西大街甲 158 号	
邮　　编	100720	
网　　址	http://www.csspw.cn	
发 行 部	010-84083685	
门 市 部	010-84029450	
经　　销	新华书店及其他书店	

印刷装订	三河弘翰印务有限公司
版　　次	2021 年 9 月第 1 版
印　　次	2021 年 9 月第 1 次印刷

开　　本	710×1000　1/16
印　　张	21
字　　数	289 千字
定　　价	108.00 元

凡购买中国社会科学出版社图书，如有质量问题请与本社营销中心联系调换
电话：010-84083683
版权所有　侵权必究

《区域合作理论丛书》编委会

主　　编
梁双陆　云南大学经济学院党委书记，研究员，博士生导师

副　主　编
杨绍军　云南大学社科处处长，研究员

编委会成员（排名不分先后）
杨先明　云南大学特聘教授，博士生导师
黄　宁　云南大学经济学院院长，研究员
张　林　云南大学人事处副处长，教授，博士生导师
张国胜　云南大学经济学院副院长，教授，博士生导师
马子红　云南大学经济学院副院长，教授
冯　勇　云南大学经济学院副院长，研究员
罗美娟　云南大学经济学院教授，博士生导师
郭树华　云南大学经济学院教授，博士生导师
施本植　云南大学经济学院教授，博士生导师
陈　瑛　云南大学经济学院研究员，博士生导师
程士国　云南大学经济学院教授
李　娅　云南大学经济学院教授
何树红　云南大学经济学院教授
赵鑫铖　云南大学经济学院教授

总　序

2017年，云南大学入选世界"双一流"建设高校名单，标志着云南大学经济学科进入崭新发展阶段。2018年，为切实提升科学研究水平和理论创新能力，云南大学在双一流建设项目中设立了社会科学理论创新高地，在社科处的支持下，专门设立了"区域合作"理论创新高地建设项目（项目编号：C176240103），以推动区域合作理论创新。该项目负责人为梁双陆研究员。

"区域合作"理论创新高地建设项目实施三年以来，在云南大学相关部门的大力支持和项目成员的努力下，取得阶段性成效。一是标志性成果凸显。2018年以来，本项目成员在《世界经济》《经济管理》《财贸经济》等期刊发表高质量论文十余篇，在 Econometric Theory 等重要国际期刊发表 SSCI 论文 6 篇，出版学术专著十余部。团队成员先后获得国家级项目立项 3 项。先后向国家和省委省政府提交 30 多份区域合作相关决策咨询报告。二是团队成员成长卓著。2018年以来，有 9 位项目成员实现职称晋升，8 名成员入选云南省人才专项。三是平台建设取得重要进展。区域合作理论创新高地依托学科基础和平台，继续建设沿边开放与经济发展智库，与云南省委财经领导小组办公室签订战略合作协议，建设决策咨询研究基地，举行多次高端合作论坛，在营造科研氛围、提升科研成效上有明显进展。2019年，经专家团评审沿边开放与经济发展智库，顺利通过南京大学中国智库研究与评价中心及光明日报智库研究与发布中心遴选，正式成为CTTI来源智库之一。同时，智库发挥了良好的服务地方作用，承担了多项重要地方项目，并到主要省属企业开展学术讲座。经过三年的建设，有力地支撑了云南大学经济学科的影响力进一步扩大，区域合作理论创新成果显示度进一步提升，研究实力显著增强。本丛书的出版，就是"区域合作"理论创新高地建设项目的重要成果。同时，也是云南大学经济学科建设的最新进展。

当前，世界经济环境正在经历史无前例的变化。经济全球化和国际分工面临巨大挑战，国际区域合作面临中美贸易摩擦、逆全球化、贸易保护主义、民粹主义的巨大压力。然而，分工理论已经很好揭示了区域合作的效率提升机制，国际贸易和国际投资的飞跃性发展已经将国际经济合作的福利播散到每一个角落。这是不可抗拒的历史潮流和必然趋势。同时，作为开放型大国，我国也进入了构建国内大循环为主体，国内国际双循环相互促进的新发展格局的新阶段。这必然会对国内区域合作、国内区域经济一体化和国内市场规模的红利进一步释放提供巨大动力。在贸易保护主义和新冠肺炎疫情的全球性冲击下，国际政治经济格局在加速重塑，国际国内区域合作面临新的机遇和挑战。但我们坚信，风雨过后，区域经济合作仍将是未来驱动区域经济乃至全球经济发展的重要动力，而内陆边疆地区在新时期的开放合作中的优势及作用将空前凸显。

作为一门经世济民的学科，经济学在解释经济发展动力、揭示经济规律和趋势上是没有止境的。本丛书是展示云南大学经济学学科在区域合作理论方面的研究成果，是对区域合作理论发展的有益尝试和创新，对促进国际国内区域合作具有一定的理论指导意义。虽然丛书作者已经付出了巨大努力，但仍存在一些有待商榷的内容及不足，特在此致以歉意并恳请读者不吝指出。我们期盼与学界同人携手,共同为区域合作理论的创新发展贡献力量,共同开创和描绘区域合作的美好愿景。

梁双陆

2020 年 10 月 11 日

目 录

第一章 绪论 …………………………………………………… (1)

第二章 区域金融与区域金融理论 …………………………… (4)
  第一节 区域金融成长与区域经济发展 ………………… (4)
    一 区域金融概念 ……………………………………… (4)
    二 区域金融发展现状 ………………………………… (4)
    三 区域金融发展特征 ………………………………… (7)
    四 区域金融的成长之路 ……………………………… (13)
  第二节 区域金融成长差异的环境因素 ………………… (16)
    一 客观环境因素 ……………………………………… (16)
    二 区域经济条件因素 ………………………………… (18)
  第三节 区域金融成长机制 ……………………………… (22)
    一 历史因素、城市因素和供给因素 ………………… (23)
    二 科学技术 …………………………………………… (25)
    三 经济发展 …………………………………………… (26)
    四 金融生态 …………………………………………… (27)
  第四节 各区域板块经济金融比较分析 ………………… (28)
    一 区域板块间发展策略及政策支持的比较 ………… (28)
    二 各区域板块发展之间的差异比较 ………………… (33)

第三章 区域性金融风险防控理论 …………………………… (43)
  第一节 系统性风险与区域性风险 ……………………… (43)

一　系统性风险 …………………………………………（43）
　　二　区域性风险 …………………………………………（57）
第二节　系统性和区域性金融风险的防范 ……………………（60）
　　一　系统性与区域性风险防范架构 ……………………（60）
　　二　区域性金融风险的防范 ……………………………（63）
第三节　中国区域性风险向系统性风险的转嫁机制
　　　　研究 ……………………………………………………（65）
　　一　区域性风险向系统性风险的转嫁渠道分析 ………（65）
　　二　区域性风险向系统性风险转嫁的条件分析 ………（67）
第四节　区域金融理论 …………………………………………（68）
　　一　区域金融发展差异的研究 …………………………（68）
　　二　区域金融合作研究 …………………………………（70）
　　三　区域金融生态研究 …………………………………（71）
第五节　区域金融风险形成的微观、中观和宏观因素 ………（72）
　　一　区域金融风险形成的微观因素 ……………………（73）
　　二　区域金融风险形成的中观因素 ……………………（75）
　　三　区域金融风险形成的宏观因素 ……………………（77）

第四章　区域金融结构 ……………………………………………（79）
第一节　金融结构与区域金融结构理论发展概述 ……………（79）
　　一　金融结构理论 ………………………………………（79）
　　二　区域金融结构理论 …………………………………（81）
第二节　区域金融结构的一般性分析 …………………………（83）
　　一　区域金融结构性质 …………………………………（83）
　　二　区域金融结构的定性和定量分析 …………………（84）
　　三　区域金融结构的类型 ………………………………（86）
　　四　区域金融工具 ………………………………………（89）
　　五　区域金融机构 ………………………………………（97）
　　六　区域金融制度体系 …………………………………（101）
　　七　区域金融中心 ………………………………………（104）

第三节 区域金融结构的功能 …………………… (112)
　一　区域金融结构与区域经济增长 …………… (112)
　二　区域金融结构与区域金融稳定 …………… (117)
　三　区域金融结构与区域创新能力 …………… (121)

第四节 中国区域金融结构的改善 ………………… (123)
　一　中国区域金融运行现状 …………………… (123)
　二　中国区域金融结构的比较研究 …………… (124)
　三　中国区域金融结构的改善 ………………… (127)

第五章 区域金融结构与区域金融合作风险 ………… (130)

第一节 金融市场与区域金融市场概述 …………… (130)
　一　金融市场的概念和功能 …………………… (130)
　二　金融市场的构成要素 ……………………… (134)
　三　金融市场的分类 …………………………… (136)
　四　区域金融市场 ……………………………… (138)
　五　中国区域金融市场现状 …………………… (139)

第二节 区域利率差异的国际比较 ………………… (146)
　一　美国的区域利率差异 ……………………… (146)
　二　英国的区域利率差异 ……………………… (147)
　三　意大利的区域利率差异 …………………… (147)

第三节 中国区域利率差异 ………………………… (148)
　一　区域利率差异的基础——利率市场化 …… (148)
　二　中国的利率市场化 ………………………… (149)
　三　中国区域利率制的实行 …………………… (152)
　四　中国区域利率状况分析 …………………… (154)

第四节 区域信贷可用性 …………………………… (155)
　一　区域信贷可用性的基础知识 ……………… (155)
　二　区域信贷可用性的基本理论 ……………… (156)

第五节 中国信贷资金的区域化配置 ……………… (162)
　一　中国信贷资金区域化配置的现状研究 …… (162)

二　中国信贷资金区域化配置存在的问题 …………… (166)
　　三　中国信贷资金区域化配置的优化 ………………… (168)

第六章　区域金融政策与区域金融风险 ……………………… (172)
　第一节　区域金融政策概述 ……………………………… (173)
　　一　区域金融政策含义 ……………………………… (173)
　　二　区域金融政策目标 ……………………………… (175)
　　三　区域金融政策系统 ……………………………… (177)
　第二节　实施区域金融政策的必要性 …………………… (179)
　　一　防范化解差别性区域金融风险 ………………… (180)
　　二　防范化解区域性金融政策风险 ………………… (184)
　　三　防范化解实施统一宏观金融政策风险 ………… (186)
　第三节　中国发达地区和发达国家区域金融政策的
　　　　　经验借鉴 ……………………………………… (187)
　　一　温州民间金融风险与金融政策制定 …………… (187)
　　二　美国次贷危机与金融政策调整 ………………… (190)
　　三　经验借鉴 ………………………………………… (194)
　第四节　构建中国区域金融政策的思路 ………………… (194)
　　一　中国区域金融风险主要表现形式及区域差异性
　　　　分析 ………………………………………………… (195)
　　二　中国区域金融政策体系的构建思路 …………… (198)

第七章　区域金融集聚与产业发展中的风险 ………………… (204)
　第一节　区域金融集聚理论 ……………………………… (205)
　　一　区域金融集聚含义 ……………………………… (205)
　　二　区域金融集聚特征 ……………………………… (207)
　　三　区域金融集聚动因理论基础 …………………… (209)
　第二节　区域金融集聚与产业发展 ……………………… (211)
　　一　产业概念界定 …………………………………… (211)
　　二　产业发展过程概述 ……………………………… (213)

  三 区域金融集聚与产业发展之间的关系 ……………(216)
 第三节 中国区域金融集聚与产业发展中的风险分析 …(221)
  一 中国的产业结构 ……………………………………(221)
  二 中国的金融结构 ……………………………………(227)
  三 当前中国产业结构调整背景下区域金融
    风险的形成 …………………………………………(230)
  四 当前中国东部地区产业结构升级中的风险
    分析 …………………………………………………(234)
 第四节 区域金融集聚与产业发展优化对策 ……………(243)
  一 注意产业结构调整政策实施范围、力度和
    节奏 …………………………………………………(244)
  二 前瞻性地把握产业结构演进趋势，及时
    调整信贷结构 ………………………………………(244)
  三 不断完善金融市场，提高直接融资比例 …………(246)

第八章 区域金融风险测度与区域金融风险实证 …………(248)
 第一节 商业银行风险测度及管理方法 …………………(248)
  一 商业银行信用风险的内涵 …………………………(248)
  二 商业银行风险测度及管理方法介绍 ………………(250)
 第二节 区域金融风险预警指标体系构建 ………………(256)
  一 国际金融风险监测方法介绍 ………………………(256)
  二 金融风险预警指标体系的规范标准 ………………(259)
  三 区域金融风险预警体系指标选取 …………………(262)
  四 区域金融风险预警体系指标临界值设定 …………(265)
 第三节 区域金融风险预警体系指标权重确定 …………(268)
  一 赋权法的介绍 ………………………………………(268)
  二 区域金融风险预警指标权重的确定 ………………(274)
 第四节 区域金融风险实证分析与防范建议 ……………(279)
  一 区域金融风险的实证分析 …………………………(279)
  二 区域金融风险的防范建议 …………………………(282)

第九章　区域金融风险防控国际合作机制 …… (284)
第一节　国际金融监管合作 …… (284)
　　一　国际金融监管合作的意义与功能 …… (284)
　　二　国际金融监管合作制度的不足 …… (287)
　　三　国际金融监管合作的改进 …… (290)
第二节　区域金融监管合作 …… (291)
　　一　区域金融监管的发展 …… (293)
　　二　欧洲区域金融监管合作的历程回顾 …… (295)
第三节　国际金融监管合作与区域金融监管合作的比较 …… (298)
　　一　次贷危机前后的国际金融监管合作的表现 …… (298)
　　二　国际金融监管合作机制中内生矛盾分析 …… (301)
　　三　区域金融监管合作的现实选择 …… (302)
第四节　中国—东盟区域金融合作研究 …… (304)
　　一　中国—东盟区域金融合作现状 …… (304)
　　二　中国—东盟区域金融合作的制约因素 …… (308)
　　三　中国—东盟区域金融合作的建议 …… (309)

参考文献 …… (312)
后　记 …… (321)

第一章

绪　　论

一　研究背景和内容

区域合作的持续健康发展离不开金融业的有力支持，区域金融合作的健康发展也离不开区域经济合作的持续健康发展，因此研究如何在区域间经济合作不断加深的背景下，提高区域金融合作水平、防控金融风险将有助于金融与实体经济稳定和健康。近年来，在区域合作不断加强的背景下，区域融合程度的加深对于区域金融风险防控提出了新的挑战。在国内外多重因素压力下，部分地区金融风险不断累积，区域间金融风险存在共变和相互传递。在这一新的背景下，研究区域金融合作风险防控具有十分重要的现实意义。

本书从区域金融与区域金融理论、区域性金融风险防控理论、区域金融结构、区域金融结构与区域金融合作风险、区域金融政策与区域金融风险、区域金融集聚与产业发展中的风险、区域金融风险测度与区域金融风险实证、区域金融风险防控国际合作机制等方面，对区域经济融合背景下的区域金融风险问题进行理论梳理和实证，并进行相关案例研究，尝试梳理适用中国国情的区域金融合作风险防控理论。

二　研究思路

本书总体上按照以下思路展开：随着区域经济的不断发展，区域经济合作中的实体经济需要有相应的区域金融发展作为支撑，两者的发展应当相互匹配，相互促进。当两者的互动关系因为某些因素的影响不能很好匹配时，就可能出现区域性的金融风险，而区域性的金融风险的防控和化解不仅需要从国际金融风险的大背景入手，更需要围绕区域经济发展，构建适合的区域金融发展策略，加强区域金融监管合作。本书运用金融风险理论和经济发展理论，以区域经济互动不断加强这一实体经济现象为背景，以区域金融发展中的风险防控为研究对象，探讨因区域合作不断加强引起的金融风险在区域间的传递途径、机制，试图从金融合作的角度探讨区域经济风险的化解之道。

三　研究方法

本书具体的研究方法如下。

第一，将理论分析与规范分析相结合，把区域经济与金融系统作为一个复杂系统。以区域发展理论、区域金融理论和风险管理理论为指导，从区域经济和区域金融系统的特殊性以及虚拟和实体经济的互动关系中建立风险防控和政策评价理论。采用对比优化方法，在一个区域内，考察在区域合作发展与区域金融风险传递、区域金融政策与区域金融绩效、区域金融绩效与区域经济增长几个维度内，政策与主体行为、经济活动与金融风险的反馈机制，以描述区域经济合作与发展同区域金融之间相互作用的内在机制，以揭示区域金融风险的内生性，识别潜在的风险因素。深入研究区域金融风险的内在生成机理，并防止区域金融风险向区域实体经济反向溢出。

在区域金融风险的发展变化过程中，对区域金融风险的理论和实践进行系统的研究，同时回顾我国区域经济发展、我国区域经济合作中区域金融运行机制的实际情况，侧重对我国区域金融风险的市场特征进行研究，并揭示出我国区域金融发展阶段与实体发展阶段的不一致特征，以减少金融体系顺周期性，弱化金融机构顺周期行为。

第二，国别经验总结与实证分析相结合，运用经济计量方法、统计方法和时间序列方法等，构建区域金融风险评价测度指标，利用模型对我国区域金融风险进行测量。同时，从国别差异角度，相互比较，对区域金融风险的国别特征和成因进行分析，从区域制度特点和发展程度等维度探讨区域金融风险的国别差异成因，以揭示区域金融风险的动态变化特征，从微观、中观、宏观三个层次研究区域金融风险形成和传递的影响因素。

第三，将理论梳理和现实分析、预测分析相结合，对区域经济合作中的金融风险理论机制进行梳理，也对我国区域经济合作过程中的经济结构与区域金融风险的特征进行分析。既考察区域金融结构—区域经济绩效—区域主体行为间的行为传递机制，同时也考察以金融政策—金融发展—经济发展为主线的政策传递机制。

第 二 章

区域金融与区域金融理论

第一节 区域金融成长与区域经济发展

一 区域金融概念

区域金融是指宏观金融结构与运行在空间上的分布状态，其内涵包括空间差异、金融结构差异、发展水平差异、吸收与辐射功能差异和环境差异。在外延上，区域金融具有不同的形态和层次，是金融活动相对集中的区域。区域金融理论研究的是金融增长与金融发展的空间结构变动规律，其实质在于找出决定区域金融结构的经济因素，并阐明这些经济因素如何通过相互作用影响金融发展。区域金融可分为以下几类：一是政府及功能区金融，包括地方政府金融、开发区金融和 CBD 金融；二是产业与特色金融，包括科技金融、中小企业金融、文化创意金融、房地产金融、农村金融和消费金融；三是区域新型金融，包括商贸金融、电子商务金融和民间金融。

二 区域金融发展现状

近年来，随着世界政治经济领域不确定性的增加，国内结构性矛盾突出的形势越来越复杂，各地区主动适应经济发展新常态，以供给侧结构性改革为主线，统筹推进"五位一体"和协调"四个全面"的战略布局，适度扩大总需求，坚定推进改革，妥善应对各类风险挑战,在贯彻落实稳健货币政策的基础上,经济社会保持平稳健康发展,各个地区金融业改革稳步推进,区域发展协调性进一步增强,金融体系总体运行稳健。

从银行业来看,截至2016年末,东部、中部、西部和东北地区银行业总资产分别为120.35万亿元、31.22万亿元、37.92万亿元和14.41万亿元,同比分别增长12.64%、15.64%、12.11%和13.19%,占全国的比重分别为59.02%、15.31%、18.60%和7.07%;总负债分别为115.90万亿元、30.18万亿元、36.59万亿元和13.91万亿元,同比分别增长12.40%、15.64%、12.08%和13.20%,占全国的比重分别为58.96%、15.36%、18.61%和7.07%(见图2-1)①。

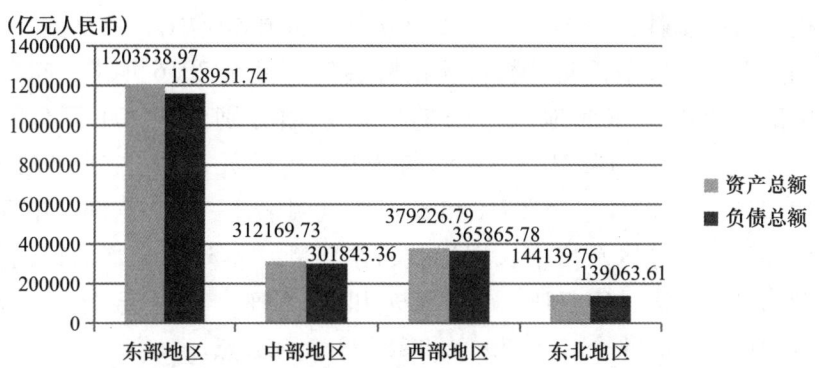

图2-1 2016年各地区银行业金融机构资产负债总额
资料来源:中国人民银行上海总部。

与此同时,各地区银行业存贷款保持较快增长。截至2016年末,东部、中部、西部和东北地区金融机构本外币各项存款余额分别为85.05万亿元、24.11万亿元、28.23万亿元和9.14万亿元,同比分别增长12.97%、13.19%、12.48%和4.00%,分别比上年回落2.80个、1.12个、0.07个和8.65个百分点。东部、

---

① 《中国区域金融稳定报告(2017)》,http://shanghai.pbc.gov.cn/fzhshanghai/113592/3440488/index.html。

中部、西部和东北地区金融机构本外币各项贷款余额分别为59.95万亿元、17.23万亿元、22.09万亿元和7.40万亿元，同比分别增长12.07%、15.79%、12.91%和8.49%（见表2-1）。从人民币存款期限看，存款仍呈活期化态势，2016年住户存款和非金融企业存款增量中活期占比为56.4%，比上年提升2.8个百分点。从人民币存款部门分布看，非金融企业存款增速明显加快，非银行机构存款少增明显。年末非金融企业存款同比增长16.7%，较上年提高3个百分点；住户存款和政府存款同比分别增长9.5%、11.8%，非银行业金融机构存款同比少增4.2万亿元，其中证券及交易结算类存款和SPV存放分别少增2.4万亿元和2.1万亿元。从人民币贷款部门分布看，个人住房贷款增加较多。个人住房贷款比年初增加4.8万亿元，同比多增2.3万亿元；非金融企业及机关团体贷款比年初增加6.1万亿元，同比少增1.3万亿元。从期限看，新增中长期贷款占比由降转升。截至2016年末，东部、中部、西部和东北地区中长期贷款余额分别为34.04万亿元、9.46万亿元、14.71万亿元和3.91万亿元，同比分别增长19.02%、9.37%、15.97%和8.21%（见表2-1）。东部、中部、西部和东北地区新增中长期贷款占全年新增本外币贷款的比例分别为84.34%、69.74%、86.56%和47.53%，较上年分别提高21.01个、8.34个、16.79个和28.08个百分点。

表2-1　　2016年各地区银行业金融机构中长期贷款情况

项目	东部地区		中部地区		西部地区		东北地区	
	2016年	2015年	2016年	2015年	2016年	2015年	2016年	2015年
中长期贷款余额（亿元）	340412.72	286005.58	94597.27	86490.49	147119.78	126862.32	39115.87	36147.18
增长率（%）	19.02	16.50	9.37	16.28	15.97	14.30	8.21	9.14

资料来源：中国人民银行上海总部。

三 区域金融发展特征

近年来,随着经济的发展,区域金融发展也呈现出新的特征,主要体现在几个方面:(1)政府对区域金融发展支持力度加大;(2)金融市场进一步完善、融资方式多样化;(3)直接融资比重上升等。

为支持区域金融的发展,政府出台了许多政策。一是完善金融市场,2018年,人民银行联合全国工商联召开了民营企业和小微企业金融服务座谈会,会议提出要加快银企对接的步伐,形成长期有效的沟通机制,金融机构在执行金融政策时要一视同仁,对国有企业、民营企业和小微企业提供优质的金融服务,同时政府部门应该采取适当的货币政策和财政政策激发金融机构的积极性,进一步加大对小微企业的金融支持力度,与此同时,政府部门还应该了解和掌握小微企业发展的客观规律,加强金融监管和风险防控。2019年,在北京召开的人民银行金融市场工作会议上,人民银行提出要完善债券发行市场,充分发挥其债券市场的资本补充作用,多举措促进信用债发行,稳步发展资产证券化。此外,要遵循市场发展规律,优化信贷投向和结构,强化金融服务功能,找准服务重点。2019年11月20日下午,最高人民法院、中国人民银行、中国银行保险监督管理委员会召开金融纠纷多元化解机制建设推进会,会议强调要完善金融纠纷多元化解保障机制,充分发挥审判职能作用,与金融管理部门、行业协会、调解组织加强信息共享、监督管理、执法联动,有效防范化解金融风险;要持续推进金融纠纷"分调裁审"改革,推动金融纠纷调解组织建设,构建科学、精准、高效的案件调解机制,更好实现源头解纷,简案快审。

二是政府推进内地金融区域快速发展,2017年,各地区政府纷纷出台政策支持本地金融中心的建设。目前,四川地区正在倾力打造"西部金融中心",这一战略规划有助于提升四川经济发展水平和深化金融开放,多年来,四川经济总量位居西部第一、有良好的区位优势，金融机构体系功能完备，按照《四川省金融业"十三五"发展规划》，到2020年末，四川省基本建成西部金融中心。与之相邻的重庆也提出了《重庆市建设国内重要功能性金融中心"十三五"规划》，规划表明为强化金融产业的支柱地位，完善金融机构体系和基础设施建设，重庆市将以两江新区为载体，推进内陆金融综合改革创新，以江北嘴—解放碑—弹子石为平台，建设功能性金融中心核心区。为促进济南市的经济发展，济南市金融办发布了《济南区域金融中心功能定位研究》课题报告，第一次明确了将济南建设成为"具有全国影响力的产业金融中心"的功能定位。《湖南省"十三五"金融业发展规划》提出：从2016年到2020年，要打造以长沙为龙头的长株潭地区金融核心增长极，其中长沙市按照"一主（芙蓉路金融街）、一副（沿江金融集聚带）、一区（金融后台园区）、一园（科技与金融结合的科技园区）"的总体布局，致力于将长沙市打造成为区域性金融中心。南京市在十八届人大一次会议上提出要将建邺区打造成为具有国际知名度的金融机构集聚中心和交易中心，并建设1—2个具有全国影响力的金融要素市场，高标准建成泛长江三角区区域金融中心。①

除了政府出台支持政策，努力完善金融市场之外，区域金融发展还有另一个特征——融资方式多样化。2011年我国开始使用社会融资这一指标，社会融资规模能有效反映金融对实体经济的支持力度。按市场划分，社会融资包括信贷市场、债券市场、股票市场、保险市场以及中间业务市场。目前我国主要的融资方式有人民币贷款、外币贷款、委托贷款、信托贷款和各种债券融资（见表2-2），多样的融资方式的出现为地区金融发展注入了强大的动力，但是在当前金融模式下，传统的银行业务即人民币贷款仍然占据主要地位。

在债券的发行方面，2018年，债券市场共发行各类债券43.6

---

① 中国区域金融网，http://www.qyjrw.com/gjjq/。

表 2-2　　　　　　　近年来中国社会融资总量结构

（单位：亿元人民币）

社会融资总量	2019 年（前三季度）	2018 年	2017 年	2016 年
人民币贷款	132170	283105	126405	116493
外币贷款	-440	-4345	-144	-5231
委托贷款	-5552	-8742	7358	22797
信托贷款	-931	13231	20132	7462
未贴现银行承兑汇票	-3019	-1457	4886	-19504
企业债券	23910	24800	3974	25848
地方政府专项债券	21659	17900	—	—
非金融企业境内股票融资	2343	3606	9122	12416
存款类金融机构资产支持证券	1852	—	—	—

资料来源：中国人民银行调查统计司。

万亿元，较上年增长 6.8%。其中，银行间债券市场发行债券 37.8 万亿元，同比增长 2.9%，国债发行 3.5 万亿元，地方政府债券发行 4.2 万亿元，金融债券发行 5.3 万亿元，政府支持机构债券发行 2530 亿元，资产支持证券发行 1.8 万亿元，同业存单发行 21.1 万亿元，公司信用类债券发行 7.3 万亿元。

票据市场方面，中国票据市场经过三十多年的探索实践，已经发展成为金融市场体系的重要组成部分，自 2016 年上海票据交易所开业运营以来，票据市场发展步入新时代。2018 年，企业累计签发商业汇票 25474.35 亿元，银行承兑汇票累计发生额 155628.4 亿元；2019 年，企业累计签发商业汇票 23051.83 亿元，银行承兑汇票累计发生额 140399.55 亿元。从机构类型来看，股份制商业银行在承兑中占据主要地位，2018 年股份制商业银行共承兑汇票 7.7 万亿元，占比 42.15%；城市商业银行承兑 4.66 万亿元，占比 25.5%；大型商业银行共承兑汇票 3.3 万亿元，占比 18.07%；农村金融机构承兑汇票 1.07 万元，占比 5.86%。[1]

---

[1] 《2019 年票据市场运行情况》，http://www.shcpe.com.cn/list_ 61.html。

在信托市场方面，根据中国信托业协会公布的数据，2017年，中国信托资产规模达26.25万亿元，同比增长29.82%，较2016年末的24.01%上升了5.8个百分点，环比增长7.54%。2018年，国家颁布了《关于规范金融机构资产管理业务的指导意见》，受该资产新规影响，2018年信托资产规模减少到22.70万亿元，同比下降13.5%。从信托投向领域来看，截至2019年第三季度末，投向工商企业的信托资金余额为5.51万亿元，占比29.76%；投向金融机构的信托资金余额2.68万亿元；投向基础产业的信托资金余额2.86万亿元，占比15.45%；投向房地产的资金余额2.78万亿元；投向证券领域的信托资金余额2.04万亿元。近年来，信托行业深度开展产融结合，为实体经济提供专业化的金融整合服务，同时在解决民营企业和小微企业融资难、融资贵的问题上发挥了重要作用。

除融资方式多样化外，直接融资比重上升也是区域金融发展的另一重要特征。2017年，各地区直接融资规模达25.96万亿元，同比增长38.16%。从地区分布来看，东部、中部、西部和东北地区直接融资规模分别为19.85万亿元、2.36万亿元、2.73万亿元和1.02万亿元，同比分别增长32.07%、71.01%、54.24%和67.21%。从股票市场看，IPO家数和融资额创近5年来新高，再融资规模创历史新高。全年共有227家企业完成首发上市，其中，上交所103家、深交所主板及中小板47家、深交所创业板77家。股票市场筹资额稳步增长，全年各类企业和金融机构在境内外股票市场上通过发行、增发、配股、权证行权等方式累计筹资1.5万亿元，同比增长28.2%，其中A股筹资1.3万亿元，同比增长56.2%。从区域看，广东、江苏、浙江IPO企业数量位居前三，而广西、海南、江西、辽宁、青海、重庆均仅有1家IPO企业。2017年9月，证监会公布资本市场支持扶贫攻坚新措施，对贫困地区企业IPO、新三板挂牌等开辟绿色通道。从债券市场看，全年各地区在债券市场融资23.72万亿元，同比增长36.79%。其中，东部、中部、西部和东北地区分别在债券市场融资18.21万亿元、2.05万亿元、2.48万亿元和0.98万亿元，占比分别为76.79%、

8.64%、10.44%和4.13%,东部地区占比优势明显。截至2018年末,债券市场各类参与主体共计20763家,较上年末增加1836家。① 在直接融资(不包括金融机构融资)中,近年来债券融资的比重远远超过股票融资,截至2018年,债券融资占直接融资的比重已经超过70%,2017—2019年主要的债券发行情况如表2-3所示。

表2-3　　　　　　2017—2019年主要债券发行情况

债券品种	2017		2018		2019（1—10月）	
	发行额（亿元）	同比增长（%）	发行额（亿元）	同比增长（%）	发行额（亿元）	同比增长（%）
政府债券	71772.47	-11.66	69509.71	-3.15	75173.81	8.15
政策性银行债券	27703.40	-5.49	28956.38	4.52	31912.90	7.98
政府支持机构债券	1860.00	132.50	2530.00	36.02	1450.00	-42.69
商业银行债券	6875.23	44.89	7133.70	3.76	12581.50	93.45
非银行金融机构债券	707.00	22.11	1479.00	109.19	1654.50	9.64
企业债券	3118.25	-40.96	1576.08	-49.46	2778.89	75.50
资产支持证券	3677.81	81.82	6160.50	67.49	6930.09	12.50

资料来源:中国债券信息网。

为了适应区域金融发展的需要,我国一直在进行金融改革和金融生态建设。自2015年国务院在五大区域进行金融改革试点以来,各个地区的改革逐步推进。东部地区是全国区域金融改革的"试验田"和排头兵,自由贸易区的试点任务全面铺开,逐步释放市场活力。上海自贸区探索"负面清单"模式,积极转变贸易方式,深化金融领域的开放,不断促进投资便利化,很好地发挥了示范作用。天津自贸区贯彻京津冀区域发展战略,建立了以金融创新为导向;以产业提升为载体;以体制改革为保障的三位一体

---

① 《中国区域金融稳定报告（2017）》, http://shanghai.pbc.gov.cn/fzhshanghai/113592/3440488/index.html。

的发展模式。中部地区不断健全地区金融组织类型，深入推进区域金融改革，湖北、安徽等省市相继筹建民营银行，探索普惠金融发展政策，不断加大农村金融服务和机构的改革力度。西部地区则依靠"一带一路"建设，全面深化区域金融改革，重庆市启动中新（重庆）战略性互联互通示范项目；广西充分利用南宁保税物流中心、北海出口加工区等开放合作平台，积极参与"一带一路"建设；四川则依托"成德绵"三市系统推进全面创新改革试验。东北地区以农村金融改革为突破口，深化重要领域和关键环节改革，吉林省全面实施国家农村金融综合改革试验任务，提升金融机构服务覆盖面、加快农村金融产品和服务模式创新，有效提高了金融精准扶贫的能力。

2016年来各地区除了加强金融基础设施建设之外，在改善金融生态环境方面也做出了很多努力。一是国家开展了互联网金融风险政治工作，2016年10月13日，中国人民银行发布了《互联网金融风险专项整治工作方案》，对P2P互联网借贷、"互联网+保险"、互联网众筹等通过互联网进行的金融活动进行整治，有效防范和化解互联网风险。二是规范票据业务的发展，2016年12月6日，中国人民银行颁布了《票据交易管理办法》，12月8日，全国统一的票据平台开始运营，票据交易开始步入电子化的新阶段，这极大地提高了票据交易的透明度，有利于提升交易效率，降低风险。三是金融监管部门不断创新监管手段和工具，银行业方面，全面实施巴塞尔Ⅲ协议框架，明确资本、流动性、资产质量、大额风险暴露、关联交易等方面的审慎性监管标准，建立公司治理、风险管理和内部控制等方面的监管制度。证券业方面，建立了以净资本为核心的证券公司风险监控指标体系与风险监管制度，并在全行业实施客户交易结算资金第三方存管制度，加强对中小投资者权益的保护。保险业方面，实施风险导向的偿付能力监管制度，搭建偿付能力监管、公司治理监管和市场行为监管"三支柱"的保险监管框架。[①]

---

① 《中国金融稳定报告（2019）》，http://www.pbc.gov.cn/jinrongwendingju/146766/146772/3927456/index.html。

四 区域金融的成长之路

早期的区域金融指金融活动相对集聚的区域,随着经济的发展和社会需求的增加,地方政府金融、开发区金融和产业特色金融等新型区域金融逐渐发展壮大。

(一) 地方政府金融

地方政府金融是传统的区域金融发展模式,随着国家经济的繁荣发展,地方经济和居民的收入状况持续改善,在这种社会环境下,个人和企业对金融服务的要求逐渐提高,这就要求地方政府能够提供与之相适应的金融服务,地方政府金融应运而生。目前地方政府的金融工具主要有银行贷款、地方政府债券、资产证券化、BOP/PPP 项目投资及股权投资,主要融资平台有建设投资公司、建设开发公司、投资开发公司、投资发展公司、国有资产运营公司及行业性投资公司等,这些地方融资平台通过举债融资为地方企业及社会经济发展提供资金支持,极大地促进了地方经济的发展。2018 年我国地方政府共贷款 11678.9 亿元,其中东部占比 42.57%,中部占比 18.29%,西部占比 30.32%,东北占比 6.57%(见图 2-2)。

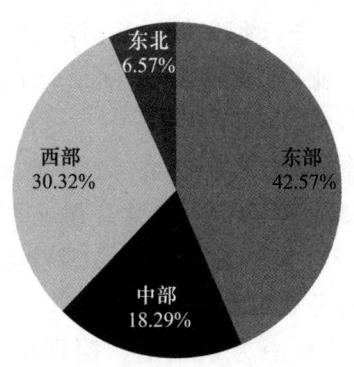

图 2-2 2018 年各区域贷款金额占比

资料来源:国家开发银行年度运行报告。

(二) 开发区金融

截至 2018 年底,我国已经发展了 219 个国家级经济技术开发区,实现地区生产总值 10.2 万亿元,同比增长 13.9%。东部地区 107 个国家级经开区实现地区生产总值 67333 亿元,同比增长 14.6%,其中:第二产业增加值 40461 亿元,第三产业增加值 22885 亿元,同比分别增长 8.3% 和 12.2%;实现财政收入 13524 亿元,税收收入 12151 亿元,同比分别增长 5.5% 和 8.6%;进出口总额 54281 亿元(其中,出口 29953 亿元,进口 24328 亿元),同比增长 9.5%;实际使用外资和外商投资企业再投资 306 亿美元,同比增长 2.1%。中部地区 63 个国家级经开区实现地区生产总值 21389 亿元,同比增长 14%,其中:第二产业增加值 15250 亿元,第三产业增加值 5819 亿元,同比分别增长 12.8% 和 17.6%;实现财政收入 3783 亿元,税收收入 3183 亿元,同比分别增长 16.9% 和 16.2%;进出口总额 5681 亿元(其中,出口 3059 亿元,进口 2622 亿元),同比增长 23.1%。西部地区 49 家国家级经开区实现地区生产总值 13302 亿元,同比增长 10.2%,其中:第二产业增加值 9052 亿元,第三产业增加值 3823 亿元,同比分别增长 10.8% 和 12.8%;实现财政收入 2081 亿元,税收收入 2045 亿元,同比分别增长 6.7% 和 10.6%;进出口总额 1975 亿元(其中,出口 1096 亿元,进口 879 亿元),同比增长 13.6%;实际使用外资和外商投资企业再投资 53 亿美元,同比增长 15.9%。[①]

(三) 产业特色金融与新型金融

除传统的区域金融发展模式外,近年来我国的特色产业金融及新型金融呈井喷式发展。特色产业金融主要包括科技金融、文化创意金融、房地产金融、农村金融及消费金融,新型金融主要有商贸金融、电子商务金融和民间金融。

1992 年,邓小平在南方谈话后,深圳市科技局首次提出了"科技金融"的概念,科技金融是指通过创新财政科技投入方式,

---

① 《2019 年国民经济和社会发展统计公报》,http://www.pbc.gov.cn/jinrongwendingju/146766/146772/3927456/index.html。

与金融产业结合，为新兴科技公司提供融资支持的一系列系统安排，目前我国最典型的科技金融区是中关村国家自主创新示范区，中关村示范区内科技金融种类丰富，其在促进创新创业的金融支持探索方面已经成为全国科技金融创新的"风向标"；随着世界步入知识经济时代，文化创意产业作为一种新兴产业，正以破竹之势发展，成为21世纪当之无愧的"朝阳产业"，其内容包括书刊出版、视觉艺术、表演艺术、录音制品及电影电视等。

近年来，文化创意产业在香港、台湾地区发展迅速，经济基础雄厚且信息发达的城市如北京、上海、深圳、重庆等也抓住了机遇，在文化创意产业发展的浪潮中占有一席之地，我国目前有名的文化产业集聚区主要有北京的八达岭长城文化旅游产业集聚区、十三陵文化创意产业集聚区，上海的四行仓库、田子坊和深圳的"华侨城创意文化园"等。

房地产金融是运用多种金融方式和金融工具为房地产的开发、流通和消费过程提供资金支持的一系列活动的总称，房地产业与金融业之间存在着互相支持、密不可分的关系，房地产行业覆盖面广，参与者广泛且隐藏着巨大的金融创新空间，对金融资本有较强的吸引力。以粤港澳大湾区为例，从2016年至今，世茂、泰和、金科、龙湖等龙头企业相继涌入大湾区，在《粤港澳大湾区发展规划纲要》出台前，众多房企就已抢先布局粤港澳大湾区的九城市，2017年、2018年，受"粤港澳大湾区"的概念影响，大湾区九城土地总成交量连续两年高速增长。截至2018年底，在粤港澳大湾区，TOP30房企的土地储备货值达5.73万亿元。

农村金融就是农村的货币资金融通，是一切与农村货币流通和信用活动有关的各种经济活动，近年来随着"普惠金融"的政策纷纷出台，农村金融正借势发展壮大。江苏农商银行为支持当地花木产业的发展，推出了"花木惠农贷、花木助商贷、花木兴业贷、花木月季贷"等系列产品；为助力乡村振兴，山西泽州农商银行将整村授信与金融扶贫深度融合，创意性地提出了"扶持一个企业、支持一个项目、带动一个产业、辐射一片贫困农户"

的发展思路；河南省淅川县农信社则创新科技金融服务模式，将"金融＋互联网"产品渗透到旅游、校园、医院、公共交通等多个领域，为渠首智慧城市建设增砖添瓦。

第二节　区域金融成长差异的环境因素

中国的区域金融发展存在非均衡性，东、中、西部三大区域的差异十分明显。在一个存在经济非均衡发展态势的发展中国家，客观环境因素、经济发展水平、社会环境因素和历史文化的差别都会造成区域金融成长路径上的差异。

一　客观环境因素

橘生淮南则为橘，生于淮北则为枳，即客观环境会对主体活动产生重要的影响，将这一结论引申到区域金融的发展分析中，可知客观环境的差异是影响区域金融发展的重要因素。客观环境因素包括区位条件和资源禀赋，从区位条件来看，西部地区地形地势复杂，海拔高气温低、干旱少雨、生态环境差，交通成本较高。东部地区气候湿润、水域宽广、交通便利，拥有长江三角洲、珠江三角洲等广阔的经济腹地，东部地区的地缘优势、交通优势及信息优势等将助力区域金融的发展，从而引起东西部之间的金融发展差异，但是随着互联网的普及和交通运输的发展，这种由区位条件不同导致的区域金融发展的差异将越来越小，因此，从长远来看，区位优势的优越性难以解释区域金融发展的动态变化规律。从资源条件来看，丰富的自然资源始终是经济发展的基础，但如果资源优势不能转化为经济优势，就不可能带来经济长期快速的增长。我国中西部地带占有资源优势，据自然资源部数据统计，2018 年，石油勘查新增探明地质储量 9.59 亿吨，天然气 8311.57 亿立方米，页岩气 1246.78 亿立方米，煤炭新增查明资源储量 556.10 亿吨，铁矿 9.93 亿吨，铜矿 225.10 万吨，铝土矿

1.16亿吨，镍矿47.20万吨，金矿719.80吨，磷矿2.25亿吨，萤石1158.30万吨，晶质石墨5497.3万吨，其中中西部地区占了80%以上，但遗憾的是，中西部地区自然资源转化为经济成果的能力却低于东部沿海地带。

除了自然物质资源，教育资源和人力资源更是经济增长的关键，从世界经济的发展规律来看，物质资源的短缺并不能从根本上阻止一个国家的发展。我国东部沿海地带教育水平较高，经济基础较好，具有良好的信息优势，而中西部地区教育基础设施落后，信息相对闭塞，对区域经济的发展起到了一定的阻碍作用。根据2018年中国统计年鉴可知，上海的文盲、半文盲率为0.9%，而四川的文盲、半文盲率达到了9.1%（见表2-4），从表中可以看出，文盲率越高的地区人均GDP越少且文盲、半文盲率较高的多为中西部地区。较东部地区而言，中西部地区有能源优势，但受过初中以上教育和培训的人力资源却极度短缺，对其经济社会发展形成严重的约束和障碍，这种情况很大程度上反映了人口受教育程度对经济发展的影响。教育普及程度的低值化使科研机构和人才难以在西部地区开展工作，改革开放初期，国家给予东部沿海开放地区在人事体制、户籍制度和工资体制等方面以较大的自主权，这些改革措施对中西部的人才产生了极大的吸引力，中西部各级各类专门人才大量"东进"，形成"孔雀东南飞"现象。东部地区吸引人才政策的灵活和优惠政策，刺激了人才的单向向东流动，加剧了区域经济发展之间的不平衡。[①]

表2-4　　2018年东中西部地区文盲及半文盲占比情况

地区	文盲、半文盲比重（%）	人均GDP（元）
内蒙古、重庆、西藏、黑龙江、山西、新疆、吉林、辽宁、上海、北京、海南、天津	<2	140761（北京） 120565（天津）

---

① 慕丽杰：《中国区域金融非均衡发展研究》，高等教育出版社2009年版，第112页。

续表

地区	文盲、半文盲比重（%）	人均 GDP（元）
广东、浙江、河北、湖北、甘肃、福建、湖南、山西、江西、广西	2.1—4.8	52798（湖南） 66531（湖北）
山东、四川、河南、安徽、云南、贵州、广东、浙江	5.6—10.1	37020（云南） 41129（贵州）

资料来源：根据2019年《中国统计年鉴》计算所得。

二 区域经济条件因素

经济发展是金融发展的基础，金融发展反过来助力经济发展，因此区域经济条件因素是影响一个地区金融发展最主要的原因，包括资金因素、市场体制因素及金融支持实体经济发展的效率等。

（一）资金因素

资金配置的失衡是区域发展水平失衡的主要原因，区域发展的失衡又会加剧资金配置的失衡，如此反复，形成恶性循环。改革开放后，东部地区经济飞速发展，加速了资本向东部地区的集聚，资本一直呈逆向流动的趋势且数量和规模巨大，导致了区域资金在我国的区域空间配置的严重失衡。2018年我国东部地区固定资产投资总额291585.9亿元，占比46%，中部地区固定资产投资总额186676.8亿元，占全国投资总额的28%，西部地区固定资产投资总额157101.1亿元，占比25%（见表2-5），东部地区的固定资产投资总额近乎西部地区的两倍，这是我国资金配置的一个基本特征，资金配置的严重失衡是我国区域发展差距扩大的主要原因。当今世界存在一种普遍现象：资本的逆流动，即资本流向劳动力密集区域，人才流向资本密集区域。我国改革开放40多年来，随着市场机制日益增强，无论是国内资本还是国外投资均大量流向东南沿海地区，资金流动的"马太效应"使中西部地区在社会资金配置的过程中处于不利地位。政府投资是政府意图和倾向的重要体现，其投资决策在地区的发展中起到了至关重要的作用。近年来，随着"刺激内需"和"西部大开发"战略的提出，中西部地区固定资产总额占全国的比重有所回升，一大批基础设施项目落地中西部地区，对中西部地区的经济发展起到了积极的作用，为21世纪的西部大开发创造了良好的条件。但尽管如此，西部地区固定资产投资占全国的比重依然与东部地区相去甚远。

表2-5　　2018年各区域全社会固定资产投资资金来源　（单位：亿元）

区域	本年资金来源统计	国家预算内资金	国内贷款	利用外资	自筹资金	其他资金
东部	291585.9	13340.5	35600.8	1397.8	182669	58527.9
中部	186676.8	9727.7	15343.9	479.7	137935.2	23190.5
西部	157101.1	15430	20214	251	95962.7	25243.6

资料来源：根据2019年《中国统计年鉴》整理得出。

（二）市场体制因素：非均衡的市场经济的基础条件

非公有制经济具有增加税收、促进就业和产业结构调整升级等作用，1992年邓小平南方谈话以来，我国非公有制经济发展迅速，成功跻身为中国国民经济最具活力的部分。在中国四大区域中，东部地区率先扶持和发展非公有制经济，在我国从计划经济体制向社会主义市场经济体制过渡的进程中，东部沿海地区如广东、江苏等具有很大的优势，而大部分中西部省市区的经济发展速度相对落后，而且集中于中西部地区的国有企业改革任务艰巨，压力很大，尤其是亏损、各种福利负担使中西部地区的压力明显高于东部沿海各省市，这将造成不同区域的企业事实上的不平等竞争，导致区域差距拉大，加之东部地区良好的市场基础和市场环境，促使其飞速发展。东部地区率先鼓励和发展非公有制经济，极大地增强了区域吸纳社会资金，启动民间资金的能力，有利于促进储蓄向投资的转化。[1] 基于此因素，中西部地区与东

---

[1] 慕丽杰：《中国区域金融非均衡发展研究》，高等教育出版社2009年版，第156页。

部地区相比,区域发展差异较大,据资料统计2018年东部地区非公有制企业占比62.2%,而中部和西部地区分别占比20.7%、17.2%,这与东部地区非公有制企业的数量形成强烈的反差(见表2-6)。

表2-6 2018年各区域国有企业和非公有制企业数量及占比

地区	国有企业数量（家）	非公有制企业数量（家）	国有企业占比（%）	非公有制企业占比（%）
东部	59375	9097834	0.446	0.622
中部	40983	3023433	0.308	0.207
西部	32865	2514804	0.247	0.172

资料来源：根据2019年《中国统计年鉴》整理得出。

(三) 金融支持实体经济发展的效率

在新常态和新时期供给侧改革的背景下,实体经济与金融的协调发展是适应新常态下经济发展的重要举措,金融业为实体经济发展提供资金支持,实体经济为经济发展提供物质保障,在党的十九大报告中,习近平总书记也曾指出,金融发展的出发点就是服务实体经济,要提升金融服务实体经济的效率。在虚拟经济持续泛滥的今天,一个地区的实体经济发展能有效地反映当地的金融发展状况,因此金融支持实体经济发展效率的差异也会导致各地区金融的发展差异。在衡量一个地区的实体经济发展效率时,我们通常引入社会融资规模这一指标,社会融资规模反映了一段时间内金融对实体经济的资金支持状况。近年来,我国社会融资规模增量持续上升,2016年社会融资规模增量为17.8万亿元,2017年和2018年的社会融资规模增量分别为19.44万亿元和19.26万亿元,而到了2019年,社会融资规模增量上升到25.58万亿元,但是各区域间的社会融资规模增量也存在较大的差异,如图2-3所示,2016—2018年,东部地区社会融资规模增量一直遥遥领先,这也是各区域间金融发展存在差异的重要原因。

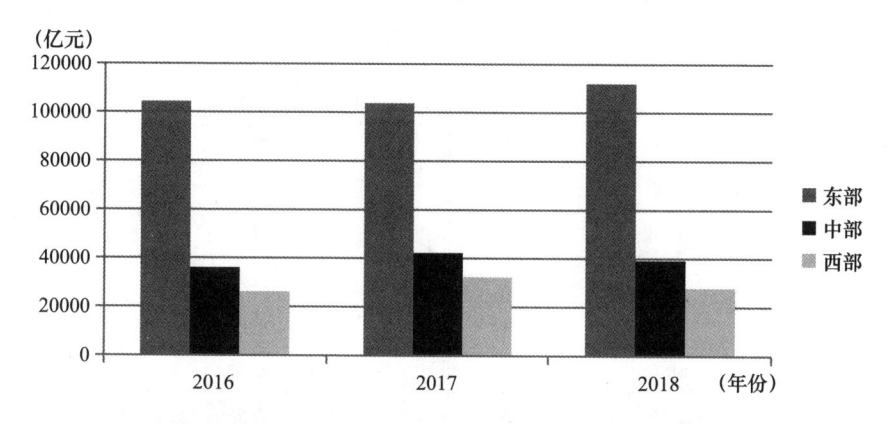

图 2-3 2016—2018 年各区域社会融资规模增量统计
资料来源：中国人民银行。

在实体经济空心化的趋势下，金融服务实体经济的效率更能直观地反映各地区的金融发展差异，有学者运用基于最佳生产前沿面的非参数 DEA-Malmquist 指数模型对我国各区域金融服务实体经济的情况进行效率测算与分解，当 Malmquist 指数大于 1 时，表示金融有效地服务了实体经济增长；当 Malmquist 指数小于 1 时，表示金融服务实体经济增长的效率有待加强；当 Malmquist 指数等于 1 时，表示金融服务实体经济增长的效率没有发生改变。2017 年我国各地区的 Malmquist 指数如表 2-7 所示，上海、浙江、福建和广东等地 Malmquist 指数大于 1，说明这几个省市的金融能够有效支持实体经济的发展，而甘肃、青海和宁夏等地 Malmquist 指数小于 1，这表明这些省市可能存在金融结构单一或金融资源不足等问题，从而不能有效支持实体经济的发展。总体而言，东部地区金融服务实体经济的效率正在下降，而西部地区金融服务实体经济的效率有了显著提升，这可能是因为东部地区存在金融资源的过度投入。

表 2-7　　2017 年我国各地区的 Malmquist 指数

	省（市）	Malmquist 指数		省（市）	Malmquist 指数
东部	北京	0.975	西部	内蒙古	1.025
	天津	0.919		广西	0.975
	河北	0.933		重庆	1.000
	上海	1.037		四川	0.981
	江苏	0.980		贵州	1.013
	浙江	1.003		云南	1.049
	福建	1.042		陕西	1.006
	山东	0.994		甘肃	0.945
	广东	1.024		青海	0.981
	海南	1.053		宁夏	0.963
中部	山西	0.978		新疆	0.939
	安徽	0.996	东北	辽宁	1.033
	江西	0.982		吉林	0.980
	河南	0.955		黑龙江	0.900
	湖北	0.982			

第三节　区域金融成长机制

目前，中国区域金融的成长模式主要是一种名为"轮式模型"的成长机制，即区域金融的成长机制犹如车轮一般，由科学技术和经济发展两种拉力，供给因素、历史因素、城市因素三种推力及地方金融生态几种因素共同影响区域金融的发展。金融是现代经济发展的核心，一个国家的发展离不开区域金融的发展，各个地区间的发展差异也是由区域金融发展不平衡导致的，为研究区域金融的成长机制，我们以长江三角洲为例，从影响区域金融发展的几个因素进行分析。

无论是经济发展活跃度、开放程度还是创新能力，长江三角洲地区都名列前茅，近年来，其金融发展一直处在全国前列，2019年，长三角地区金融机构货币信贷运行平稳，本外币各项存贷款增长较快，企业信贷投放力度加大，新增贷款结构合理，非金融机构部门存款增加较多，银行流动性合理充裕。2019年末，长三角地区本外币各项贷款余额38.17万亿元，同比增长13.5%，较全国贷款增速高出1.6个百分点，比上年同期高出0.1个百分点；本外币各项存款余额47.60万亿元，同比增长9.9%，较全国存款增速高出1.3个百分点，比上年同期高出1.9个百分点；本外币贷款余额占全国比重为24.1%，比上年同期高出0.4个百分点。该年末，长三角地区人民币贷款余额37.17万亿元，同比增长14.0%，增速比上年同期高出0.1个百分点，本外币存款余额占全国比重为24.0%，比上年同期高出0.3个百分点。

一　历史因素、城市因素和供给因素

长江三角洲地区的金融之所以能够发展壮大，原因之一在于其深厚的历史积淀，长江三角洲地区有着悠久的文化历史，由于其发达的水系和富饶的土地资源，在中国封建社会的中后期，农业、手工业率先在长江三角洲地区发展起来，并形成了一个可观的城市群。明清时期，长江三角洲地区出现了商业城市和交易中心，鸦片战争后，外商贸易与金融机构进入中国，上海成为中国的金融中心。1992年上海、无锡、宁波、舟山、苏州、扬州、杭州、绍兴、南京、南通、常州、湖州、嘉兴、镇江14个城市组织并成立了长江三角洲十四城市协作办（委）主任联席会；1997年，上述14个城市的市政府和泰州市组成了新的经济协调组织——长江三角洲城市经济协调会，负责各成员市的经济协调工作；2009年，国务院发表意见，要求推进现代化服务业和先进制造业的发展，将上海建设成为国际金融中心和国际航运中心；2010年在长三角城市经济协调会上，合肥、盐城、马鞍山、金华、淮安、衢州6个城市正式加入，协调会员城市达22个；同年，上海、江苏和浙江人民政府与中国人民银行在上海签署"共

同推进长三角地区金融服务一体化发展合作备忘录",除此之外,长江三角洲地区还为早期地区金融的稳定发展出台了许多政策。综上所述,长江三角洲地区悠久的发展历史和成熟的市场机制为当地区域金融的健康发展奠定了良好的基础。

从城市因素来看,长江三角洲地区的金融发展首先必须归因于"长江三角洲"地域规划的出现。2010年长江三角洲区域规划的文件正式出台,2014年国务院发布长江经济带的发展指导意见,2016年国务院发文批复长江三角洲城市群发展规划,2018年习近平总书记发表讲话支持将长江三角洲区域一体化上升为国家战略。这一系列政策措施的出台有利于落实新的发展理念,构建现代化体系,推进更高起点的深化改革,将长江三角洲地区打造成为"具有全球影响力的城市群"。

从供给因素来看,长江三角洲地区有着丰富的自然资源和社会资源,这是区域金融成长起来的基础条件。自然资源方面,长三角地区生态系统类型复杂,地表覆盖多样,主要地表类型有耕地、林地、草地建设用地等14类。在矿产资源方面,长三角地区虽然矿产资源比较贫乏,但仍然具有一定数量的煤炭、石油和天然气。除此之外,长三角地区拥有丰富的水资源,长江干流多年平均过境水量9730亿立方米,水资源环境和水质良好。社会资源方面,长江三角洲地区工业基础雄厚、商品经济发达、水陆交通便利,是我国最大的对外开放区域和外贸出口基地。早在2009年,长三角工业增加值就达到了32391.9亿元,占中国工业增加值的比重为23.95%,对外贸易进出口总值达8042.6亿美元,占全国外贸比重36.4%,银行业金融机构存款总额138582.58亿元,证券业理财产品首发规模超150亿元,交易额居全国第三位。交通方面,长三角地区水路、陆路和航空运输都十分发达,有著名的上海港、南京港、京沪高速、沪昆高速及浦东国际机场、禄口国际机场等大型交通干线。人文方面,长江三角洲有理性、开放、创新和兼容并蓄的人文精神,有良好的人文环境,在经济社会快速发展的过程中,长三角地区确立了经济发展的文化价值体系，形成了自由、平等、开放、竞争的市场环境，包容的市场环境为区域金融的快速成长奠定了良好的基础。

二 科学技术

随着全球化的加快和科学技术创新的深刻变革，国际竞争已逐步转化为技术标准话语权的竞争，特别是在高新技术产业，谁掌握了话语权谁就掌握了市场的主动权。目前，高新技术产业已经成为长江三角洲地区发展的重要支柱。长江三角洲地区科教资源丰富，拥有上海张江、安徽合肥2个综合性国家科学中心和全国约1/4的"双一流"高校、国家重点实验室、国家工程研究中心，区域创新能力强，年研发经费支出和有效发明专利数均占全国1/3左右，上海、南京、杭州、合肥研发强度均超过3%，科创产业紧密融合，大数据、云计算、物联网、人工智能等新技术与传统产业渗透融合，集成电路和软件信息服务产业规模分别约占全国1/2和1/3，在电子信息、生物医药、高端装备、新能源、新材料等领域形成了一批国际竞争力较强的创新共同体和产业集群。[①] 为对长江三角洲地区的科学技术发展水平进行衡量，我们引入"R&D"的概念，R&D资源指的是从事科研与试验发展活动所必需的人力、物力、财力等，R&D经费支出及其占GDP的比重，是衡量一个国家科技活动规模和科技投入水平的重要指标。据统计，2014年长江三角洲地区R&D经费为18257570万元，R&D项目66938项，到了2018年，R&D经费为25793963万元，R&D项目84868项（见图2-4），项目经费同比增长41.28%，项目数同比增长26.8%，长江三角洲地区在科学技术发展强有力的推动下，上海、江苏、浙江、安徽四地的国民生产总值由2014年的149677.8亿元上升到2018年的211479.24亿元。

---

① 《长江三角洲区域一体化发展规划纲要》，2019年12月1日，新华社。

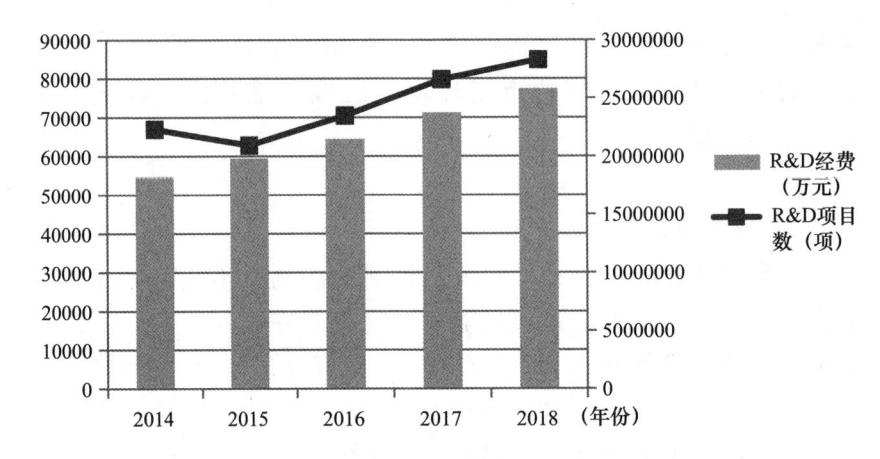

图 2-4　2014—2018 年长江三角洲地区 R&D 经费和项目数

资料来源：根据《中国统计年鉴》整理所得。

三　经济发展

经济基础是一个地区金融发展最为重要的因素，由于中国各地区的经济金融发展具有显著的不平衡性，因此金融发展与经济增长的关系表现出显著的区域性，地方经济基础由政府、个人和金融市场三个部门构成，是金融成长起来的必要条件。政府方面，长三角地方政府在金融发展扩大阶段就出台许多政策支持经济发展。2003 年 7 月，中共浙江省委在第十一届四次全体（扩大）会议上提出了面向未来发展的八项举措，即"八八战略"，这些举措包括完善社会主义市场经济体制，推动多种所有制经济共同发展；发挥浙江区位优势，主动与上海接轨，不断提高开放水平；积极转变经济发展方式，走新型工业化道路等。"八八战略"虽是一个省域层面的战略，但是对于长江三角洲各地区都具有普适性。在"八八战略"的指导下，长江三角洲地区的经济社会发展取得了举世瞩目的成就，成为引领全国经济发展的重要引擎。截至 2019 年，长江三角洲经济总量约占全国 1/4，全员劳动生产率居全国前列。个人方面，以私营企业和个体业的就业人数为指标，2003 年上海、江苏、浙江、安徽的私营企业和个体业的就业人数仅为 2211.1 万人，到了 2018 年，长江三角洲四省的私营企业和个体业的就业人数达到了 9128.1 万人，就业人数增长了近 312%。

四　金融生态

金融制度、实施机制、金融市场化程度及市场信用等都是影响一个地区金融生态的重要因素。正式制度是国家规定的各项金融法律、律令及政策，非正式制度则是各区域的金融意识、习惯等，而实施机制是制度发挥功能的载体、媒介和手段。金融市场化是指一个国家的金融机构或部门逐渐由市场力量决定的过程，金融市场化程度与金融发展程度呈现出正相关关系，金融市场化程度高，则金融得到高度发展。信用，是指能履行诺言而取得的信任，从经济学层面看，信用是指在商品交换或者其他经济活动中，交易双方相互信任，在双方能实现其承诺的基础上，授信人向受信人放贷，并保障自己能收回本金和利息的价值运动。所谓信用环境是指各交易主体之间的信任关系与信用程度，如企业与企业之间，企业与个人之间，以及个人与个人之间，信用环境较差的区域容易发生道德风险等扰乱市场秩序的行为，信用问题与金融的关系最为密切，要想促进金融发展，必须要建设良好的信用环境，信用文化和道德规范是信用环境最基础的构成要素，信用文化较强的区域容易达成金融契约，从而促使金融发展。因此，企业与企业之间，企业与个人之间，个人与个人之间无论是在签订契约前还是在签订契约时都应该加入承诺因素，共同维持良好的信用环境。

就长江三角洲地区而言，该区域拥有良好的金融生态和信用环境，设立了上海、江苏、浙江等多个地方的金融监管局。自 2003 年中国银监会发布《金融许可证管理办法》和《中国银行业监督管理委员会关于调整银行市场准入管理方式和程序的决定》以来，长三角各地区金融监管局陆续出台了许多支持本地金融发展和监管的举措，随着这些措施的推行，长三角地区的金融市场日益完善，目前长三角地区的金融生态建设已经深入县乡一级。2019 年《长江三角洲区域一体化发展规划纲要》明确要求长三角地区"联合共建金融风险监测防控体系，共同防范化解区域金融风险"，深入探讨长三角一体化下区域金融的开放和融合、创新和发展、监管和安全，共同探寻金融供给侧结构性改革新路径和金融服务实体新动能。2020年2月14日，央行、银保监会、证监会、外汇局、上海市政府联合发布《关于进一步加快上海国际金融中心建设和金融支持长三角一体化发展的意见》，《意见》明确将提升金融配套服务水平。其中包括，探索建立一体化、市场化的长三角征信体系，向社会提供专业化征信服务，依托全国信用信息共享平台，进一步完善跨区域信用信息共享机制，加大信息归集共享和开发利用力度，服务小微企业信用融资，支持央行征信中心实现长三角企业和个人借贷信息全覆盖，开展长三角征信机构监管合作，试点建设长三角征信机构非现场监管平台。

综上所述，一个地区的金融成长既需要历史积淀、城市和资源的依托，也需要依靠经济的发展和科技的进步，同时，为了当地金融的健康发展，还需要良好的金融生态环境。

第四节 各区域板块经济金融比较分析

一直以来，我国被分为东部、中部、西部和东北四大区域板块，但是近年来，长江经济带、粤港澳大湾区等新兴区域板块吸引了国际的关注，因此，本书在传统的四大板块的基础上加入了长江经济带的分析。区域板块间的比较较为复杂，难以涵盖全部内容，本书将从发展策略及经济社会资源差异等方面进行分析。

一 区域板块间发展策略及政策支持的比较

（一）西部地区

西部地区实施西部大开发战略。中国西部国土面积占全国的56%，人口占全国的22.8%，实施西部大开发，是中国发展战略棋盘中的重要一环，也是实现全国现代化和贯彻两个大局思想的重要决策。从 2000 年开始，国家陆续出台政策推进西部大开发战略的实施，2000 年国务院和中共中央提出第十个五年计划，确定了西部大开发的战略任务，于 2001 年对西部大开发战略进行了具体的战略部署。2006 年国务院常务会议审议并通过《西部大开发"十一五"规划》；2012 年，西部大开发"十二五"规划通过，在"规划"的基础上国家发改委官员明确了西部大开发战略的建设思路；2018 年 3 月，国务院制定新的指导意见，要求在西部大开发的过程中推进沿边重点开发开放试验区和内陆开放型经济试验区建设。"十五"计划时期，国家将加快基础设施建设和加强生态环境保护作为实施西部大开发的重点任务，除此之外，贯彻落实西部大开发战略需要深化改革，转变经济发展方式，大力发展科技和教育，培养国家需要的人才，从根本上改变贫困地区人民的生活条件，确保西部大开发战略有一个良好的开端。

　　在政策支持方面，国家对部分企业按照 15% 的税率征收企业所得税，且西部地区部分产业享受了"两免三减半"的优惠政策，即外商投资企业可享受自取得第一笔生产经营收入所属纳税年度起 2 年免征、3 年减半征收企业所得税的待遇；除此之外，政府将西部地区的煤炭、原油、天然气等资源由从量税改为从价税。2012 年以来，为支持西部地区的发展，国家发展改革委每年都会在政府预算内安排专项资金，该专项资金用于重大基础设施、生态环境和民生工程建设等项目。2012—2016 年，西部地区利用专项补助资金累计谋划项目 919 个，估算总投资超过 15 万亿元，这些专项补助资金在西部地区的发展发挥了重要的作用，其中，146 个项目纳入国家、省市相关规划，284 个项目开工建设进入实施阶段，形成了谋划一批、储备一批、开工一批的良性循环，为推动西部地区重点项目投资建设、促进经济持续健康发展发挥了重要作用。2017 年，国家发展改革委下达《西部大开发重点项目前期工作专项补助中央预算内投资计划》，安排 1.5 亿元专项补助资金支持西部 12 省（自治区、直辖市）和新疆生产建设兵团开展西部大开发重点项目前期工作。

（二）中部地区

中部地区实施中部崛起战略。2004年在政府工作报告中，温家宝总理首次提出要促进中部崛起。2006年，为促进中部六省的经济发展，中央提出了"中部崛起"的战略。2009年国务院通过《促进中部地区崛起规划》，做出八项部署。2016年，"十三五"规划出台，明确中部地区五大重点任务和"一中心、四区"的战略定位。五大重点任务分别为顺应经济发展趋势，配合国家区域发展战略，转变经济发展结构；全面推进对内对外开放，加快建设综合保税区；统筹城乡发展，推进多种形式的适度规模经营；实施资源环境和生态保护战略，加大重点生态功能区、天然林草资源和湿地等生态区域的保护和修复力度；推进脱贫攻坚工作的开展，对老工业区和资源枯竭型城市进行扶持，以加快其经济转型。在原有"三基地、一枢纽"定位基础上，提出"一中心、四区"的战略定位，即全国重要先进制造业中心、全国新型城镇化重点区、全国现代农业发展核心区、全国生态文明建设示范区、全方位开放重要支撑区。2019年，习近平总书记主持召开推动中部地区崛起工作座谈会，从战略和全局的高度就做好中部地区崛起工作提出了八点意见，为中部地区推进高质量发展指明了方向，带来了机遇。

中部崛起战略是促进河南、湖北、湖南、江西、安徽和山西六省共同崛起的一项中央政策，是中部六省实现区域经济一体化和融入经济全球化的重要决策，是我国区域经济协调发展战略的重要组成部分，有利于与沿海地区形成双轮驱动，加快实现全面小康，在我国的经济战略布局中具有重大意义。

（三）东北地区

东北老工业基地曾是新中国工业的摇篮，推动了我国工业体系和国民经济体系的建立，也在国家的改革开放和现代化建设中发挥了关键的作用。但是随着改革开放的深入，东北老工业基地的体制性和结构性矛盾不断暴露，其落后的技术和老化的设备不再适应经济发展需要，竞争力下降、就业矛盾突出等问题浮出水面,为振兴东北老工业基地,同时响应国家区域协调发展的"一盘棋"的规划,政府提出了振兴东北老工业基地的战略。2003年10月,中共中央、国务院发布《关于实施东北地区等老工业基地振兴战略的若干意见》,明确了实施振兴战略的指导思想、方针任务和政策措施;2007年8月,经国务院批复的《东北地区振兴规划》发布,提出经过10年到15年的努力,实现东北地区的全面振兴;2015年7月17日,习近平主席在部分省区党委主要负责同志座谈会上指出无论从东北地区来看,还是从全国来看,实现东北老工业基地振兴都具有重要意义。振兴东北老工业基地战略的目标在于调整经济结构,增强可持续发展能力,提高社会发展水平,为实现上述目标,需转变经济发展方式,优化国民经济结构;推进科技创新和人才战略的实施,全面提升企业自主创新能力,加快企业技术进步;加快发展现代农业,巩固农业基础地位;加强基础设施建设,为振兴东北老工业基地奠定基础;落实资源节约和生态环境保护政策,发展绿色经济,促进经济的可持续发展;深化改革开放,推动区域经济一体化,释放经济发展活力,同时关注民生问题,推进社会事业的发展,努力提高人民生活水平。

在政策支持方面,为提高经济用地审批效率,给经济建设提供优质的用地审批服务,国家出台了一系列土地优惠政策:一是需报国务院批准的建设用地,政府部门审查符合土地利用整体规划与年度土地利用计划后,可根据内容相应简化报批资料;二是对经国家批准的基础设施项目的控制性工程,经省级国土资源主管部门报国土资源部审核同意后,可以先行用地。对于土地利用总体规划确定的城市建设用地范围内的转型改造项目,优先办理用地;对于重要的基础设施和重点工程项目,可以作为单独批次报批用地。除此之外,发展改革委员会还出台了一系列的税收优惠政策,在所得税方面,东北地区企业的固定资产可按不高于40%的比例缩短折旧年限和摊销年限;在增值税方面,当纳税人购进固定资产、接受捐赠和投资的固定资产、通过融资租赁方式获得的固定资产或为固定资产支付的运输费用所发生的进项税额都可以从销项税额中进行抵扣。

(四) 东部地区

改革开放以来，我国在东部地区陆续开放经济特区、沿海开放城市、经济开发区和保税区等经济区域，这些特殊的经济区域是促进东部经济发展的重要推力，目前，东部地区的经济总量占全国的50%以上。在中国推进供给侧改革，经济进入新常态的背景下，东部地区如何发展，实现怎样的发展对全国各地区有着重要的指导意义。党的十八大以来，党中央先后实施了东部率先发展战略、京津冀发展战略、长三角一体化战略和粤港澳大湾区战略。2014年国务院通过《天津市贯彻落实〈京津冀协同发展规划纲要〉实施方案（2015—2020年）》明确规划了京津冀协同发展的路线图。2017年签署《深化粤港澳合作，推进大湾区建设框架协议》，2019年国务院发布了《粤港澳大湾区发展规划纲要》，明确粤港澳大湾区和广澳港深的战略定位。2010年国务院批准了《长江三角洲地区区域规划》，将上海市、江苏省和浙江省划入区域范围，2016年5月国务院发文批复《长江三角洲城市群发展规划》，城市群加入安徽8市，长三角战略规划的目的在于建设"具有全球影响力的世界级城市群"，2018年习近平总书记在首届中国国际进口博览会上宣布要将长江三角洲区域一体化发展上升为国家战略。

在政策优惠方面，为支持粤港澳大湾区的发展，中国人民银行推出五大粤港澳大湾区的金融便利措施，包括便利港澳居民在内地使用移动支付，在深圳前海建立人民币海外投资基金，在广东自贸区允许复制自由贸易账户等。此外，政府支持内地与香港、澳门保险机构开展跨境人民币再保险业务，完善"沪港通""深港通"和"债券通"，支持符合条件的港澳银行、保险机构在深圳前海、广州南沙和珠海横琴设立经营机构。[①] 为贯彻落实京津冀协同发展战略，京津冀政府多角度优化金融政策环境、多方位支

---

① 《粤港澳大湾区规划纲要》，2019年2月18日，新华社。

持协同发展、多元化创新金融服务模式:一是当地银行通过运用抵押补充贷款(PSL)等货币政策工具,支持金融机构加大对重点项目、重点领域的信贷投放,截至2019年6月末,农业发展银行天津市分行累计使用抵押补充贷款资金38.2亿元;二是信贷规模稳步增长,绿色债券发行取得重大突破,据不完全统计,截至2019年6月末,天津市金融支持京津冀协同发展项目资金余额为4508亿元,发行绿色短期金融债券2亿元;三是区域金融合作机制、金融产品和金融服务方式不断创新,国家开发银行、中国银行、建设银行等银行在天津的一级分行建立了跨省市合作机制,促进三地的业务联动,面向小微企业推出"京津承接贷""阳光财富·关税保""装修贷"等产品,显著提升了金融服务效率。为更好地支持长江三角洲地区的发展,国家税务总局推出了一系列征管服务措施,为长江三角洲地区的发展提供了有力的政策支持。

(五)长江经济带

除了传统的东、中、西部和东北地区四大区域板块之外,近两年加入国家战略规划的长江经济带也不容忽视,其发展目标是在2020年建设成为引领全国经济发展的战略支撑带。长江经济带是指长江沿线的经济圈,覆盖11个省市,横跨中国东、中、西三大区域,具有独特优势和巨大发展潜力。2014年国务院发布长江经济带的发展指导意见,2016年发布的《长江经济带发展规划纲要》确立了长江经济带"一轴、两翼、三极、多点"的发展新格局。相较于其他地区而言,长江经济带拥有明显的优势,一是交通便捷,具有明显的区位优势,二是自然资源丰富,包括矿产资源和淡水资源等,三是社会资源突出,长江经济带工业发达,科教事业繁荣发展,具有良好的产业优势和人力资源优势,为此,长江经济带可充分发挥其优势,为全国经济发展注入动力。

二 各区域板块发展之间的差异比较

区域间的发展差异表现在四个方面,一是经济发展水平的差异，包括经济总量、增长速度和经济结构之间的差异，一般用经济总量、人均 GDP、经济结构、经济运行效益等指标进行分析；二是社会发展水平的差异，包括教育、卫生和人民生活；三是科技发展水平的差异，包括科技产出、科技投入和科技社会资源三个方面；四是资源状况的差异，包括自然资源和社会资源两个方面。

（一）经济发展水平的差异

经济发展水平的差异一般用经济总量、人均 GDP、经济结构、经济运行效益等指标进行分析。GDP 总量和人均 GDP 都是衡量一个地区经济发展状况最重要的指标，GDP 总量反映整个地区的总量情况，人均 GDP 反映各地区人民的生活标准；经济结构可以用产业结构来衡量，包括产业结构合理化和产业高级化，产业结构合理化指要实现生产要素的合理配置，使各产业协调发展，而产业结构高级化是指由第一产业向第二、第三产业的转移，一般来说，第三产业占 GDP 的比重越大，经济结构越合理；经济运行效益可以用财政收入占 GDP 的比重来衡量，财政收入占 GDP 的比重很好地反映了一个地区的产业结构、税收政策和宏观的经济效益。

首先对四大区域经济总量水平的走势进行分析，从图 2-5 中可以看出，2014—2018 年，2015 年四大区域 GDP 均有所下降，东部地区增长得较快，但是其他三个地区 GDP 增长相对缓慢，这使得东部地区与其他地区的差距逐渐加大。就经济总量而言，四大区域呈现出东部最强，中部与西部差不多，东北最少的发展状况。东北地区之所以出现这种状况主要是由于东北地区老的发展动能加速衰退，但是新的发展动能还没有形成，新旧动能青黄不接造成经济发展加速下滑。

由于四大区域的省市数量不一样，故用总量水平进行对比有所局限，可以从趋势上判断它们的差距情况。如图 2-6 所示，四大区域板块的发展差异可以用每个地区的 GDP 占全国 GDP 的比重来表示，2015—2018 年，四大区域的经济波动幅度较小，东部地区的 GDP 比重占全国的 50% 以上，西部地区和中部地区占比相当，发展比较平稳；东北地区 GDP 占比最低且逐年下降，东部地区缓慢上升，东部地区与东北地区的差距逐渐扩大。

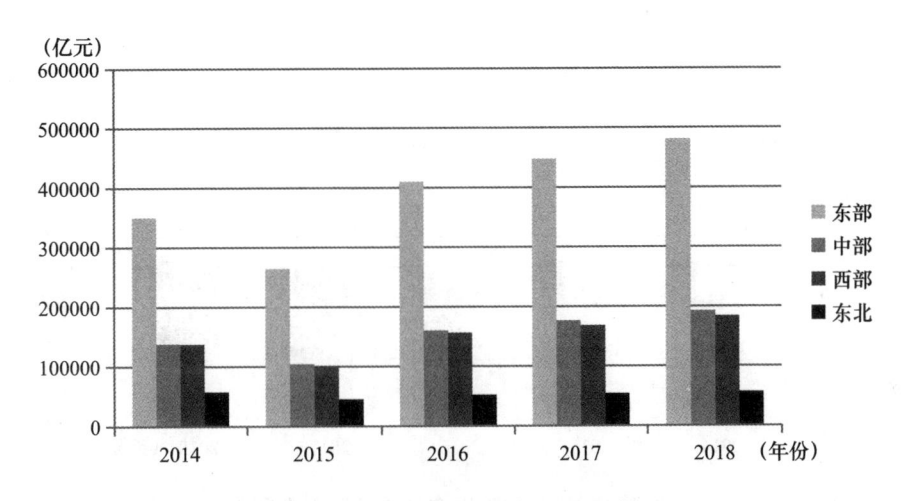

图 2-5 四大区域近五年 GDP 总量

资料来源：根据 2015—2018 年《中国统计年鉴》整理所得。

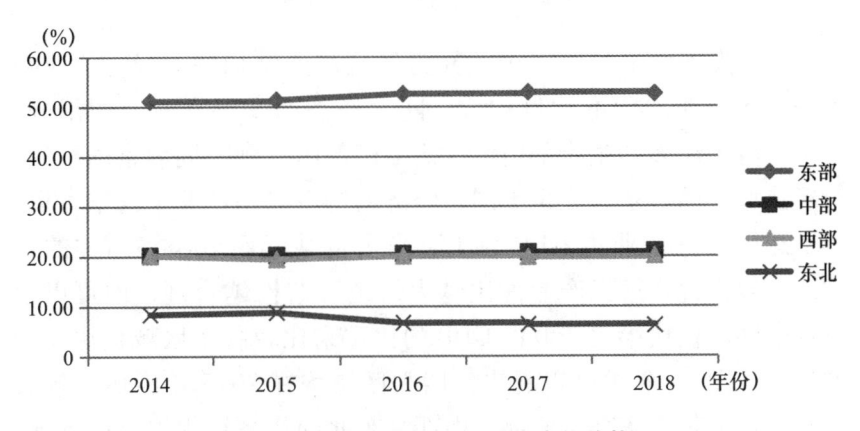

图 2-6 四大区域 GDP 占比变化趋势

资料来源：根据《中国统计年鉴》整理所得。

在分析了四大区域的 GDP 走势之后，需要对人均 GDP 进行考察。人均 GDP 又称人均国内生产总值，是衡量一个地区经济发展状况和居民生活水平的重要指标。如图 2-7 所示，从 2014 年到 2018 年，东部、中部、西部地区的人均 GDP 均逐步增长，但是东北地区有所下降。总体上来看，东部地区的人均 GDP 远远高于其他三个地区，区域间人均国内生产总值的差异逐步增加，说明东部地区的人民生活水平及经济发展水平远高于其他地区。

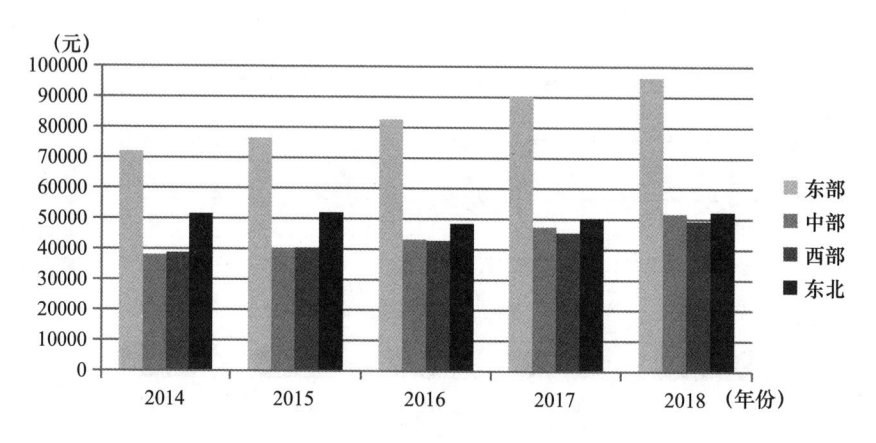

图 2-7　2014—2018 年四大区域人均 GDP
资料来源：根据《中国统计年鉴》整理所得。

经济发展水平的第二个差异为经济产业结构的差异，产业结构是指各产业之间的比例构成，随着经济的发展和专业的细分，产生了越来越多的生产部门，这些生产部门受到不同因素的制约，对经济增长的贡献程度也不同，经济结构可以用产业结构来衡量，本书运用第三产业占 GDP 的比重来衡量某一区域经济结构的优劣。一般来说，第三产业占比越大，经济结构越合理，即可以通过各个区域板块第三产业占 GDP 的比重来比较各个区域板块间的差异。从图 2-8 中可以看出，四大区域均在 2015 年经历了较大的波动，近年来东部、西部、中部、东北的经济结构均有所改善，东部地区第三产业占比最高，中部最低，从总体来看，东部与其他三个区域的第三产业占 GDP 的比重相比有逐渐缩小的趋势，即东部的经济结构发展水平与其他区域相比有缩小的趋势，说明全国产业整体上正朝着合理化和高级化的方向转变。

经济运行效益也是导致经济发展差异的另一个重要原因。一个社会的经济运行效益是指利用现有资源服务人民物质文化需求的

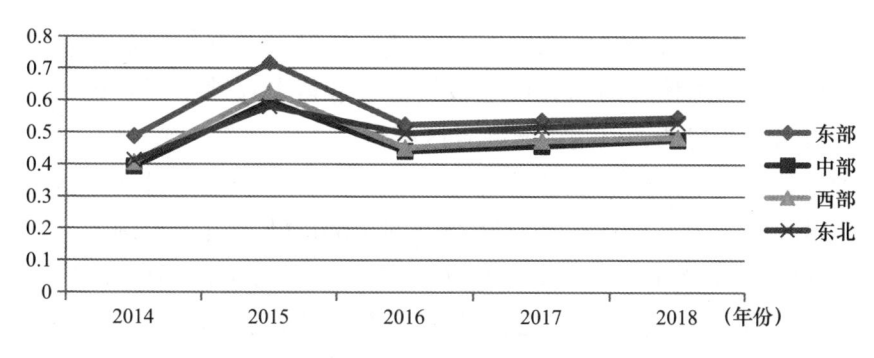

图 2-8 四大区域产业结构变化趋势（2014—2018）

资料来源：根据《中国统计年鉴》整理所得。

效率，可以用财政收入占 GDP 的比重来衡量，财政收入占 GDP 的比重越大，国家就越有能力为国民提供富足的公共服务，即经济效益越好。从图 2-9 中可以看出，2014—2018 年，东北地区财政收入占 GDP 的比重较平稳，说明东北地区经济运行质量较低，中部地区 2017 年之后有所回升，东部和西部地区逐渐下降。从总体上看，东部地区经济效益较好，西部第二，东北地区效益较低，地区差距有所减小，但是东部地区近两年也呈现下滑的趋势，说明在供给侧改革的背景下，经济转型出现了瓶颈，各地政府应抓紧机遇，深化改革，早日实现经济的转型。

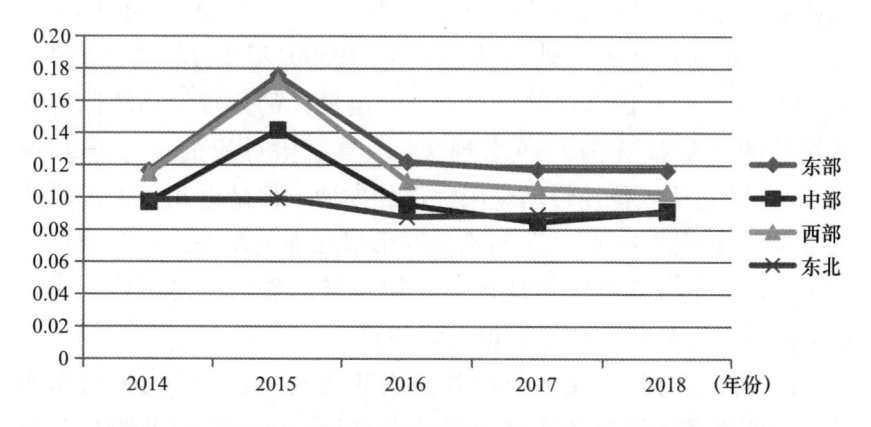

图 2-9 2014—2018 年地区财政收入占 GDP 的比重变化趋势

资料来源：根据《中国统计年鉴》整理所得。

以上分析只是对传统的四大区域经济发展状况做了简单的差异比较。虽然传统的四大区域板块能在总体上反映中国各区域的发展水平和特征，但是由于各省区的发展条件存在"异质性"，这种划分方式不足以反映经济分化的全部过程和问题。目前中国区域增长的一个突出特征是新常态下的全面降速，由于中国各区域之间的资源禀赋、经济发展水平和发展的制约条件都存在差异，因此不同区域经济增长存在明显的分化趋势。长期以来，我国区域发展差异比较倾向于以东中西部来划分，但是进入发展新常态以后，东部、西部和中部的发展都发生了巨大的变化，而且南北的经济发展分化趋势也逐渐增强，即使在同一区域，每个省份间的地区发展态势都有所不同，区域经济发展呈现出与以往不同的新特征。一是传统区域板块间"横向分化"的格局进一步加剧，近两年四大区域板块呈现出"东部增速回落、东北增速下行、中部相对稳定、西部发展较快"的格局。这与之前"东快西慢"的观念形成了强烈的反差，据统计，2017年西部地区的云南、贵州、四川等省实现了经济的高速增长，增速位于全国前列。2017年，贵州省地区生产总值13540.83亿元，同比增长10.2%，增速高于全国平均水平3.3个百分点，云南省地区生产总值16531.34亿元，同比增长9.5%，增速高于全国水平2.6个百分点，四川省地区生产总值36980.2亿元，同比增长8.1%，增速高于全国水平1.2个百分点；重庆市地区生产总值19500.27亿元，同比增长9.3%；这种在全国降速的情况下，西南地区部分省份仍然保持着高增长的现象被称为"西南现象"，与之相对应的是"东北现象"，即东北地区曾经带动全国经济的发展，但是近几年经济增速几乎呈"断崖式下跌"，与西南地区形成强烈的反差，这两种现象的出现改变了人们对于传统区域发展格局的看法，也反映出我国区域经济发展局势正在经历重大的调整。

二是南北之间的发展分化差异逐渐明显，与传统的横向东西差距大的格局不同，经济进入新常态以后，南北纵向差距日益显现出来。近几年，北方地区如东北、西北、华北等资源丰富地区由于资源价格回落和传统过剩产能的冲击，经济增速有所下滑，但是南方地区受到的影响较小。从总体上来看，西南及东部沿海地区的经济增长速度要明显高于西北及华北地区，2018年的经济增长数据显示，增速居全国前五位的贵州、西藏、云南、江西、福建均位于南方，而位居后五位的天津、吉林、黑龙江、内蒙古则均位于北方。南北的这种差异表现在两个方面，一方面是经济增速"南快北慢"，将南北方近几年的经济增长速度对比就不难发现2008年南方省区经济增速普遍低于北方省份，2012年左右南北方增速基本持平。2013年以后，南北方经济增速差距持续扩大，到2018年经济增长速度最快的省区与增长最慢的省区差距扩大到将近6个百分点。另一方面是比重"南升北降"，由于南北区域各省区经济增速的变化，其占全国经济的比重呈此消彼长的态势，近几年北方经济每况愈下，南方经济占比越来越高，目前北方经济占比已不足40%。这种由东西差距向南北差距的转变，反映出我国区域经济发展正在经历重大的变化，这不仅意味着经济重心的南移，也对我国新常态下的经济发展提出挑战。

（二）社会发展水平的差异

社会发展水平的差异表现在教育、卫生和人民生活三个方面。某一区域的教育情况可以用教职工人数、教育经费和中等专业以上在校学生人数来衡量，以上三个指标反映了一个地区的教育人力资源、教育资金能力和人力资源；地区卫生情况可以用每万人拥有的床位数进行衡量，该指标反映的是一个地区的医疗实力；地区人民生活水平可以用人均消费支出进行衡量，该指标反映了人民的消费能力。为方便分析，我们选取了2014—2018年四大区域的居民人均消费支出总量数据进行比较，从图2-10中可以看出，四大区域的人均消费支出均逐年上升，东北地区上升缓慢，从总量上来看，东部地区的人均消费支出总量最多，西部第二，中部第三，说明东部地区的人民生活水平较高，西部地区由于近几年发展势头强劲，人均消费支出赶超中部地区，位居第二。

（三）科技发展水平的差异

科技发展水平包括科技投入、科技产出和科技社会资源三个

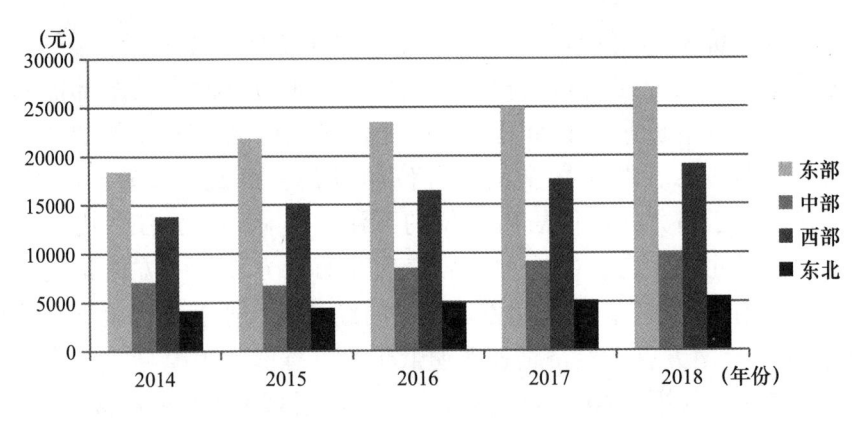

图 2-10　2014—2018 年四大区域人均消费支出

方面。一个地区的科技经费筹集与投入情况可以用科技经费筹集总额、科技经费支出总额及 R&D 发展经费来衡量；科技产出量可以用专利申请量与专利授权数来反映；反映一个地区的科技社会资源可以采用从事科技活动人员数、R&D 发展人员、研究与开发机构数、开发课题完成度等指标。为反映一个地区的科技产出量，本书对 2018 年四大区域的专利申请量与专利授权数进行统计，根据数据可知，东部地区 2018 年专利申请数为 2798619 项，专利授权数为 1630525 项，东北地区专利申请数为 127302 项，专利授权数为 68469 项，东部地区的申请量为东北地区的二十余倍。从总体来看，东部地区与中西部、东北地区存在巨大的差异，说明在科技水平发展方面，东部地区遥遥领先。

（四）资源状况的差异

我国四大区域的资源差异很大，资源状况的差异可以分为自然资源差异和社会资源差异。自然资源包括空气、水、土地和各种矿物和能源等；社会资源包括人力、物力、财力和技术、知识及社会关系等。为方便统计，我们以各区域就业人力资源对当地社会资源进行衡量。

就自然资源而言，以矿产资源为例，西部地区拥有丰富的矿产资源而东部地区相对贫乏，根据 2019 年中国矿产资源报告可知，2018 年鄂尔多斯盆地新增 1 个亿吨级油田，3 个千亿立方米

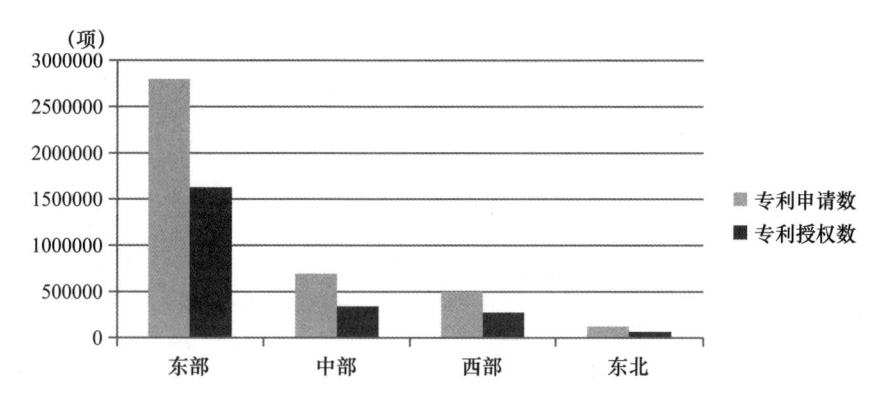

图 2-11 2018 年四大区域的专利申请数与专利授权数

资料来源：根据《中国统计年鉴》整理所得。

气田；四川盆地新增威荣 1 个千亿立方米页岩气田，川西地区日产天然气 22.5 万立方米，元坝地区新增预测天然气地质储量 1527 亿立方米，川东地区日产气 82 万立方米，在海域方面，渤海海域渤中凹陷评价发现整装千亿方凝析气田，在渤海湾盆地呈现 5000 万吨级页岩油规模增储领域，这些资源储存地大部分均位于西部地区。除此之外，新勘探的非油气矿产也均位于中西部地区，贵州铜仁松桃锰矿整装勘查区高地锰矿成为新中国第一个特大型富锰矿；西藏罗布莎香卡山地区发现我国规模最大单体铬铁矿；新疆火烧云铅锌矿外围圈定 10 余处找矿靶区，累计探获铅锌资源量超过 2300 万吨；湖南东坡、内蒙古维拉斯托、江西岩背等地区共新增锡资源量 20 万吨；山东莱州—招远整装勘查区新增备案金资源量 224 吨。① 综上所述，就矿产资源而言，呈现出由西向东逐渐递减的趋势，但是就其他自然资源而言，该趋势并不显著，如我国的水资源则是在东部地区比较丰富，且南北分布差异也很明显，但是随着近年来经济开发速度的加快，我国的水资源分布也出现了变化。如表 2-8 所示，2018 年降水量东部地区最高，达到 11969.8 毫米，但是地表水资源量和水资源总量却是西部地区遥

---

① 《中国矿产资源报告 (2019)》，2019 年 10 月 16 日，自然资源部。

遥领先，2018年西部地区地表水资源量和水资源总量分别为15894.8亿立方米、16152.8亿立方米。其中很重要的一个原因是西部地区人口稀少，经济开发程度不如东部地区，对水资源的浪费较少。

表2-8　　　　　　　　2018年各区域水资源情况表

	降水量（毫米）	地表水资源量（亿立方米）	地下水资源量（亿立方米）	水资源总量（亿立方米）
东部地区	11969.8	4574	1504.8	4935.5
中部地区	6516.1	4382	1381.7	4646.5
西部地区	9246.7	15894.8	4794.7	16152.8
东北地区	1892.3	1473.7	565.2	1728

资料来源：2018年《水资源公报》。

就社会资源而言，以人力资源为例，各区域差异也十分显著。人力资源是指一定时间内能够被社会利用并且为社会创造价值的，具有智力和体力的劳动者的总和，一定数量的人力资源是社会生产的基础条件。在这里，我们将各地区的人力资源差距简化为就业人数之间的差距。据统计，2019年东部地区就业人口20216.2万人，中部地区就业人口7498.6万人，东北地区2197.3万人，西部地区7500.8万人，东部地区就业人数遥遥领先，这与东部地区金融最发达的事实相吻合，这也从侧面佐证了人力资源与经济发展之间的关系。

第 三 章

区域性金融风险防控理论

第一节 系统性风险与区域性风险

一 系统性风险

系统性风险是指由于金融体系共同风险暴露的积累和金融风险的强传染性,由系统性事件导致金融服务紊乱、对实体经济产生重大影响的情形。为了具体解释系统性风险,本节将从系统性风险的成因、系统性风险的生成机理及系统性风险的评估与防范三个方面进行阐述。

(一) 系统性风险的成因

系统性风险的成因主要有以下几个方面:一是金融的顺周期性。经济运行具有周期性,而且金融与经济之间存在密切的关系,当经济上行时,金融扩张速度加快,经常出现过度发展的情形,有时甚至会出现金融发展脱离实体经济的局面;当经济衰退时,会使信贷紧缩进而导致不良贷款激增的局面,从而引发金融风险。二是投资者的心理因素。金融市场在大部分时间内是理性的,但是偶尔的非理性行为也会引发金融风险。投资者在信息环境不确定的情况下往往受到其他投资者的决策和舆论的影响,产生盲目乐观、自大、贪婪等情绪,这些情绪造成投资者盲目跟风,引发金融风险。三是信息不对称。信息在金融市场活动中扮演着重要的角色,信息不对称往往导致逆向选择和道德风险等问题,因信息不对称导致的银行挤兑等危害金融市场安全的行为时有发生；四是资产价格的波动。金融资产遭到冲击，会导致价格下跌、资产价值缩水和金融机构抛售资产的局面，在金融机构抛售资产的情况下，资产价格再次下跌，陷入恶性循环，引发系统性风险；五是过度债务导致系统性风险。在经济的繁荣时期，政府、企业或个人的过度负债会加剧经济的波动，进而造成很大的金融风险。现有研究表示，快速增长的地方政府债务会对银行的资产质量和地区的金融稳定造成威胁。

(二) 系统性金融风险的生成机理

目前，国内外学者主要从"共同冲击—传染机制"和"内生累积—传染扩散"等角度来阐述系统性金融风险的生成机理。从"共同冲击—传染机制"的角度出发，初始冲击会影响金融机构，使其产生违约行为，而传染机制会将这种违约传染给整个金融机构，从而导致系统性金融风险的扩大和蔓延。作用于银行体系的共同冲击机制主要是"内生金融模型"，由于经济的顺周期性，经济周期的衰退会导致信贷紧缩从而使得银行的不良贷款激增，长此以往，陷入恶性循环，加上政府的不当干预行为可能会进一步扩大金融危机，进而加剧经济衰退。从"内生累积—传染扩散"的角度来看，金融系统具有高杠杆的特征，且相较于其他行业而言，金融系统比较特殊，实体经济的风险不仅会渗入金融体系内，而且金融系统的高杠杆特征会使这种风险被无限放大。内生累积表现在商业银行与金融市场之间存在依赖性与关联性。随着金融体系结构变革的推进，这种依赖性与关联性大大增强，商业银行通过金融市场进行投融资及风险管理等操作，同时，金融市场也依赖于商业银行及其他金融机构的做市交易和流动性服务。正是由于商业银行与金融市场之间这种内在的关系，金融市场参与者的风险暴露行为会影响金融体系的稳定甚至导致经济波动。传染扩散表现在银行间同业市场的风险具有扩散性，相对于大银行而言，小银行更容易遭受冲击，当小银行遭受冲击发生风险之后，其产生的倒闭风险较易"传染"给大银行，不管是单向的还是双向的风险传染都具有扩散性的特征。

自 2008 年金融危机爆发以来,对系统性金融风险的防范与监管成为全世界金融监管机构关注的焦点,为了评估和防范系统性金融风险,首先需要理解和认识系统性金融风险的生成机理。本章将简要阐述国内外学者对系统性金融风险生成机理的研究成果,及未来一段时间内我国系统性风险五个可能的来源渠道,这五个渠道分别为经济新常态与经济下行、房地产价格泡沫、影子银行体系、地方政府性债务及人民币国际化与国际资本流动。

首先,经济的"新常态"是引发系统性风险的潜在隐患。2014 年,习近平总书记首次提出"新常态"的概念。经济转入新常态,意味着我国的经济增长速度逐渐变缓,发展模式将由粗放型转为集约型,由要素驱动向创新驱动转变,经济结构日趋合理,居民收入不断增加,城乡差距逐步缩小。"三期叠加"的压力是当前我国经济发展面临的新特征,也是未来一段时间内的"新常态"。由表 3-1 可知,目前我国经济增长由高速增长转向中高速增长,且面临经济持续下行的压力,经济的持续下行会削弱企业的偿债能力,由此造成商业银行不良贷款的增加和资产质量的下降。当商业银行的资产质量下降之后,企业的融资渠道被削弱,相应的企业投资减少,企业的投资减少又会对实体经济造成影响,从而使经济陷入"经济下行—削弱企业偿债能力—商业银行资产质量下降—借贷减少—企业投资减少—经济进一步下行"的恶性循环。

表 3-1　　　　　　2002—2019 年中国 GDP 增速一览　　　　（单位：%）

年份	GDP 增速	年份	GDP 增速	年份	GDP 增速
2002	9.08	2008	9.63	2014	7.4
2003	10.03	2009	9.21	2015	6.9
2004	10.09	2010	10.45	2016	6.7
2005	11.31	2011	9.3	2017	6.8
2006	12.68	2012	7.65	2018	6.6
2007	14.16	2013	7.67	2019	6.1

资料来源：中国宏观经济统计数据库。

其次，房地产价格泡沫也会导致系统性风险爆发。房地产行业在我国占据着重要的地位，具有高行业集中度、高商业地产占比和高一线城市占比的特征，是引发系统性金融风险的重要潜在隐患。行业集中度又称为市场集中度，房地产信贷的高行业集中度是与其他行业的贷款相比，房地产行业的贷款在银行贷款中占据很大比例；房地产行业有商业地产、住宅地产、工业地产和旅游地产之分，高商业地产占比顾名思义就是商业地产贷款占比较高；而高一线城市占比是指北京、上海、深圳等一线城市的房地产贷款在全国的银行贷款中占比很高。在房地产价格合理上行的时候，房地产信贷的"三高"特征引发金融风险的可能性较小，但是当市场出现"房地产泡沫"的现象，房地产价格严重背离其价值时，房地产信贷的"三高"特征将成为引发金融性风险的重大隐患。

为了阐述房地产泡沫对中国银行业系统性金融风险的潜在传递路径，需要先明确房地产基本价值的概念。真实的房地产价格由两部分组成，一是房地产的基本价值，二是房地产的泡沫成分。在不存在泡沫的情况下，真实的房地产价格等于基本价值，当存在房地产泡沫时，真实的房地产价格等于基本价值加泡沫成分。刘锡良、董青马等学者通过对北京、天津、上海和重庆四个地区的房地产基本价值与泡沫成分进行实证分析，认为导致房地产价格上升的原因主要是人均居民可支配收入的增加和高通货膨胀下的低利率，但是在经济持续下行和经济发展失衡的压力下，导致房地产价格持续上涨的两个因素很有可能发生逆转。许多学者提出，目前我国经济呈现"L"形的走势，且这个L形是一个阶段，需要很长一段时间，由表3-2可知，自2013年以来，我国城镇居民可支配收入增速进入换挡期，增速由10%以上下降到7%—9%，表3-3显示了从2002年至2019年城镇居民消费价格指数的变化情况，自2012年以来，城镇居民消费价格指数逐渐下降，居民消费价格指数是反映通货膨胀的重要指标，因此居民消费价格指数的下降意味着通货膨胀的下行。

表 3-2 2003—2018 年中国城镇居民人均可支配收入及其增速

年份	人均收入	增速	年份	人均收入	增速
2003	8472.20	0.10	2011	21809.78	0.13
2004	9421.60	0.11	2012	24564.70	0.12
2005	10493.00	0.11	2013	26955.10	0.09
2006	11759.50	0.11	2014	28844.00	0.07
2007	13785.81	0.16	2015	31195.00	0.08
2008	15780.76	0.14	2016	33616.20	0.08
2009	17174.65	0.08	2017	36396.20	0.08
2010	19109.44	0.11	2018	39250.80	0.08

资料来源：根据《中国统计年鉴》整理所得。

表 3-3 2002—2019 年中国城镇居民消费价格指数

年份	CPI	年份	CPI	年份	CPI
2002	99.00	2008	105.60	2014	102.10
2003	100.90	2009	99.10	2015	101.40
2004	103.30	2010	103.20	2016	102.00
2005	101.60	2011	105.30	2017	101.60
2006	101.50	2012	102.68	2018	102.10
2007	104.50	2013	102.60	2019	102.90

资料来源：中国宏观经济统计数据库。

基于"去杠杆、去产能、去库存"的背景考量，我国目前实施的是稳健的货币政策。中国人民银行调查统计司公布的数据显示，2019 年 11 月人民币贷款增加 1.39 万亿元，同比多增 1387 亿元。分部门看，住户部门贷款增加 6831 亿元，其中，短期贷款增加 2142 亿元，中长期贷款增加 4689 亿元；非金融企业及机关团体贷款增加 6794 亿元，其中，短期贷款增加 1643 亿元，中长期贷款增加 4206 亿元，票据融资增加 624 亿元；非银行业金融机构贷款增加 274 亿元，在 11 月新增的贷款中，房地产贷款占据了相当重要的比例。① 2016年中央就明确指出要"抑制资产泡沫",随着环境的改变和一系列房地产调控政策的实施,我国的货币政策可能随时发生改变。如前文所述,城镇居民可支配收入和城镇居民消费价格指数进入换挡期,国内货币政策环境可能发生改变,基于这三个因素的判断,在"三期叠加"和持续下行的经济环境下,房地产的基本价值很可能发生逆转。近年来许多学者提出了许多关于房地产市场动荡的理论,如"房地产泡沫破灭论""房地产市场拐点论",这些观点的提出在一定程度上意味着房地产市场的不稳定性和波动性正在加剧。

综上所述,房地产泡沫触发系统性风险的路径如图3-1所示。前文中我们已经提到人均居民可支配收入的增加和高通货膨胀下的低利率是影响房地产价格上涨的主要原因,在"三期叠加"和经济持续下行的环境下,受城镇人均可支配收入进入换挡期,通货膨胀持续下行和银行利率上升的影响,我国部分房地产市场上存在着房地产泡沫破裂的风险。由于房地产的泡沫成分之间存在广泛的溢出效应,部分房地产市场的波动将会引起整个房地产市场的动荡。在前面我们已经提到中国银行业房地产信贷具有"三高"特征,当房地产市场发生动荡时,房地产行业的三高特征将使这种动荡传导到银行体系内,房地产行业的动荡会导致银行的资产质量下降,不良贷款率上升,一旦银行的不良贷款率超过了银行本身所能承受的范围,就容易引发系统性金融风险。

除经济新常态和房地产泡沫外,影子银行体系的扩张也是引发系统性风险的重要原因。根据金融稳定理事会的定义,影子银行是指不受银行监管体系的监管、容易引发系统性金融风险的信用中介机构。影子银行可以分为影子银行本身和应用影子银行方法的传统银行,影子银行本身主要包括投资银行、对冲基金和私募股权基金等;而应用影子银行方法的传统银行是指学习影子银行的方法并运用到平时的业务中,这些银行可以获得中央银行的

---

① 中国人民银行调查统计司:《2019年统计数据》,http://www.pbc.gov.cn/diaochatongjisi/116219/116319/3750274/index.html。

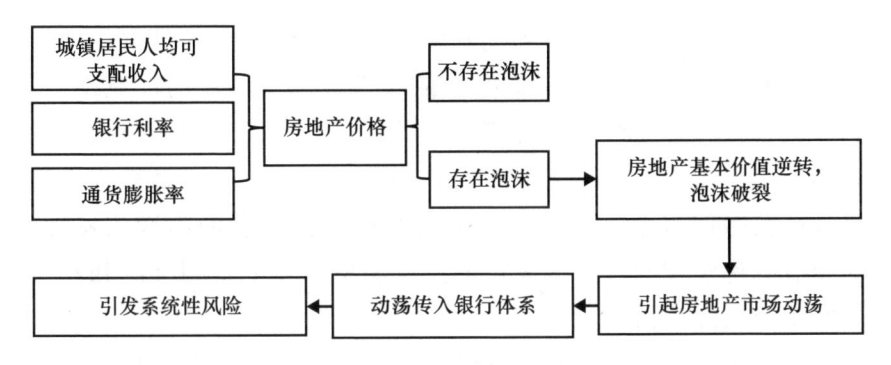

```
┌─────────────┐
│城镇居民人均可│─┐
│  支配收入    │ │      ┌──────────┐
└─────────────┘ │   ┌─→│ 不存在泡沫 │
┌─────────────┐ │   │  └──────────┘
│  银行利率    │─┼─→┤房地产价格├
└─────────────┘ │   │  ┌──────────┐     ┌──────────────┐
┌─────────────┐ │   └─→│ 存在泡沫  │───→│房地产基本价值逆转,│
│  通货膨胀率  │─┘      └──────────┘     │  泡沫破裂     │
└─────────────┘                          └──────────────┘
                                                │
┌─────────────┐    ┌──────────────┐    ┌──────────────┐
│ 引发系统性风险│←──│动荡传入银行体系│←──│引起房地产市场动荡│
└─────────────┘    └──────────────┘    └──────────────┘
```

图 3-1 房地产泡沫引发系统性风险的传递路径

支持，但同时要接受金融机构的监管。影子银行是金融市场的主要参与者，其交易主要采用批发形式，进行不透明的场外交易，由于影子银行是金融中介机构，因此其具有杠杆率高、信息披露不完善及缺乏监管等特征。国际评级机构穆迪发布的《中国影子银行季度监测报告》显示，2019 年上半年影子银行的规模为 59.6 万亿元，为 2016 年来的最低水平，但是其总量规模仍然很大，对金融市场的影响不可小觑。除规模大以外，影子银行还具有融资脆弱性、信用媒介信息敏感性和杠杆周期性等特征，正是这些特征使影子银行体系的信用创造机制变得不稳定，这一不稳定性成为引发潜在系统性风险的重要原因。

影子银行的脆弱性体现在融资方式上，如前文所述，与传统的商业银行不同，影子银行在进行"存款端"与"贷款端"的对接时，需要借助一系列的信用中介链条。在信用中介链条中，不同的影子银行都有自己的角色和定位，影子银行体系通过这一链条分散交易风险，但是链条上的每个金融机构息息相关，与此同时，影子银行体系与传统的商业银行之间存在密切的联系，部分商业银行将影子银行的操作运用到部分业务中，一旦某个环节出现问题就可能导致影子银行体系的崩溃，进而引发金融市场动荡。

影子银行的融资方式与传统的商业银行也存在很大的区别，传统的商业银行进行融资的主要方式是吸收民众的存款，而影子银行主要采用表外信贷融资工具，如银行贷款证券化，利用票据进行融资等。前文已经提到批发融资是影子银行的特征之一，批发融资对机构投资者具有高度的依赖性，当市场流动性充裕时，影子银行很容易通过发行融资工具获得资金，而当市场流动性趋紧时，由于影子银行缺乏相应的安全和保险机制，金融机构投资者往往会撤回资金。鉴于批发融资对机构投资者的高度依赖性，投资者抽逃资金的行为容易造成批发融资市场的信用冻结和影子银行资金来源的枯竭。

在信用创造方面，影子银行与商业银行之间也存在显著的区别，虽然二者都存在期限错配问题，但是影子银行缺乏流动性的支持，当经济衰退、金融震荡时，由于缺乏中央银行"最后贷款人"的支持和相应的信用保障，影子银行极易发生流动性危机进而引发系统性金融风险。

相较于传统的银行而言，影子银行信用创造的媒介比较敏感。活期存款是传统的商业银行信用创造的主要媒介，而影子银行信用创造的信用媒介是具有信息敏感性的证券化资产，如商业票据和各类债务抵押债券等。在经济稳定和繁荣阶段，市场上的风险很难被影子银行体系的参与者察觉到，这时的证券化资产是信息不敏感的，由于搜寻信息需要消耗人力和物力，因此投资者不愿意进行信息收集工作。在经济震荡和衰退阶段，当市场上出现不利冲击时，投资者搜寻信息的动机将会增强，此时信息不敏感的证券化资产将转化为信息敏感的证券化资产。在风险状态下，影子银行体系证券化资产的相关性较高，这也就意味着在正常状态下证券化资产的相关性被低估，因此，在正常状态下，影子银行机构往往没有足够的流动性和资本来应对潜在的危机。由于正常状态下的风险被低估，因此信用评级机构在对金融稳定时的资产进行评估时往往会出现偏差，做出较乐观的信用评级，基于此评级，影子银行的投资者往往会对市场上的资产证券做出错误的判断进而产生过度投资的行为。

此外，影子银行还具有杠杆周期性的特征。传统的商业银行不受融资约束的困扰，往往面临着法定存款准备金率和存贷比等监管约束。而影子银行则常常面临融资约束的问题，资产的潜在风险、流动性和抵押价值决定了融资约束的程度。当经济繁荣时，金融市场比较稳定，此时资产的潜在风险较小、流动性大、抵押价值较高，因此影子银行面临的融资约束较宽。当经济衰退时，金融市场出现震荡，此时资产的潜在风险较大、流动性小、抵押价值较低，因此影子银行面临相对趋紧的融资约束。当影子银行面临宽松的融资约束时，权益留存率和抵押扣减率较低，其信用创造的结果是影子银行体系杠杆率扩张；当影子银行面对较紧的融资约束时，其信用创造的结果与面临宽松约束时恰好相反，影子银行体系杠杆率锐减。

在金融稳定阶段，影子银行通过高杠杆操作来获取利润，当经济出现衰退时，金融市场开始震荡，此时证券化资产的价格往往会下跌，影子银行不得不启动去杠杆化过程。一般而言，去杠杆化操作有两种方式，即出售资产和扩充自有资本，但是这两种方式都具有潜在的风险性。出售资产的目的在于偿还债务和应对潜在的挤兑行为，当影子银行抛售证券化资产时，资产的价格会降低，一旦市场出现逆向选择，证券化资产的价格会进入下跌循环。影子银行扩充自有资本可以吸收新的股权投资，但是这种通过提高资本金去杠杆化的方式容易造成市场流动性趋紧，进而引发系统性金融风险。

综上所述，影子银行与传统的商业银行息息相关，其业务模式和资金链都与商业银行之间存在密切的关系，一旦影子银行遭遇系统性风险，这种流动性恐慌将传染到银行体系内，进而引发系统性金融风险，其传导机制如图3-2所示。

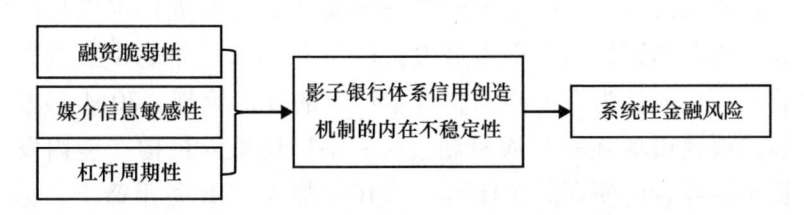

图3-2 影子银行引发系统性风险的传递路径

最后，人民币国际化与国际资本流动对系统性风险的影响也不容小觑。2019年是人民币国际化十周年，也是下一轮SDR货币篮子评估的关键一年，目前人民币已经位列全球第五大支付货币。中国人民大学发布的《人民币国际化报告2019——高质量发展与高水平金融开放》显示，人民币国际化指数（RII）由2017年的1.90上升为2018年的2.95，回升了95.8%，实现强势反弹，人民币国际化企稳提速。

为促进人民币的国际化进程，需要完善人民币的汇率形成机制和推进资本项目的可兑换，为了增强人民币兑美元汇率中间价的市场化程度和基准性，2015年8月11日进行了人民币汇率改革，完善人民币兑美元汇率中间价报价。"8·11汇改"是完善市场化汇率形成机制的重大举措，要求由做市商在银行间市场开盘前参考上日收盘价，综合考虑外汇供求情况以及国际主要货币汇率变化形成报价。"8·11汇改"初期，人民币兑美元汇率呈贬值态势，随着人民币加入SDR货币篮子，人民币兑美元汇率持续下跌，2016年5月，受美联储加息影响美元指数大幅反弹，直到7月初人民币汇率才出现小额回升。进入2017年，美元下行，人民币兑美元汇率回升并保持稳定，2017年5月为了减小非理性的市场情绪对收盘价的影响，中央银行在人民币中间价模型中加入"逆周期调节因子"，此后人民币汇率一度突破6.8关口，升势明显放缓，人民币兑美元汇率总体保持稳定。2015年汇改以后，我国逐步形成了以市场供求为基础、双向浮动、有弹性的汇率运行机制，在风云激荡中，2018年人民币汇率逐步确立了双锚机制，随着汇率市场化改革的深入推进，新的挑战和机遇也正在涌现。

推进人民币国际化进程的另一重要话题是推进资本项目的可兑换，为此国家做出了很多努力。1996年国家开始稳步推进资本项目的可兑换，为进一步简化资本项目的外汇管理，2014年推出了沪港股票市场互联互通机制，这一举措使境外机构在境内发行人民币债券较为便利。2015年，人民币加入SDR货币篮子，标志着中国金融为融入全球金融体系迈出了重要的一步，2016年8月，世界银行在中国银行间债券市场发行了价值约46.6亿元的首期特别提款权计价债券。我国自2006年启动QDII制度以来,QDII为境内金融机构出海投资打开了大门,在博鳌亚洲论坛2018年年会开幕式上,招商证券首席宏观分析师谢亚轩表示,推进QDII制度改革,是我国在外汇领域改革开放的重要举措,这表明人民币资本项目可兑换的进程正在稳步推进。

近年来,人民币国际化发展的环境发生了巨大的改变,中国经济发展进入转型期,由高速增长转为中高速增长,汇率由单边升值转向双向波动,国际收支结构由双顺差向经常项目顺差、资本项目逆差转变,而资本项目的逆差意味着资金的外流。据国家外汇管理局统计,中国已连续几年出现资本外流,图3-3显示了2010年至2019年中国外汇储备的变化,2019年第三季度我国经常账户顺差3437亿元,资本和金融账户逆差682亿元。资本外流会导致外汇储备缩水,目前中国的外汇储备为3万亿美元左右,近一段时间内人民币兑美元汇率中间价由2018年初的6.3贬值到7.0。资本外流与汇率贬值的预期相互影响,汇率贬值的预期会导致资本外流,而资本的外流会使外汇市场上的人民币被抛售进而加剧人民币的贬值预期,这种汇率的波动增加了经济的不确定性,极有可能引发金融风险。

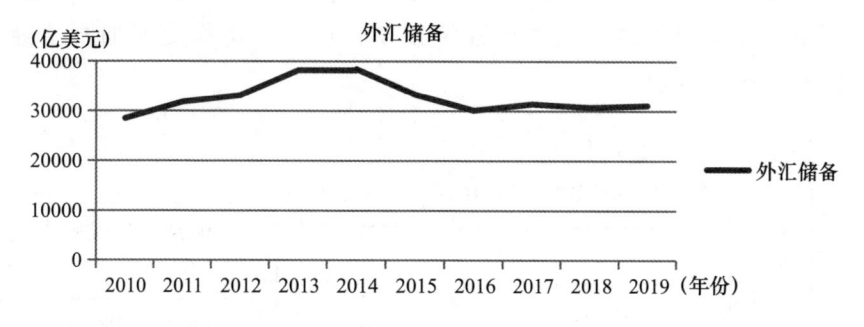

图3-3 2010—2019年外汇储备变化

资料来源:国家外汇管理局。

随着资本项目可兑换的推进,我国国际资本流动规模加大且波动性加剧，国际借贷、证券投资、直接投资等资本流动形式蓬勃发展。国际借贷引起的国际资本流动会使大量资金流入国内，如果金融监管机构放松管制会导致银行盲目扩张信贷，一旦国际借贷发生逆转，大量资本外流，银行则会因流动性不足而陷入困境，进而加大银行体系的风险，威胁整个社会的金融安全。美国著名学者克鲁格曼提出了"不可能三角理论"，即货币政策独立性、固定汇率制度和资本完全流动的政策目标不可能同时实现，这个经典的理论表明随着人民币国际化进程的加快和资本项目的开放，我国货币当局将面临宏观金融政策的调整和金融风险的严峻考验。近年来，各个金融市场之间的关系日益密切，在美联储加息，美元指数攀升的环境下，中国资本流出的压力急剧加大，与此同时，量化宽松、低利率等货币政策对中国金融风险的溢出效应进一步增强。

综上所述，人民币国际化和资本项目可兑换引发中国系统性金融风险的潜在传递路径如图3-4所示。完善人民币汇率形成机制是一个漫长的过程，各种汇率改革使汇率波动幅度变宽，加剧经济的不确定性，进而引发金融风险。而伴随着中国资本项目的开放，中国的国际收支结构由"双顺差"转变为经常项目顺差和资本项目逆差，资本项目逆差导致资本外流，而资本外流与人民币贬值的预期相互影响，相互作用，汇率贬值预期导致资本外流，资本外流反过来增强人民币贬值预期，这在一定程度上加剧了经济的不确定性。

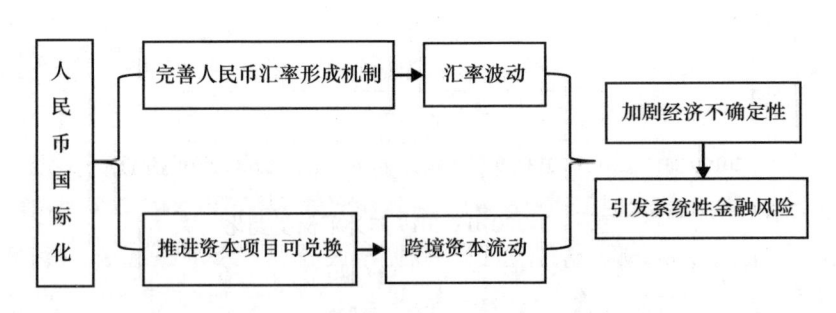

图3-4 人民币国际化引发系统性风险的传递路径

（三）系统性风险的评估与防范

系统性风险的发生会对经济造成巨大的损害，因此系统性风险的评估也成为金融界关注的问题。系统性金融风险的识别与评估是防范的基础。相关的监测结果显示，实施预防性措施能最大限度地降低金融风险带来的损害，2008年国际金融危机爆发以来，金融风险的监测问题也成为热点之一，目前我国对系统性金融风险进行测度与评估的方法主要有以下几种。一是指标法。巴塞尔银行监管委员会于2011年提出可以通过建立跨境业务程度、资产规模、关联性、可替代性及复杂性等5个指标对金融机构的系统性风险及系统重要性程度进行评估和测量。二是网络分析法。该方法是从网络结构与网络节点的角度分析网络的稳定性，通过收集金融机构间资产与负债的风险敞口等数据，运用计量模型和压力测试法等工具来评估系统性金融风险，目前我国主要从银行系统、支付结算系统和宏观经济部门的统计数据进行研究。三是结构模型法。该方法以严格的理论假设与雄厚的微观基础为依托，对系统性金融风险进行测度和衡量，目前具有代表性的该类研究方法主要有危机概率联合模型、期权定价理论和权益分析方法。期权定价理论是我国金融经济理论的基石，运用期权定价理论构建的金融工具定价模型可以对债务进行优先级、赎回资金、沉淀安排等操作。四是简约模型法。该方法以金融市场公开数据为基础建立简约模型，对系统性金融风险进行评估和测量，目前我国常用的简约模型风险测度法主要有条件在线价值、边际预期损失系统性金融风险指数和困境保费法。上述对系统性风险的测度方法有利有弊，目前我国对系统性金融风险的监测还处在探索阶段，其评估方法也在进一步补充和完善，这不仅需要金融相关理论的验证，也需要市场的实践和检验。

除对系统性风险进行评估外，系统性风险的防范也很重要。目前国际上还没有一整套的监测整个金融体系的指标。我国防范系统性风险的工具主要是宏观审慎监管，宏观审慎监管政策工具被定义为一系列监视、防范和处置系统性金融风险的措施。从宏观审慎管理的作用对象出发，可将其分为针对借款者、解决机构资产问题、解决金融机构流动性问题和解决银行缓冲问题四大类；从系统性风险的生成机制出发，可将其分为应对过度信贷扩张的工具、应对放大机制的工具、减少结构脆弱性和限制溢出的工具；从时间截面的维度出发，可将其分为专属类工具和校准类工具，专属类工具是指专门为防范系统性风险而新出台的政策工具，包括逆周期资本缓冲、调整特定部分风险权重、系统重要性资本附加等措施。校准类工具是指之前就已经使用过，经过修正后可用于防范系统性金融风险的工具，如动态拨备、存贷比限制、贷款价值比和对业务范围进行限制等。鉴于经济金融的顺周期性，逆周期监管成为宏观审慎管理的重要着眼点之一，包括提高风险权重、实施逆周期资本缓冲等方式。

随着金融市场日趋复杂化和全球化，金融体系变得更易动荡，如何进行金融监管以应对金融危机成为各国关注的重点，优化金融监管结构成为各国提高金融稳定的努力方向之一。事实表明，金融监管结构安排并不只是简单的行政安排，也是影响金融监管效率的重要因素。金融体系处于一个演变过程中，根据不同金融体系的特征安排相应的监管机构可能具有更好的效果。从理论来看，关于金融监管结构的经典理论有机构型监管、功能性监管和目标型监管，机构型监管是针对分业经营的金融体系而言的，分业经营的各金融机构间有明确的界限和分工，因而可根据金融机构类别而设立监管机构。从实践来看，高收入国家金融监管的集中度较高，且其集中度远远高于中低收入国家，而中低收入的国家之间没有太大的差别。在高收入国家中，欧盟成员国是一个特殊群体，其在1999年的金融监管集中水平较低，但到了2010年，欧盟金融监管的集中度逐渐提高，甚至高于其他非欧盟高收入国家。关于金融监管结构的第二个方面的理论研究是对央行监管角色的关注，历史上关于央行专注于执行货币政策还是需要兼顾金融监管的问题一直争论不休，很多学者对此进行了利弊分析，但都没有得出一致的结论。

二 区域性风险

我国学者一般将区域性风险界定为"区域系统性风险",即是在一定的地理区域内由于金融体系共同风险暴露的积累和金融风险的强传染性,导致区域体系正常运行困难,区域内的实体经济遭受重大损失的情形。

与系统性风险比较,区域系统性风险的"区域性"体现在两个方面,一是区域间的经济金融存在明显的差异,从而不同区域间的金融风险也存在着差异,由于我国区域金融发展不平衡,区域金融规模、区域金融结构、区域金融基础设施、经济增长速度和产业结构等方面都存在明显的差异,因此,金融发展的差异导致了金融风险的差异。二是政府行为使金融风险具有明显的区域特征,改革开放以来,各地官员为应对经济增长的考核,纷纷采取措施促进经济增长,尽管各地官员的目标是一样的,但是各个官员的能力和认知方面的差异使他们的行为选择存在差异,其发展结果也大相径庭。金融作为一种重要的经济资源,政府在配置金融资源的不同必然会导致金融风险存在明显的区域差异。

区域性金融风险的成因主要有以下几个方面,从经济与金融的关系来看,由于地区产业结构不合理,并且过度融资,在市场因素的冲击下会造成产业资金链断裂的情况,从而引发金融风险。如地方政府一味地追求经济增长速度、盲目投资和重复建设等行为都会导致项目资金难以回收,商业银行风险积压,形成较大规模的商业银行不良资产。从财政与金融的关系看,财政与金融之间最密切的关系体现在地方政府债务的累积,地方的财政能力是有限的,若地方政府利用银行信贷来代替财政,一旦地方财力不足,相关的金融资产将转化为不良资产,而地方财政风险也将转化为金融风险。地方政府每年都要在科教文卫、社会保障等社会建设方面花费巨额支出,当这种社会性支出严重超过政府预算时,各级政府便通过银行资金来填补财政缺口,这种做法其实是"拆东墙补西墙"的权宜之计，最终的金融风险由银行承担。从金融体系自身的角度来看，金融市场不健全、公司治理结构不完善和内控制度缺陷等也会导致区域金融风险的发生，金融市场不健全容易引发证券市场的内幕交易和发布违法信息等违法乱象，进而引起证券市场的震荡，威胁地区经济安全，引发金融风险。从宏观金融的运行环境来看，这里的运行环境主要是指金融的法治环境。由于金融交易普遍具有顺周期特征，在经济高速增长时，不符合宏观审慎原则的金融交易也会因为监管不到位而大量存在，一旦原有的深层次的矛盾暴露，容易引发区域性金融风险。从地方政府的行为来看，地方政府过度干预金融资源的配置也会为区域金融风险的爆发埋下种子，原因在于政府往往通过各种形式持有地方法人金融机构的股权，其运用地方金融资源弥补财政缺口的行为会导致银行不良资产增加。

目前国内对系统性风险的研究很丰富，但是对于区域性风险的研究较少，防范区域性风险不仅有助于维护地区金融稳定，而且对于防范系统性风险也具有至关重要的作用。为了方便理解，本节将以改革开放以来国内发生的几起区域性风险事件为例，具体阐述区域性风险的发生及对策，几起典型的案例有海南房地产泡沫危机、温州老板"跑路潮"和鄂尔多斯鬼城事件。

20世纪末，住房商品化改革在东部沿海地区开始试点，其中海南省最为突出，1992年邓小平南方谈话以后海南省掀起了房地产投资的狂潮，房地产规模急剧膨胀，房价飙升，然而1993年国家开始实施紧缩性政策，控制信贷规模，回收资金，在这种环境下，海南房地产行业遭受沉重打击，房价急速下跌，房地产开发企业纷纷倒闭，银行不良贷款率飙升。为应对此次危机，当地政府成立了海南发展银行以解决信托公司经营困难的问题，政府部门出台配套措施：参与解决债务纠纷、分类处置积压商品房、处理银行损失，除此之外，中央政府也提供了财政专项补助来应对此次危机。

改革开放以来，温州的民营经济发展迅速，小微企业快速成长，以皮鞋、服装等为代表的"温州模式"闻名全国，民间借贷作为小微企业的主要融资方式也在温州地区发展起来。随着企业规模的扩大，资金需求上升，民间借贷规模随之扩大。由于民间借贷涉及面广、方式复杂，具有信息不对称、手续不完备等特点，这为金融风波的爆发埋下了隐患。随着我国经济结构的调整，传统轻工业的优势逐渐丧失，企业利润开始下降，民间借贷关系出现裂痕，一些极端的讨债行为开始出现，企业业主迫于还债压力纷纷出逃，风波愈演愈烈。为控制这场民间借贷危机，温州市政府联合多部门成立了紧急领导小组，严厉打击暴力讨债、高利贷等非法行为，除此之外，政府积极引导舆论、畅通司法途径，鼓励债务企业通过正当程序解决问题，这些措施有效控制了这场风波的负面影响。

鄂尔多斯鬼城事件则是由民间金融过度集聚和房地产市场下滑引起的危机。随着经济的发展，大量民间资本开始集聚。2003年，鄂尔多斯政府决定搬迁以打造一个新的经济政治文化中心，然而大规模的房产建成后并没有足够的产业和外来人口支撑，空置率较高，在全国房地产大热的背景下，新区房地产产业没有放慢步伐，开发面积进一步增加，2011年，房地产调控力度加大，新区房地产建设开始降温，多数工地处于停工半停工状态，出现大量烂尾楼，为经济安全埋下了隐患。事件发生后，鄂尔多斯政府成立规范整顿民间借贷工作领导小组，打击非法民间金融。鄂尔多斯事件并不是个例，国内很多地区都面临产业结构调整的问题，虽然没有引起金融危机，但是并不意味着没有风险，如东北地区因资源枯竭而面临衰败，攀枝花因资源利用不当而发展缓慢等。

海南、温州和鄂尔多斯的案例是我国区域性金融风险的典型，也为其他地区的发展提供了前车之鉴，分析以上政府的应对措施我们可以发现应对区域性金融风险的关键在于推动金融分权，建立相应的监管机制。

第二节　系统性和区域性金融风险的防范

一　系统性与区域性风险防范架构

金融业本质上是一个以风险分散为核心的行业,在现代金融市场中,金融风险不可能被消除,因此金融监管变得至关重要,有效的金融监管能最大限度地减少金融危机带来的损害。按监管主体分类,金融风险的防范体系可以分为三个层级:一是金融机构本身应该学会自我监督、增强行业自律、加强对内部风险的防范与控制;二是由于金融市场具有外部性及信息不对称性,金融机构本身控制不住风险,因此官方应该加强审慎监管;三是国家应该组建金融安全网,如存款保险制度、最后贷款人制度等,这些安全网能有效隔离金融危机带来的风险。金融机构的自律包括三个方面:一是一般行业和企业的自律问题,一般企业的自律在于能够以最低的交易成本实现市场的高效运作。二是金融机构的特殊性问题,与其他类型的企业相比较,银行业之间的关系比较密切,且由于金融市场的外部性特征,容易引发银行间传染性的挤兑风潮,因此银行应该重视内部自律。三是金融机构的自律问题,在当前的产权制度下,仅仅依靠公司管理层的治理不足以防范风险,必须引入外部监管。

银行业作为一个高风险的行业,一旦经营不当就可能产生"多米诺骨牌效应"进而影响经济的发展。前面已经提到存款保险制度、最后贷款人制度等组成的金融安全网对银行有一定的保护作用,但这种安全网会使银行产生追逐风险的动机,扰乱市场秩序,这时就需要外部监管来取代被金融安全网消除的市场纪律。目前被各国监管当局使用的工具主要分为三类:一是抑制信贷过度扩张和资产价格泡沫的政策,如最低资本要求。最新修订的《巴塞尔统一资本计量与资本标准的国际协议》为了更好地达到与实际银行风险相匹配的资本要求,制定了新的风险权重,共分为

0、20%、50%、100%、150%五个档次。二是减小杠杆和期限错配放大效应的政策工具，如期限错配比例限制，存贷款的期限错配主要表现为商业银行资金来源短期化和资金运用长期化的趋势明显。随着人民币汇率形成机制改革的推进，资产负债的期限错配容易引发银行流动性风险进而对金融体系的稳定产生不利的影响。三是针对金融机构共同风险暴露的监管措施，巴塞尔委员会对商业银行大额风险暴露提出了统一的监管要求，并制定了计量和控制大额风险暴露的监管框架，近年来随着客户授信方式的多样化发展，银行风险过度集中，因此银监会推出了《商业银行大额风险暴露管理办法》建立和完善大额风险暴露管理组织架构，将银行承担信用风险的所有授信业务均纳入大额风险暴露监管框架，该措施能有效防范系统性金融风险，提升金融服务的质效。

近年来，各国监管机构纷纷将监管重点由微观审慎监管转为宏观审慎监管，提出了新的宏观审慎工具如逆周期资本缓冲和留存资本缓冲。逆周期资本缓冲是指在经济繁荣的情况下要求银行留存一定的资本金，旨在通过确保银行拥有足够的资本金为经济提供信贷流动，从而避免经济萧条时期银行破产。留存资本缓冲是指银行为了合理地规避风险，在商业银行正常的最低资本金要求以外，额外从一级资本中计提的留存收益，留存资本金的计提类似于企业公积金，其主要作为风险发生时的应急资本。

金融体系是金融监管的客体，无论什么样的金融监管架构安排都是为了维护金融体系的稳定，现实中金融监管组织结构通常涉及两个方面：一是金融监管机构是一个集中的超级监管机构还是多个独立、平行的监管机构，二是中央银行在金融监管中扮演着怎样的角色。

对于金融监管应该采用多边监管还是集中监管目前还没有统一的定论，其主要原因是研究人员选取不同的衡量指标体系，从不同的角度出发很难得出一致的结论。Barth 采用驼峰评级体系进行分析，他认为采用多边监管的国家更易发生流动性风险，其原因在于多边监管模式容易发生相互推诿的情况，导致监管松弛削弱银行的公司治理。Doumpos 采用分层线性模型进行分析，他认为相对于正常时期而言，集中监管模式在危机时期更能发挥作用，因为其能有效地缓解危机带来的影响。Gaganis 运用随机前沿技术估算银行利润效率，他提出金融监管的集中度与银行效率之间存在负相关关系，即金融监管集中度越低，银行效率越高，独立、专业的监管机构更能实施专业的监管，从而对行业的风险管理产生积极的影响。

  同样地，对于中央银行是否应该涉足金融监管的问题也没有一致的结论。Goodhart 运用统计分析的方法对比发现中央银行参与金融监管的国家很少有银行失败的案例，央行涉足金融监管的程度与银行的稳健程度呈正比关系，央行参与监管能有效缓解金融危机对银行产生的负面影响。相对于支持，反对的声音更多，Noia 通过考察各国的银行监管体系发现央行垄断银行监管的国家表现出更高的通货膨胀率且其经济波动加剧。Barth 则认为央行参与监管的国家不仅会影响银行利润而且导致了银行不良贷款率的上升，总的来说，央行涉足金融监管有利有弊，这种介入行为在危机期间能有效缓解金融危机带来的风险，但同时也会使银行产生道德风险行为，降低经营效率。

  独立的金融机构能够提供专业的监管，因此金融监管机构的独立性对金融稳定的重要性不言而喻。保持监管机构的独立性有利于金融监管机构合理制定规则，明确自己的角色定位，且由于独立的机构有充分的自主性，因此有利于其灵活应对国内外金融市场的变化，更好履行监管职责。国际货币基金组织和巴塞尔委员会都曾明确提出金融监管独立性的要求，独立的监管机构拥有更大的操作空间，对银行资产安全性和资源配置效率有积极的影响。

  长期以来金融监管的独立性常常被忽视，中央银行的独立性问题掩盖了金融监管的独立性，其原因是金融体系的复杂性，政府需要对金融机构加以控制，为经济的转型提供必要的金融资源，维护金融环境的稳定，因此政府很难给金融机构放权。现在在绝大多数国家，金融当局并不完全独立于政府，而是其一个直属部门，金融监管组织结构与监管独立性之间存在密切关系。如果采用集中的监管模式即单一监管机构独揽大权，那么政府会尽量保证金融监管机构的独立性免受其他部门的干扰，一旦监管失败发生金融风险，其将承担全部责任。与此同时，由于单一监管机构权力过大，政府部门出于权力被滥用的担心，会产生限制监管机构独立性的动机。

二 区域性金融风险的防范

目前我国经济已经进入三期叠加的新常态，经济的新常态必然伴随着金融的新常态，金融新常态表现在以下三个方面：一是金融发展速度逐渐变缓，货币政策由宽松转为稳健，商业银行规模增速放缓，传统的粗放型增长方式已不可持续。二是金融业结构发生重大变化，近年来经济发展由数量向质量转变，随着科技的进步和产业结构的升级调整，我国的国民经济重心已由第二产业转变为第三产业，2018年第三产业增加值469574.6亿元，第二产业贡献率由57.4%下降到36.3%，第三产业则从39.0%增加至58.8%，年均贡献增长率为2.21%。金融发展需要与产业结构相适应，长期以来我国银行业致力于为制造业服务，导致了融资结构失衡，随着产业结构的调整和利率市场化的改革，金融业的结构也将发生重大变化。三是金融风险防控形势严峻，在新常态下，一些中小企业受宏观经济政策的影响，资金趋紧，不良贷款增加。除此之外，利率市场化的改革和互联网金融产品的出现都对传统的风险管理模式提出了新的挑战。

经济新常态下区域性金融风险呈现出新的特征，首先，随着多元化市场的发展，包括保险、证券、银行在内的金融企业迅速成长，原有的金融市场边界被弱化，一旦某个环节发生失误，金融企业的风险也会迅速增加。其次，现阶段的金融风险具有跨行业、跨地域、跨市场的新特征。随着互联网金融的迅速蔓延，多数金融企业跨区域相互合作，不断发展交叉金融业务。经济进入新常态以后，金融风险的系统性和区域性特征随之加强，防范区域性金融风险可以采取以下措施，为市场建立良好的金融生态，打造良好的金融秩序。

首先，要提高跨区域监管的协同能力，设立统一的金融信息共享机制。银保监会、证监会和中国人民银行等是我国现阶段主要的监管部门，同时发改委、地方政府、海关、税务和工商等多部门参与，协助办公，面对众多的管理部门，提高监管中的跨地区协调能力显得至关重要。为共同预防金融风险，需针对金融企业进行全面监督管理，规范金融市场秩序，预防金融风险的能力建立在完善的金融信息的基础上，完善的金融信息共享机制能够为整个金融行业提供可靠的风险评估标准，因此，应加强金融企业之间的信息往来，完善金融信息共享模式；以人民银行为主导，提出完善的统计口径，实现金融市场监测体系的标准化。

其次，金融机构应该提高自身金融风险管理和抵御能力，加强金融管制。经济新常态下，产业结构不断调整，金融机构应主动适应新常态，拓宽消费金融供给渠道，对现代服务业、高新技术产业及新兴产业提供信贷支持；摒弃传统的粗放型增长模式，在维持金融机构稳健运行的情况下积极拓展其他中间业务；强化市场风险管理意识，积极运用风险识别和监测工具分析风险，通过市场提供的金融工具规避风险，提升市场风险管理能力。除金融机构本身进行自我约束外，政府更应该加大金融监管的力度，随着金融创新的步伐加快，金融体系的脆弱性有所增加，但是金融的创新并不是引发金融风险的主要原因，金融动荡往往与监管不力有关。在利率市场化和金融改革深化的过程中，政府应该进一步加强金融监管，防止金融机构恶性竞争，在跨行业、跨地域、跨市场的风险不断增多的情况下，应进一步完善金融监管和稳定协调机制，及时对区域金融风险进行预警和处置。

最后，政府应该加大金融对实体经济的支持力度，严厉打击民间非法融资活动。实体经济的风险是金融风险的源头，在虚拟经济快速发展，经济"脱实向虚"的背景下，区域性金融风险更易发生，防范区域性金融风险需要标本兼治，在疏解实体经济风险的基础上逐步化解区域性金融风险。防范实体经济风险的关键在于金融机构要按照国家的产业政策和信贷政策对实体经济提供信贷资金支持，加强对企业的甄别和处置，积极协调银企对接，帮助符合产业政策和资产优良的企业渡过难关，预防资金链断裂可能引发的区域性和系统性风险，同时积极拓宽企业的融资渠道，鼓励中小企业利用各种直接融资工具如票据、债券等进行融资。

第三节　中国区域性风险向系统性风险的转嫁机制研究

单一的、局部的金融区域或金融产品引发的风险都可以归为区域性风险，区域性风险一经扩散就容易引发系统性风险，对区域性风险向系统性风险的转嫁机制分析可以同时研究和防范两个不同层面的风险，防患于未然。

一　区域性风险向系统性风险的转嫁渠道分析

2008年金融危机以来，系统性风险成为学术界研究的重点，风险在不同的市场和不同的主体之间传递。目前研究区域性风险如何向系统性风险转化的文献主要集中在金融风险如何在不同的国家和地区间传染，其转嫁渠道包括资产价格渠道、贸易渠道、资产负债表渠道和公共部门渠道。

传染是指当一个冲击发生后，由于不同地区的金融产品具有同质性，这种冲击会迅速扩散到其他地区，使各个地区市场间的关联度显著增加。随着全球一体化趋势的加强和金融创新工具的普及，不同经济主体间的关联度增大，风险传染的概率增加。Chiang收集了1999—2003年九个亚洲国家的金融市场数据对亚洲金融危机进行了分析，其研究发现在1996—1998年，九个国家之间出现了传染性，即金融市场的相关性增加，1999—2003 年，金融市场的相关性持续增长，说明风险具有持续性。该研究表明负面冲击在开始时损害了初始价值引起了市场的波动，这种波动以金融资产共同暴露的方式扩散传染到其他市场，各市场的金融资产价值缩水，金融市场波动进一步加剧和推高了系统性风险。

贸易渠道也是区域性金融风险转化为系统性金融风险的另一重要途径，贸易渠道是指一国金融危机发生后，通过汇率贬值和影响国际收支经常账户来使其他国家经济基本面受损的传染方式。当一国发生金融危机时，该国货币迅速贬值，出口商品价格下降，进口商品价格提高，因此进口国家可以以相对便宜的价格获得更多的商品，对国内的需求量下降，对国外的需求上升，这会使外汇储备流失，最终导致国际收支失衡。除此之外，资产负债渠道也是区域性金融风险向系统性风险转嫁的渠道，当金融危机发生时，由于受外界的冲击，货币市场和资本市场会产生流动性风险，此时市场上的投资者无法从货币市场和资本市场上获得资金，为维持自身资产负债表的稳定，市场上的投资者会选择卖掉部分金融资产，这种行为会导致资产缩水，加剧经济的低效率运行，增大潜在系统性风险。

政府是公共部门的最重要成员，因此公共部门也是区域性风险向系统性风险转嫁的重要渠道。近年来，政府部门日益加重的债务负担导致其债务违约率上升，政府公信力下降，对企业、银行等微观主体产生溢出效应，使得市场信心下降，最终导致风险在区域内扩散。2014 年中央政府推出地方债置换政策，当地方政府无法偿还债务时可以通过发行政府债券的方式获取资金，归还银行贷款。这种政府债券最终由金融机构被迫购买，导致商业银行资产恶化，为金融风险爆发埋下隐患。地方政府支撑本地市场预期依靠的是公信力，一旦公信力降低，其所引发的溢出效应会挫败投资者信心，产生"羊群效应"，导致资本大量外逃、资金链断裂、地区经济下滑，且该风险会溢出到相邻省份，导致区域风险扩散，进一步向系统性风险转嫁。

二 区域性风险向系统性风险转嫁的条件分析

在分析了区域性风险向系统性风险转嫁的渠道之后,可以看出风险在区域间的传染是转化为系统性风险的充分条件,因此区域性风险满足什么样的条件才能转化为系统性风险的问题值得我们研究。

首先是区域间的网络关联程度。区域间金融网络可分为集群式网络和非集群式网络,集群式网络是指在该网络中每个银行机构都拥有相同的投资组合,同时发生违约,而非集群网络是指金融机构拥有不同的投资组合,违约的发生更加分散化。随着经济的发展,我国区域间的金融网络越来越密集,密集的金融网络有利有弊,当金融机构面临幅度较小的负面冲击时,密集的金融网络使得这种冲击被更多的债权人承担,从而分散风险,降低金融系统内的风险损失;当金融机构面临幅度较大的负面冲击时,密集的金融网络增加了各金融机构间的关联度,从而使得负面冲击在银行体系内快速扩散,引发金融风险。风险的传染与爆发最初来源于某一银行,密集的金融网络使这种风险迅速传染至其他银行,这是第一轮冲击,第一轮冲击受到影响的银行又会将这种风险传染至其他银行,如此循环下去,当这种传染冲击幅度超过整个银行系统所能承受的幅度时,系统性金融风险爆发。

其次是风险发生源的系统重要性。在传染的基础上,金融机构所遭受的冲击如何转化为系统性风险取决于该主体在系统内部的重要性。从银行的资产规模和单个银行的风险来看,四大国有银行对系统性风险的贡献率显著高于其他股份制商业银行。范小云利用中国银行间市场数据进行了模拟分析,在比较了每家银行的系统性重要程度大小之后,发现在所有的国有商业银行、股份制商业银行、邮政储蓄银行、政策性银行、城市商业银行及农村商业银行中,对系统性风险的贡献率前四均为四大国有商业银行。目前评价金融机构系统重要性的方法有"直接贡献"和"间接参与"两种方式,"直接贡献"是指当某一银行违约时给整个银行体系带来的损失,是对系统性风险贡献度的直接反映;而间接参与则强调外部机构的介入,即当某一外部机构介入时,系统性风险爆发的可能性在系统内部扩散并增加。

第四节 区域金融理论

在研究区域金融的问题时,国外学者更侧重于发达国家,对发展中国家的研究较少,国内学者在研究区域金融的问题时,主要集中于以下几个方面:区域金融发展差异的研究、区域金融合作研究和区域金融生态研究。

一 区域金融发展差异的研究

朱新天认为区域经济增长格局的形成取决于资源配置,区域资金投入增长是区域经济发展的前提,一个地区能否获得经济的高速增长在于该地区能否获得较大规模的资金投入。一个区域增加资金投入的来源主要有以下两个途径:一是争取中央投资,二是通过优惠政策吸引外来投资。目前我国的资金流动表现出内地资金流入沿海、省际横向流动的态势,据统计,近年来我国的信贷投放呈现出东部投放、西部回笼的状态,这也是我国东西部发展差异的原因。罗白璐、赵少平也提出了相同的看法,造成区域金融发展差异的原因在于资源的不平衡,自然条件的差异决定了不同的产业结构,不同的产业结构决定了不同的经济水平,经济水平的差异进一步导致各区域金融发展差异。

赫国胜、燕佳妮认为区域发展差异与金融支持实体经济发展效率有关,在中国经济快速发展的过程中,虚拟经济不断涌入,金融与实体经济背离,实体经济"空心化"的现象越来越严重,实体经济是一国经济发展的根本,金融是实体经济稳健运行的血脉,一个区域实体经济的发展状况很大程度上反映了当地的金融现状。为研究这个问题,他们对除西藏外的30个省市的金融支持实体经济的发展效率进行测度，结果表明近年来东中西部金融支持实体经济发展效率都有所下降，其原因在于东部地区金融资源投入冗余，中西部地区金融结构单一，东北地区增长动力不足。但是各省市之间也存在区别，安徽、山东等省市全要素生产率接近1，下降幅度较小，黑龙江、河北、天津等省市全要素生产率距1较远，下降幅度大，而海南、云南等省市全要素生产率超过1，说明金融能够有效支持实体经济的发展。因此，金融支持实体经济发展效率的差异确实是导致区域之间发展差异的重要原因。

俞颖、康建华则认为区域金融差异由区域内差异和区域间差异共同决定，而区域内差异又可以分为区域内农业差异和区域内非农业差异，同理，区域间差异也可以分为区域间农业差异和区域间非农业差异。他们选取了1991—2016年各个省市间的数据，利用空间与产业的二重分解测度法对区域间的金融发展差异进行分析，其研究结果显示区域间的金融差异主要由非农业差异引起，东部地区内非农业金融差异对区域金融差异的贡献度高达60%，而中西部地区内非农业金融差异对区域金融差异的贡献度仅有2%左右，这也证明了非农业的金融差异与我国金融总差异的走势一致，由于我国城乡差距较大，农村地区金融资源稀缺，几乎形成了封闭的金融资源系统，因此区域内的非农业金融差距在很大程度上决定了区域间的金融差距。

邹小芫、叶子涵则认为文化资本和制度环境是造成区域金融发展差异的主要原因，为此，他们以31个省市金融中心为样本，计算了文化资本和制度环境对区域金融发展差异的影响。其结果显示文化资本对于区域金融发展至关重要，区域文化资本存量越高，区域金融中心的竞争力越强，且在东部地区表现较为明显，除此之外，制度环境的建设对区域金融中心的发展具有积极的作用，其主要表现在非国有经济的发展、要素市场的发育以及市场中介组织发育和法律制度环境之上，政府干预及要素市场的发育更多作用于东部地区，而中介组织和法律制度环境则更多影响中西部地区。

二　区域金融合作研究

国内对区域金融合作的研究较多集中于"一带一路"背景下沿线各国的合作研究，如中国与东盟地区、中国与阿拉伯地区、沿线各国之间等，中国与东亚地区及与俄罗斯的区域金融合作研究也较为常见。但是目前的研究方式比较单一，多数为通过研究两地的区域金融合作机制来分析地区金融合作的机遇与挑战并提出相关的政策建议。

近年来，金融业务合作规模逐步扩大，金融合作机构数量增加，金融业务逐渐多元化，这为区域金融合作的开展提供了便利条件。随着对外开放的进一步扩大和贸易往来的频繁，区域金融合作将成为未来的一大趋势，为此赵丽君对"一带一路"背景下中国与东盟地区开展区域金融合作的问题进行了分析。赵丽君认为中国与东盟开展区域金融合作的新机遇在于利好的金融政策和不断强化的金融监管，第十五届中国—东盟博览会期间，我国与东盟国家签订了《新时代深化战略合作协议》，其目的在于助力广西面向东盟国家，打造金融开放门户。与此同时，中国与东盟国家的区域金融合作也存在着挑战，如双边支付水平存在差距、双边金融政策协调难度大和人民币结算占比较小等问题，目前中国与东盟的金融合作渠道与机制仍然停留在论坛讨论、对话与发表宣言的阶段，具有约束力的金融合作协议很少，双边金融政策很难落实，除此之外，中国的网络支付水平处于世界前沿而东盟许多国家的网络支付刚刚起步，双方差距较大，不利于合作的开展。

在金融自由化与世界一体化的经济背景下，加强与东亚地区的金融合作是稳定区域内汇率、抵御金融冲击的重要手段，赵瑞娟提出目前与东亚地区进行区域金融合作存在诸多问题，如缺少必要的组织结构及决策系统、缺少有关汇率合作的框架协议、各国经济文化方面存在巨大差异和来自美国的制约等，因此该学者提出加强与东亚地区的区域金融合作应该完善东亚区域金融合作的组织机构及决策系统,引入更多的政策对话机制;建立东亚区域金融监督机构,制定银行信息披露制度;加快构建东亚自由贸易区,扩展各国金融合作的广度和深度。

除了"一带一路"背景下中国与东盟地区的区域金融合作及与东亚地区的金融合作之外,东北地区与俄罗斯的区域金融合作也占据重要地位。俄罗斯与我国东北接壤,通过开展金融合作能够优势互补,促进经济发展,张献莹对中国东北与俄罗斯东部地区的区域金融合作模式进行研究,她提出目前我国与俄罗斯正处于良好的建交时期,有良好的政治互信机制,政治上的热络可以带动经济的发展,而且现在俄罗斯东部与中国东北地区呈现出经济互补的特点:俄罗斯出口自然资源和石化资源,中国东北出口加工类产品。虽然两地的合作拥有宽松的市场环境,但是东北地区与俄罗斯的区域金融合作仍然存在挑战,如经贸发展失衡、金融合作业务风险高和配套设施不完善等,因此要建立两地良好的区域金融合作需要完善相应的配套设施,将业务范围拓展到保险、证券等领域,创造两国地区间金融合作的新时代。

三 区域金融生态研究

良好的金融生态环境有利于经济的稳健运行,加快金融生态环境建设有利于促进地方经济发展,维护社会的和谐稳定,提高金融的整体竞争力。赵录军提出目前我国的金融生态环境遭到严重破坏,背信弃义、唯利是图等现象频发,其原因在于社会信用环境较差、法律制度不完善、金融机构自身管理缺失和群众诚信意识不强等,为改善区域金融生态环境,需要多部门协力合作,提升内部规范化管理水平、引进多元投资主体、完善公司内部管理制度,这样才能有效改善金融生态环境,实现经济的健康发展。

2014年央行行长周小川提出了金融生态的概念。他认为金融生态是一个比喻,与人类赖以生存的生态环境一样,金融生态是金融运行的外部环境和基础条件。戚湧认为金融生态系统对优化区域资源配置效率、助力实体经济发展和帮助新创企业成长起着重要的作用，因此他以283个地市为对象研究了金融生态对新创企业的影响，得出以下结论：区域金融生态与新创企业的绩效之间存在正相关，即区域金融生态系统发展状况越好，新创企业的绩效越高，另外，区域金融生态与企业绩效的回归系数表现出东部＞西部＞中部的态势。因此，为了让实体经济的发展有一个良好的金融生态，应促进金融组织的协调发展，形成多种金融机构共同竞争的格局；优化实体金融生态链，为实体经济提供有效的资金支持；推进地方政府职能转变，重视企业发展，为企业发展提供良好的外部环境。

由于区域间经济社会发展存在差异，各区域的金融生态发展水平也不尽相同。为研究我国区域间金融生态发展差异。吉萍以2014—2016年中国31个省市自治区为研究对象，对中国各个区域间的金融生态发展水平进行了测度，得出以下结论：中国各区域间的金融生态发展水平差异较大，呈现明显的空间差异，东部发达省份金融生态发展水平较高，西部省份金融生态发展水平较低，绝大部分低于全国平均水平。因此吉萍提出政府应该采取措施促进金融生态的协调发展，对于东部发达地区，应在继续发挥其优势的基础上加强征信体系建设，确保其良好的金融环境，对于中部欠发达地区，应该学习其他地方的经验，加强与东部金融生态发达地区的合作，对于西部落后地区则应该充分发挥政府的主导作用，大力扶持民族产业，重视金融人才的培养。

第五节　区域金融风险形成的微观、中观和宏观因素

金融风险可以分为三个不同的层次，即微观金融风险、区域金融风险和宏观金融风险，区域金融风险又称为中观层次的金融风险，其形成原因包括以下几个方面：一是微观原因导致的区域金融风险也称为自源性的金融风险，即风险在微观系统内的传播

和扩散；二是中观原因导致的金融风险也称为关联性的金融风险，即风险在金融关系密切的区域间横向传播；三是宏观原因导致的金融风险也称上源性的金融风险，即风险在金融系统内自上而下地扩散。

一　区域金融风险形成的微观因素

区域金融产业的内控机制、金融市场健全性以及金融产业的资产质量和人力资源是引起区域金融风险的主要微观因素。

区域金融产业的内控机制是指金融产业内部为了确保自身业务健康运行、保证金融资产质量、有效规避金融风险、提升经营服务水平，从而保障支付能力的机制。建立完善和科学的内控机制是金融机构业务健康运行的保证，也可以降低微观金融风险发生的概率，预防金融风险的传染和扩散。内控机制必须立足于能在第一时间内对业务范围内的情况进行监控，为此应该采取以下措施：一是要构建一个全方位的高效内控机构，以员工为根本加强管理并在办公室配备高素质的内控管理人员，将金融机构内部的人、财、物纳入监控管理的范围。二是要强化制度建设，建立完善的风险评价制度，内控工作是一项长期的工作，建立一套完善的风险评价体系和科学的考评办法能有效提高金融机构抵御风险的能力，这是因为完善的风险评价体系和科学的考评办法能调动内控管理人员的自觉性和积极性，抑制犯罪动机，增加冒险成本。三是要加强监督检查，依据法规对各项业务活动实施有效监控，各级部门应认真履行职责，对所辖部门进行定期或不定期检查，发现问题及时上报并下令整改，将风险扼杀在摇篮中，确保金融业务安全运行。四是加大和完善整治力度和风险责任问责制度，对呆账和坏账进行大力整治，实行风险责任的终身追究制度，加强相关工作人员的责任心，从制度上遏制资产质量的恶性循环。

区域金融市场的健全性一方面是指金融市场能为区域内的金融机构提供其所需要的资金，最大限度地减少流动性风险和信用风险；另一方面是指金融体系内有完善的约束和监督机制，既能避免风险的发生，也能控制风险的传染和扩散。完备、健全和发达的金融市场对一个国家的金融体系至关重要，实践表明，我国的金融市场在支持国民经济发展、促进社会融资结构优化、推进利率和汇率市场化及抵御国际金融危机的冲击和维护金融稳定方面发挥了至关重要的作用。

党的十八大以来，我国不断完善金融市场体系，努力建设金融市场基础设施，目前已经形成了覆盖本币与外币、短期与长期产品、现货与衍生品、分层有序、互为补充的多层次金融市场体系。2015年中国人民银行宣布降低人民币存贷款利率和存款准备金率，同时宣布放开存款利率上限，这是利率市场化过程中的重要举措；同年3月，《存款保险条例》颁布，吸收存款的银行业机构按规定全部办理投保手续，这对于完善我国金融安全网、理顺政府与市场的关系、深化金融改革、维护金融稳定和提升我国金融业竞争力具有重要作用；2016年5月人民银行宣布引入更多符合条件的境外机构投资者，简化管理流程；2019年，关于坚持和完善中国特色社会主义制度，推进国家治理体系和治理能力现代化的文件正式出台。在文件中，中共中央明确提出要完善现代中央银行制度和基础货币投放机制，健全基准利率和市场化利率体系，同时要加强资本市场基础制度建设，努力建成具有高度适应性和普惠性，能有效预防和化解金融风险的现代金融体系。

区域金融风险水平和区域金融安全取决于区域金融产业内主要组织机构的资产质量，如果金融产业中主要组织机构的资产质量较低，一方面，会降低金融产业的盈利能力和信用等级，导致竞争力低下，影响银行的信用扩张；另一方面，如果金融产业的资产质量问题得不到缓解，金融机构很容易产生流动性危机和信用危机，降低对输入性金融风险的应对能力，从而影响区域金融安全。近年来，随着经济增速的放缓，商业银行不良贷款余额和不良贷款率持续上升，"不良双升"格局的出现是因为近几年银行贷款的客户多为小微企业，这部分企业资产能力薄弱，偿还贷款的能力较低，一旦小微企业不能及时偿还贷款，商业银行的不良资产就会增加。银保监会发布的数据显示，2018 年第四季度末商业银行的不良贷款余额为 2.03 万亿元，不良贷款率为 1.83%，虽较上季度有所减少但不良总量较大，存在潜在的风险。

区域金融产业从业人员的素质也是影响区域金融风险水平的重要因素，随着经济的发展，金融在我国的地位越来越重要，中国银行业如何保持高效稳健的运行至关重要。区域金融产业从业人员的素质主要包括管理人员的管理能力、决策水平，项目投资和审贷等业务人员的业务组织、风险意识和风险防范能力等。几次金融危机的教训也提醒我们，为了更好地维护广大存款人和金融消费者的利益，以及维护金融稳定，中国银行业必须进一步加强对金融从业人员的道德教育和素质培养，努力培养一支专业素质过硬、遵纪守法，有良好的职业操守的队伍，以保证银行业的平稳健康运行。2009 年中国银监会印发《银行业金融机构从业人员职业操守指引》，要求各金融机构根据当地从业人员的素质制定具体实施细则和办法，认真贯彻落实，全面提升银行业金融机构从业人员的素质，保证银行业科学、平稳、协调和可持续地发展。

二 区域金融风险形成的中观因素

引发区域金融风险的中观因素主要有以下几类：地方政府对金融活动的干预、区域经济发展状况与运行状态以及区域间的资金流动。

（一）地方政府对金融活动的干预

金融市场具有信息不对称、外部性强等特点，这也是金融市场失灵的表现，此时需要政府介入解决信息不对称和外部性的问题，并对金融市场进行矫正，政府的适当干预能保证金融稳定、持续和健康地发展，但是不恰当的政府干预也是诱发区域金融风险的重要原因。受利益的驱使，地方政府对金融活动的干预会导致金融财政化，降低金融资源的使用效率、金融组织的约束能力和内控能力，同时，政府干预形成的区域金融运行的封闭化和区域间的产业同构化弊端，增大了金融产业的经营风险，也影响了宏观金融调控目标的实现。此外，值得注意的是，当金融机构对地方政府机构产生过度依赖时，地方政府就自然地承担了隐含的担保责任。区域内的金融组织会无所顾忌地涉足高风险投资项目，使大量银行资产价值收缩的风险越来越大。

目前我国地方政府在干预金融发展的过程中产生了许多问题，如加剧金融风险、扭曲金融配置资源的功能和影响货币政策的效应等。政府的不恰当干预会扰乱金融机构的运行秩序，使其无法按照客观规律选择资金投向，以至于选择了许多长期无效项目，加剧了金融风险。除此之外，地方政府的不恰当干预会扭曲金融配置资源的功能，在市场经济条件下，金融机构收集信息并对其进行处理和分析，进而确定资金流向，但是在政府的干预下，资金配置不再以市场化的方式进行，这会导致资金的错配和浪费。最后，政府的不恰当干预还会影响货币政策的效应，政府干预会导致银行不良资产增加，金融机构产生"惜贷"现象，影响货币政策的效应。中国人民银行一项对我国不良资产形成的原因的调查分析表明，行政干预是不良资产形成的主要原因。

（二）区域经济发展状况

现代市场经济进入经济金融化的阶段，经济发展过程中会产生许多的不确定性因素，这些不确定因素导致了金融风险频发。我国经济发展进入发展新常态以来，经济结构和金融市场急剧变动，这种变动表现在产业结构的转换和区域经济的发展差异等方面。区域金融风险是金融发展过程中各项矛盾长期积累的反映，区域经济发展状况与运行状态是决定区域金融风险抵御能力的重要因素，实体经济的良好发展有助于金融体系的稳健运行，其原因在于实体经济的发展为经济运行提供物质保障，运行良好的区域实体经济能够提高金融资源的使用效率，增强外部融资能力，而且即使出现宏观金融风险，区域实体经济发展良好，经济结构合理的区域也能合理应对风险，降低危机发生的概率。

（三）区域间的资金流动

区域间资金流动是形成区域金融风险的直接原因之一，随着我国资本账户开放进程的不断加快，金融业对外开放的程度不断加深，短期跨境资本流动的频率和波动性显著增加，由于短期跨境资本具有较强的流动性、投机性和破坏性等特征，因此频繁的资本流动会对我国金融系统产生剧烈冲击，引发系统性金融风险。国际经验显示，在金融开放程度加深的背景下，频繁的短期跨境资本流动风险已成为各国面临的重要金融摩擦之一，这是因为随着金融产业的成熟和金融市场的完善，金融主导型资金流动逐渐取代财政主导型资金流动，成为两国短期资本流动的主导模式，由于各个地区投资环境存在差异，这种资金流动模式的转变会加剧本来就存在差异的两地之间的资金非平衡流动，扩大资金流出区域的资金缺口，对区域金融产业系统的支付能力造成损害，同时，区域间频繁的短期资金流动以及由此形成的债务链条，也是系统性金融风险的重要传播途径。

三 区域金融风险形成的宏观因素

引发区域金融风险的宏观因素主要有以下几类：一国的宏观金融政策、金融市场开放程度和金融监管制度的健全性。

目前我国普遍实行一元的金融政策即以发达地区的经济水平为参照来制定金融政策，但是不同区域的经济发展水平和金融市场发展状况都存在较大的差异，这种差异使得各区域对金融政策的执行情况也不同。对于那些金融产业较发达的区域而言，面对宏观金融政策，可以依靠健全的金融市场迅速调整金融活动，应对可能的突发情况，预防金融风险。然而，对于那些金融产业成长水平较低的区域而言，由于经济结构不合理，金融市场不完善，在面对新的宏观金融政策时，往往不能灵活地化解政策调整带来的影响，导致金融风险在欠发达地区形成并累积起来。

金融开放可以让一国享受到全球金融创新和金融发展的带动和辐射，助推金融的国际化发展。但不可忽视的是，金融风险会沿着金融开放的链条进行扩散和蔓延，并且国内与国际金融风险的叠加会使金融风险被放大。金融开放使国内金融产业直接暴露于国际竞争之中，也会诱发一些竞争性风险。除此之外，国际资本通过各种形式进入国内市场进行短期套利行为也会导致金融动荡，因此，一国的金融开放不仅要与时俱进，也要兼顾国内金融系统抵御风险的能力，盲目的、不合时宜的开放必将引发某些区域的金融风险。

时任中国人民银行副行长陈雨露曾表示，不能一味地追求金融的开放，金融的开放程度不仅要守住风险底线，也要与我国现阶段的金融监管能力相匹配。国际经验表明，在扩大金融业对外开放的过程中，要充分考虑到经济对外开放的深度和广度、国内金融市场承受能力以及现阶段我国的金融监管能力。只有在完善的金融监管体系中，金融开放才能够起到促改革促发展的好的作用。

完善的监管组织体系，科学的信息决策体系，完备的监管制度体系和有效的危机处理体系是构成健全的金融监管体系的重要因素。在亚洲金融危机中，金融市场的全面开放是大部分国家受到严重冲击的主要原因，但更关键的原因在于这些国家缺乏完善的金融监管体系，风险管理意识薄弱，缺乏对外资的控制和引导，金融产业具有脆弱性和较强的外溢性等特征，容易发生挤兑风险，因此，在某种意义上，金融监管能有效防止金融风险的扩散，也是金融安全的外在保护措施。

自上轮国际金融危机以来，宏观审慎监管的方式被世界各国广泛运用，以此加强本国金融体系的稳定性，但房地产市场泡沫和银行体系内资产负债错配等金融失衡现象仍难以完全消除。在经济金融化的基本趋势下，宏观审慎监管方式及完善的金融监管组织架构对维持经济金融稳定有着至关重要的作用，根据国际清算银行和国际智库的研究总结，将宏观审慎监管与宏观经济政策结合起来可以优化宏观调控的结果，因此我国应在国务院金融稳定发展委员会的统筹协调下，探索建立更加全面的宏观金融稳定框架。

第四章

区域金融结构

第一节 金融结构与区域金融结构理论发展概述

一 金融结构理论

金融结构的分析是区域金融结构分析的基础,区域金融结构的研究是针对特定区域内的金融结构展开的,所以在了解区域金融结构之前有必要对金融结构有全面的认识。金融结构理论自创立至今已有50多年,无数国内外学者进行了探索和扩展。

根据对国外金融结构领域现有的文献资料的梳理,较为经典的金融结构理论有戈德史密斯观点和"二分法"两种。戈德史密斯(1969)在他的名著《金融结构与金融发展》中创造性地总结出金融结构的概念,认为"金融结构是一国的金融上层结构与经济基础结构之间的关系,用金融相关比例 FIR 来表示。其中,金融上层结构主要由金融工具余额的分布状况(如金融资产在债券、股票等的分布情况)、金融资产在主要的经济部门的分布情况(表现为金融中介机构的相对规模、非金融部门的融资规模)等内容构成"。他还依据主要的量化指标将金融结构分为初级、混合和高级三种类型,并归纳了各种类型的不同特征。Demirguc-Kunt 和 Levine(1999)基于一国银行部门与证券市场规模、活动力和效率的比较分析,构造了一个金融结构综合指标,提出了金融结构的"二分法",即金融结构分为银行主导的金融结构和市场主导的金融结构。

国外学者对金融结构的两种界定引发了大量争论。有的人认为戈德史密斯以偏概全,忽视了金融结构的多层次性与复杂性;有的人则指出"二分法"的拥护者没有详细阐述两种金融结构的基本内涵,也没有明确其判断与衡量的标准。学者们对两种界定褒贬不一,各有说法,但国内学者在很大程度上都借鉴了戈德史密斯的思路,并在此基础上进行了合理的扩展。

首先,国内学者王兆星(1994)从横向和纵向两个角度丰富了金融结构的内容。"横向上,金融结构可分为金融主体结构、金融客体结构、金融形式结构、金融价格结构、金融市场结构和金融管理结构六部分。纵向上,金融结构分为宏观管理结构、中观金融市场结构和微观基础结构三个层次。"该界定虽有利于对金融结构进行定性分析,但因其复杂性而不适合定量分析。

随后,白钦先(2003)修正、补充与扩展了戈德史密斯的金融结构理论,将"金融相关要素的组成、相互关系及其量的比例"定义为金融结构。

金融结构是一个多角度多层次的复杂性概念。张杰、张晓晶、李健、林毅夫、殷剑峰、龚强等学者都对金融结构理论进行了研究和讨论。至今,关于金融结构的研究文献已经非常丰富了,这些文献的研究内容主要集中在:金融结构与金融工具的相互关系及量的比例;从间接金融与直接金融的角度出发展开融资方式结构的讨论;以银行主导和市场主导为切入点来探讨融资主体结构以及借助金融功能演进的内容来具体讨论金融结构等方面。

目前,广泛采用的金融结构定义是:金融各业、金融市场、各种信用方式下的融资活动、各种金融活动所形成的金融资产的分布、存在、相对规模、相互关系与配合的状态即为金融结构。同时,人们还习惯将金融结构划分为金融体系结构、金融工具结构、利率结构、货币结构、信贷结构、信用结构、资产结构和负债结构等小的方面来展开一国或某一地区金融结构的讨论。

二 区域金融结构理论

国内学者对区域金融结构的研究大多基于戈德史密斯金融结构理论的思路,将扩展后的金融结构放入特定区域内进行研究,提出各自对区域金融结构的观点和看法。在区域金融结构理论领域提出自己见解的学者主要有:刘仁伍、支大林、于尚艳、陈雁云以及时光等人。

2003年,刘仁伍在《区域金融结构和金融发展理论与实证研究》一书中对区域金融结构的概念进行了概括,认为"区域金融结构是区域现存的金融工具、金融机构、金融市场和金融制度体系的总和,反映出各种现存的金融工具、金融机构和金融市场的性质、种类、绝对数量、相对规模、经营特征和经营方式、集中化程度,以及金融机构组织和金融交易的方式、范围、规则、惯例、收益分配和有效性"[①]。另外,他还根据区域金融结构的定性指标和定量指标对区域金融结构进行了定性描述和定量描述,同时他还在戈德史密斯的金融结构分类基础上,将区域金融结构按照定性和定量的分析方法进行了拓展。按照定量指标将区域金融结构划分为初级金融结构、混合金融结构、高级金融结构以及金融一体化和经济金融化金融结构四种类型;又根据定性指标对金融结构进行了四类划分,分别是:按照金融机构的产权构成划分为国有金融结构、混合金融结构和私有金融结构;按照金融业经营效率划分为规模金融结构和效率金融结构;按照金融业务交叉程度划分为混业金融结构和分业金融结构;按照金融业务的驱动方式划分为关系金融结构和价格金融结构。最后,他还对金融结构的内容进行了补充研究,提出了健全金融结构假说,即利用金融结构健全性指数来衡量金融结构的健全程度。刘仁伍对区域金

---

① 刘仁伍:《区域金融结构和金融发展理论与实证研究》,经济管理出版社2003年版,第37页。

融结构的界定全面地考量了区域金融性质方面的差异，被后来学者广泛借鉴和采纳。

2008年，支大林、于尚艳综合已有的研究成果，提出"区域金融结构是指金融工具的数量状况的区域分布"[①]的界定。他们还从三层含义解释了该界定，首先指出区域金融结构是金融结构的区域性问题；其次说明区域金融结构的概念中只强调金融工具不是因为金融机构和金融市场不重要，而是金融工具的研究既可以突出区域金融结构研究的目的，也可以完全实现对金融机构的研究，还可以完成金融市场的研究，即金融工具的研究是区域金融结构研究的关键因素；最后表明没有将区域金融制度纳入区域金融结构的研究内是出于区域金融制度只是区域金融结构变动的主要解释原因而没有必要作为其中一个部分的考量。简单来说，他们认为通过金融工具的研究完全可以解释金融体系结构的全部内容。他们只基于金融工具的区域金融结构界定虽然有一定道理，但因其粗略性和简单性未能得到认可，后来学者大多都延续刘仁伍的观点。

2009年，陈雁云认为刘仁伍对戈德史密斯金融结构界定的拓展是合理的，并提出自己的观点："区域金融结构是金融要素在区域层次的分布。"[②]

2010年，时光等人认同刘仁伍对区域金融结构的界定，但认为"金融中心作为区域金融的重要构成要素，应该纳入区域金融结构的研究，故对区域金融结构进行了扩展研究"[③]。

本书综合分析各观点后，决定采用刘仁伍的区域金融结构分类方法以及时光等人的区域金融结构观点，从金融工具、金融机构、金融市场、金融制度和金融中心五个方面展开区域金融结构的研究。

---

① 支大林、于尚艳：《区域金融理论与实证研究》，商务印书馆2008年版，第87页。
② 陈雁云：《区域金融理论与问题研究》，江西人民出版社2009年版，第27页。
③ 时光、杨海燕、伍燕：《区域金融学纲要》，民族出版社2010年版，第108页。

第二节　区域金融结构的一般性分析

一　区域金融结构性质

区域金融结构作为区域金融的重要表现形式，简单来说就是将金融结构放置到一定的时空范畴来进行研究，其性质总结如下。

（一）时空性

不同时期的金融结构性质、范围和程度等内容存在一定的差异，即金融结构具有时间上的差异性，而区域金融结构是基于金融结构的研究，故认为区域金融结构同样具备时间上的差异性。不同于金融结构的是，区域金融结构除在纵向的时间比较中存在差异外，在横向的地域比较中同样存在差异性，所以区域金融结构还具备了金融结构所不具备的空间差异性。因此，区域金融结构的研究简单来说就是探索时空差异性下金融结构变动的规律。

（二）层次性

区域金融结构内生于区域经济形态，区域经济发展存在明显的不平衡性，即区域经济发展水平存在层次性，区域金融结构与区域经济发展水平相对应，因此区域金融结构存在相对发达和相对落后的层次之分。造成这一层次差异的原因主要有以下两个方面。

1. 区域经济结构差异的直接影响

区域经济结构不同，对金融工具、机构以及金融制度等金融要素的实际需求也会不同，这些差异直接影响了该区域的金融结构的内容和发展。例如，不同的经济结构下对各融资工具、融资机构等的需求，将直接影响该区域内金融资产的配置情况、金融机构的职能侧重以及金融市场的发展等。

2. 人为因素的强化效应

研究发现，即使区域内的金融要素分布完全一致，人们差异性的金融行为依然会导致该区域的经济结构呈现不完全一致的格局。故在既定的差异性区域经济的背景下，人为因素对已形成的自然金融结构具有强化的效应。而人为因素主要通过人类经济活动的极化性和人为的金融政策两条途径对区域金融结构构成影响。人类活动的极化性，是指人类出于趋利避害的本能将自身拥有的金融要素投向收益率最高的区域，这一行为会让要素集聚在一定的区域内，形成规模经济和集聚经济，进而形成较为发达的区域金融结构，其他区域的金融结构将会相对落后。人为的金融政策方面，不管是一刀切的还是差异化的金融政策，在不同的经济区域内都无法产生完全一致的影响，故企图通过简单的金融政策来实现区域金融结构一致性的想法是难以实现的。在这些因素的影响下，金融结构在区域间会呈现层次差异性。

另外，区域金融结构的层次性除了体现在水平上之外，还体现在其内容上。内容上，区域金融结构分为宏观、中观和微观三个层次。其中宏观结构包括区域金融政策目标和金融制度等；中观结构包括区域内金融机构及金融市场的构成等；微观结构则是指区域内金融工具的总规模、种类构成，以及在不同行业间的分布和金融资产价格结构等内容。

综合以上论述的内容，可以得到区域金融结构在水平和内容两方面都存在明显的层次性的结论。

二 区域金融结构的定性和定量分析

区域金融结构的相关指标可以按照性质分类为定性指标和定量指标，对其不同类型指标进行分析，可以得到区域金融结构的不同描述。

（一）区域金融结构的分析指标

1. 区域金融结构的定性指标

区域金融结构的定性指标可以归纳为金融要素的性质、范围和程度的描述。如金融资产的种类，金融机构的类型，金融市场的类型和范围，金融制度体系的规则、力度和有效性等。

2. 区域金融结构的定量指标

区域金融结构的定量指标是指反映绝对数量、相对重要性、与其他领域数量参数关系的指标。主要有金融工具、机构和市场的数量；金融资产的存量和流量；金融工具中不同工具所占比例；不同机构在总机构中所占份额；不同市场在总市场中所占份额；金融相关比率（FIR）；债权凭证与股权凭证的比重；金融资产总额与各种金融工具余额在主要经济部门之间的分布；金融机构在全部金融资产余额中所占比重；金融机构在金融工具存量中拥有的份额；金融资产存量按金融工具种类和经济部门分类情况等。

（二）区域金融结构的定性和定量描述

1. 区域金融结构的定性描述

"区域金融结构是金融工具、金融机构、金融市场和金融制度等金融要素的静态区域存在，也是复杂金融关系的存在、性质和自然分布状况，反映了区域经济存在中的媒介生产、交易的中介体系的结构和效能。"[①] 该定性描述有利于对金融要素抽象的特质变化进行很好的描述，如描述金融市场的深度和广度等。

2. 区域金融结构的定量描述

2003 年，刘仁伍指出 "区域金融结构的定量描述，侧重于金融结构各组成部分的绝对数量、相对重要性、与其他领域数量参数关系的描述"[②]。金融结构各组成部分的绝对数量即金融工具、金融机构和金融市场的数量描述；相对重要性是指同一类型参数的份额，如金融资产的分类等；与其他领域数量参数关系建立了金融结构与经济结构之间联系的桥梁，主要的衡量指标有：金融相关比率，金融资产总额与各种金融工具余额在主要经济部门之间的分布，金融机构在金融工具存量中拥有的份额，金融资产存量按金融工具种类和经济部门分类组合的金融相关矩阵，一定时期金融资产流量按金融工具种类和经济部门分类组合的金融相关矩阵等。

---

① 刘仁伍：《区域金融结构和金融发展理论与实证研究》，经济管理出版社 2003 年版，第 38 页。

② 刘仁伍：《区域金融结构和金融发展理论与实证研究》，经济管理出版社 2003 年版，第 39 页。

2008年，支大林和于尚艳在《区域金融理论与实证研究》中还提出了另外两种定量描述的方法，一种是将衡量区域金融结构的指标分为总体层次指标和区域结构层次指标来描述区域金融结构；另一种是将考查指标分为规模指标、行为指标和效率指标三类来概括区域金融结构。这两种方法只是从新的角度对定量指标进行了重新划分后再得出相应的区域金融结构界定，其实质内容并未发生改变。

2010年，时光等人在刘仁伍定量描述的基础上，将衡量与其他领域数量参数关系的指标归纳为：区域金融相关比率、区域融资结构、区域金融资产分布。区域融资结构是衡量区域内经济单位获取资金的方式的指标；区域金融资产分布是指金融资产在区域内各非金融部门、金融部门、政府部门及住户之间的分布情况。

几种定量描述的方法虽有所差异，但总的来说都是通过绝对数量、相对重要性、与其他领域数量参数关系三方面来描述的，衡量的指标差别也不大，并没有本质差别。

三 区域金融结构的类型

根据区域金融结构的定性和定量指标，可以按照不同的标准对区域金融结构进行定性划分和定量划分。

(一) 区域金融结构类型的定性划分

1. 国有金融结构、混合金融结构和私有金融结构

根据金融机构产权构成情况的不同，可以将区域金融结构划分为国有金融结构、混合金融结构和私有金融结构。金融机构产权全部归国家所有的为国有金融结构；金融机构产权既有国有的、私有的，还有多元主体的集体金融产权的区域金融结构称为混合金融结构；金融机构产权全部归私人所有的是私有金融结构。其中，国有金融结构和私有金融结构两种类型因其极端性只会出现在特定的经济时期，而较为常见的是混合金融结构。在混合金融结构下，产权形式多样，金融机构的目标是利润最大化，各项金融业务呈现机构化和专业化，金融行业高度集中。在一定程度上，

混合金融结构的发展代表了市场化金融的发展趋势。

2. 规模金融结构和效率金融结构

根据金融业经营效率的不同可以将区域金融结构划分为规模金融结构和效率金融结构两种类型。两种类型的区别在于该区域金融结构是基于何种目标而形成的金融结构，若是在追求扩大资产规模和市场份额的目标下形成的金融结构就是规模金融结构，而在寻求提高资本收益率和利润最大化目标下形成的金融结构称为效率金融结构。两种不同类型的金融结构是在追求不同目标时形成的，故在不同的金融结构下金融机构会采取不同的金融措施来达到自己的目标，同时需要有不同的条件来支撑该目标的实现。如在规模金融结构下，金融机构仅在丰富业务种类、扩大资本总量和市场份额方面努力，忽略了资本收益和利润指标，这就会使经济增长走上粗放增长的模式。而效率金融结构则需要金融机构严控成本，一切增长都以效率为基础条件，这就对金融机构和外部金融环境有较高的要求，不仅需要金融结构具备完善的产权制度和治理结构，还需要外部各种制度的紧密配合。

3. 混业金融结构和分业金融结构

根据金融业务交叉程度的不同可以将区域金融结构划分为混业金融结构和分业金融结构。若金融机构的业务没有明确的界限，各项业务之间相互交叉和渗透，并不断趋同走向多元化和综合化，则称为混业金融结构；而分业金融结构是指不同类型金融机构的业务独立开展，互不干涉。两种金融结构都有各自的优缺点，混业金融结构能实现规模经济和高效配置资源的目标，且有利于企业风险的管理、控制和转移，但也会增加金融环境的不安全因素，有可能将企业的金融风险演变成整个金融市场的风险，危及金融环境的稳定；分业金融结构便于分业监管，有利于维护金融稳定，但不利于金融资源的整合利用和金融机构的发展。

4. 关系金融结构和价格金融结构

"根据金融业务的驱动方式的不同可以将区域金融结构划分为

关系金融结构和价格金融结构。关系金融结构是指金融业务的开展主要依靠形形色色的关系来驱动和维系,价格在关系金融业中只起到适度作用,价格通常不能决定资金配置,而价格金融结构主要指金融业务的开展主要依靠价格优势来驱动和维系,每项金融交易被看作一个孤立事件,受价格吸引资金常会转移给另一金融伙伴,在价格主导环境下参与者基本上由最优价格或交易引导。"[①] 在关系金融结构中,金融机构占据金融交易的主导地位,决定资金配置的关键因素是关系而非价格,金融交易主体们选择有限且缺乏价格竞争,金融业的长期稳定性和营利性完全靠维持和发展形形色色的关系来保障,存在明显的不确定性。而价格金融结构明显存在很多的优势。在该金融结构下,金融市场占据金融交易活动的主导地位,它充分利用最优价格来引导交易者们的交易活动,有效扩大了金融交易的范围,促使交易成本下降,还能提高金融交易活动的效率。

(二) 区域金融结构类型的定量划分

在区域金融结构的定量划分领域,戈德史密斯和刘仁伍做出了巨大的贡献。首先,在 1994 年戈德史密斯按照定量指标将金融结构划分为初级、混合和高级金融结构三种类型。随后,刘仁伍(2003)在《区域金融结构和金融发展理论与实证研究》中提出一种与 20 世纪实际经济情况相契合的金融结构,将戈德史密斯的金融结构分类扩展为初级金融结构、混合金融结构、高级金融结构和金融一体化和经济金融化金融结构四种类型。这一区域金融结构的定量划分标准一直沿用至今,具体内容如下。

1. 初级金融结构

初级金融结构是指具有以下四大特点的金融结构:"金融相关比率较低,约在 0.5 以下;债权凭证远远超过股权凭证而居于主导地位;金融机构在全部金融资产余额中所占比重低;商业银行

---

① 刘仁伍:《区域金融结构和金融发展理论与实证研究》,经济管理出版社 2003 年版,第 112 页。

在全部金融机构中占据重要地位。"①

2. 混合金融结构

混合金融结构是指具备初级金融结构全部特点，同时政府和政府金融机构发挥了重要作用，其社会经济呈现混合性特色的区域金融结构。

3. 高级金融结构

高级金融结构是指具有以下六大特点的金融结构：金融相关比率较高，约在 1.0 以上；债权凭证可能超过股权凭证，但失去了主导地位；金融机构在全部金融资产余额中所占比重较高；商业银行在全部金融机构中的地位下降；投资银行和保险组织的重要性大大提高；金融倾斜的逆转趋势正在发展过程中。

4. 金融一体化和经济金融化金融结构

金融一体化和经济金融化金融结构是指具有以下特点的金融结构："金融相关比率较高，在 2.0 以上；社会财富高度金融资产化；债权凭证低于股权凭证，失去了主导地位；金融机构在全部金融资产余额中所占比重较高；金融机构和金融业务边界模糊，已经完成了关系金融向价格金融方式的转化；商业银行在全部金融机构中的地位大大下降；投资银行、基金公司和保险组织的重要性大大提高；金融机构同质化趋势不可逆转；金融倾斜的逆转趋势基本完成。"②

四 区域金融工具

金融工具是金融市场中资金流动的载体，具有帮助金融资源重新分配以及风险分散和转移两个重要作用。在区域金融结构中，研究金融工具的发展状况可以了解到区域金融发展的一些重要特征。本书将从基本性质以及我国金融工具的区域分布状况两方面来展开区域金融工具的分析。

---

① 刘仁伍：《区域金融结构和金融发展理论与实证研究》，经济管理出版社 2003 年版，第 40 页。

② 刘仁伍：《区域金融结构和金融发展理论与实证研究》，经济管理出版社 2003 年版，第 112 页。

(一) 金融工具

1. 金融工具的概念

区域金融工具中的金融工具亦称"信用工具"或"交易工具",是指债务人向债权人筹措资金时,债务人开出的债务凭证,是债权人持有的债权凭证。具体来说,金融工具就是按照特定格式行文并明确规定了债务人义务和债权人权利、金额、期限等交易条件的具有法律效力的契约。同时,《企业会计准则第22号——金融工具确认和计量》中规定"金融工具,是指形成一个企业的金融资产,并形成其他单位的金融负债或权益工具的合同,包括金融资产、金融负债、权益性工具以及或有工具"。

2. 金融工具的基本特征

一般认为,金融工具具有偿还期、流动性、风险性和收益性四大基本特征。

偿还期是指从借款人拿到借款开始,到借款全部偿还清为止所经历的时间。不同的金融工具一般具有不同的偿还期,偿还期的区间是 $[0, +\infty)$,其中两个极端值分别是指借款人同意以后无限期地支付利息,但始终不偿还本金的永久性债务和随时可以兑现的银行活期存款。

流动性是指金融工具在必要时迅速转变为货币而不会遭受损失的能力。一般情况下,金融工具的流动性与偿还期存在反向变动的关系,即债务的偿还期越短,它受市场利率的影响越小,遭受亏损的可能性就越小。除此之外,金融工具的流动性还与债务人的信誉高低等其他因素有很大关系。

风险性是指购买金融工具的本金和预定收益遭受损失的可能性大小。风险主要分为信用风险和市场风险两类。信用风险是指交易对方不履行到期债务的风险,这种风险的大小主要取决于债务人的信誉以及债务人的社会地位并与其成正比。市场风险是指金融资产的市场价格随市场利率的上升而跌落的风险,利率与金融证券的市场价格呈现反向变动的关系。另外,风险性与偿还期成正比,与流动性成反比。

收益性指的是金融工具能够定期或不定期给持有人带来价值增值的特性。在收益率大小的比较中必须要综合考虑银行存款利率、通货膨胀率、风险以及其他金融工具的收益率等因素的影响。

3. 金融工具的分类

不同的标准下，金融工具可以有不同的分类：按照标的资产性质可将金融工具划分为基础性金融工具、衍生性金融工具和指数类金融工具三种；按照标的资产的流动性可将金融工具划分为法定货币符号（纸币和银行活期存款）和有价证券（存款凭证、商业票据、股票、债券等）；按照期限可将金融工具划分为货币市场金融工具和资本市场金融工具。

（二）中国金融工具的区域分布状况

根据前面的介绍，可以了解到区域金融结构的定量研究通常采用一些反映绝对数量、相对重要性、与其他领域数量参数关系的量化指标。故本书将选取银行存贷款规模、债券资产规模、股票资产规模等绝对数量指标和金融工具中不同工具所占份额等相对重要性指标以及收入比、存贷差以及存贷比等关系指标来研究金融工具在我国东部、中部、西部和东北部的分布情况。

1. 存贷款规模的区域差异

在以往的研究中，有的基于东部、中部和西部三个经济区域进行研究，有的也按照东部、中部、西部和东北部四大经济区域来进行研究。本书将基于中国四大经济区域的划分，从东部、中部、西部和东北部四大经济区域角度来展开我国金融机构存贷款规模的区域差异的讨论。其中东部经济区包括北京市、天津市、上海市、河北省、山东省、江苏省、浙江省、福建省、广东省和海南省；中部经济区包括山西、河南、安徽、江西、湖南和湖北六个省；西部经济区包括陕西省、甘肃省、宁夏回族自治区、青海省、新疆维吾尔自治区、四川省、贵州省、云南省、西藏自治区、重庆市、内蒙古自治区和广西壮族自治区；东北经济区包括辽宁省、吉林省和黑龙江省。本书接下来的经济区域划分均按照此种标准展开研究，将不再作另外说明。本书主要利用金融机构

存贷款余额和存贷款占比来刻画各个区域内的分布情况,其结果如表4-1和表4-2所示:

表4-1　　　　　各地区金融机构存贷款余额　　　（单位:亿元）

年份	金融机构存款余额				金融机构贷款余额			
	东部	中部	东北	西部	东部	中部	东北	西部
2005	153165	42215	22373	69418	102321	29155	14950	48265
2006	177931	49675	25484	82370	120084	33553	16959	54751
2007	203295	57101	27996	100979	140162	38543	18966	64019
2008	242045	69867	33579	120711	161356	43277	21163	77598
2009	310311	88987	42099	156344	215665	57987	27773	98260
2010	369543	108210	49815	190670	256733	70242	33126	119095
2011	413796	124686	56035	214851	291724	80832	39507	135884
2012	472353	146991	64336	233875	331260	94435	45369	158846
2013	531583	169531	72331	270401	371548	109537	51778	186098
2014	576555	186136	77708	298245	416060	126469	59002	215239
2015	684393	212619	87477	372533	463179	146502	67701	262158
2016	760086	243592	94875	407310	520299	170821	73552	301368
2017	812339	267921	99427	461358	579767	194406	78447	348701
2018	996000	292000	107000	322241.38	728000	223406	84000	281049.70

资料来源:各省统计年鉴(2006—2019)。

表4-2　　　　　各地区金融机构存贷款占比　　　（单位:%）

年份	金融机构存款占比				金融机构贷款占比			
	东部	中部	东北	西部	东部	中部	东北	西部
2005	53.34	14.70	7.79	24.17	52.56	14.97	7.68	24.79
2006	53.04	14.81	7.60	24.55	53.29	14.89	7.53	24.30
2007	52.21	14.66	7.19	25.93	53.56	14.73	7.25	24.46
2008	51.92	14.99	7.20	25.89	53.18	14.26	6.98	25.58
2009	51.91	14.89	7.04	26.16	53.96	14.51	6.95	24.58
2010	51.45	15.07	6.94	26.55	53.58	14.66	6.91	24.85
2011	51.13	15.41	6.92	26.55	53.24	14.75	7.21	24.80

续表

年份	金融机构存款占比				金融机构贷款占比			
	东部	中部	东北	西部	东部	中部	东北	西部
2012	51.48	16.02	7.01	25.49	52.59	14.99	7.20	25.22
2013	50.93	16.24	6.93	25.90	51.68	15.24	7.20	25.88
2014	50.64	16.35	6.82	26.19	50.94	15.48	7.22	26.35
2015	50.43	15.67	6.45	27.45	49.30	15.59	7.21	27.90
2016	50.48	16.18	6.30	27.05	48.81	16.02	6.90	28.27
2017	49.50	16.33	6.06	28.11	48.26	16.18	6.53	29.03
2018	58.00	17.00	6.23	18.76	55.30	17.20	6.40	21.10

资料来源：根据表4-1计算。

各地区金融机构存贷款存量结果表明，不管是存款还是贷款，占比最大的都是东部经济区，比重均在50%左右；其次是西部经济区，占比在25%左右；紧跟其后的是中部经济区，占比在15%左右；最后是东北部经济区，占比在7%左右。由此可见，我国金融机构存贷款的区域分布呈现出与经济发展水平相一致的趋势。从2005—2017年各地区占比情况来看，东部经济区的存贷款占比有下降的趋势，而西部经济区有上升的趋势，这与近年来促进西部经济区经济增长的经济决策有很大的关系。

2. 债券资产规模的区域差异

就债券资产而言，本书采用企业债券规模及占比这一指标来分析债券资产规模的区域差异。表4-3显示，2013—2016年各地区企业债券规模中，东部地区所占比重是最大的，西部地区超过中部排在第二位；2017年时，中部地区企业债券占比超越东部，占据第一的位置，西部地区回落到第三位，东北地区首次出现负向占比，这表明"各地区的企业债券不再简单地遵循1999年前的明显'东高西低'的态势，呈现更复杂的变化"[1]。众所周知，企业债券是企业的负债，故该数量的降低，表明通过发行企业债券的方式来融资的规模变小了。

---

[1] 时光、杨海燕、伍燕：《区域金融学纲要》，民族出版社2010年版，第154页。

表4-3　　　　　　　　各地区企业债券规模及占比

年份	企业债券规模（亿元）				企业债券占比（%）			
	东部	中部	东北	西部	东部	中部	东北	西部
2013	10742.00	3222.00	848.00	3231.00	59.54	17.86	4.70	17.91
2014	12992.00	4199.00	1175.00	5716.00	53.95	17.44	4.88	23.74
2015	18600.00	3454.00	1061.00	4911.00	66.37	12.32	3.79	17.52
2016	18750.00	3571.00	588.00	2939.00	72.54	13.82	2.27	11.37
2017	1276.36	2190.39	-121.22	627.08	32.13	55.14	-3.05	15.79

资料来源：根据2014—2018年的《中国金融年鉴》数据计算得出。

3. 股票资产规模的区域差异

从股票资产看，东部地区上市公司发行的股票数量远远高于西部、中部和东北三个地区。表4-4显示，2015—2017年，东部地区股票市价总值占比均在75%左右，西部地区在11%左右，中部地区在10%左右，东北地区在3%左右，东部地区大约是其他三个地区总和的3倍，这表明股票资产向东部地区聚集的趋势依然持续。

表4-4　　　　　　　　各地区股票市场价值及占比

年份	股票市价总值（亿元）				股票市价总值占比（%）			
	东北	中部	西部	东部	东北	中部	西部	东部
2015	18876.13	49178.55	58400.15	405007.87	3.55	9.25	10.99	76.21
2016	18474.85	48117.82	59574.14	381519.07	3.64	9.48	11.73	75.15
2017	16536.11	55266.28	68782.38	426501.31	2.92	9.75	12.13	75.21

资料来源：根据2016—2018年的《中国金融年鉴》数据计算得出。

4. 各金融工具占比的区域差异

2018年末，全国社会融资规模存量为200.8万亿元，同比增长了9.8%。从表4-5可以看出，东部地区社会融资增量占了58.7%，占据了增量的一半还多，中部、西部和东北地区占比分别为19.0%、18.8%和3.5%。从结构上来看，各融资工具主要有以下四个特点：（1）对实体经济发放的人民币贷款和企业债券等直接融资占比提升，其中东部地区人民币贷款占比最高；（2）在金融监管加强的背景下，表外融资大幅下降，社会融资规模适度增长；（3）各地区债券融资快速增长，主要原因有各地方绿色债券成功发行，精准扶贫债务融资工具主力脱贫攻坚，各地专项债券发行取得突破和2018年10月中国人民银行创设民营企业债券融资支持工具，以市场化方式支持民营企业债券融资等，有效改善了债券市场融资环境；（4）东北地区债券融资规模有所下降，主要是东北地区是重工业密集区，转型和经营压力较大的原因导致的。

表4-5　　　　2018年各地区社会融资规模增量占比　　　（单位：%）

	东部	中部	西部	东北	合计
地区社会融资规模	58.7	19.0	18.8	3.5	100
其中：人民币贷款	57.1	19.6	19.4	3.9	100
外币贷款	92.5	0.1	0.1	7.3	100
委托贷款	61.2	12.7	15.9	10.2	100
信托贷款	95.3	7.0	0.1	-2.4	100
未贴现的银行承兑汇票	40.3	37.1	38.1	-15.5	100
企业债券	81.2	12.6	7.4	-1.2	100
非金融企业境内股票融资	78.7	8.9	8.3	4.1	100
地方政府专项债	46.2	23.5	25.6	4.7	100

资料来源：中国人民银行货币政策分析小组：《2018年中国区域金融运行报告》。

5. 收入比的区域差异

一个地区的储蓄能力对金融结构和经济发展有着重要的影响，故本书选取能反映单位国民收入形成的存款数量的收入比指标来衡量各地区的相对储蓄能力。收入比（IR）是一个地区的存款占比和GDP占比的比率，其公式为：

收入比（IR）＝存款占比/GDP占比

根据表4-6可以得出，我国四大经济区的收入比之间存在一定差距。西部地区 2015—2017 年的收入比平均达到了 137.6%，储蓄能力最强；东部地区收入比平均为 95.8%，储蓄能力居于第二位；东北地区的收入比平均达到 89.7%，储蓄能力排在第三位；中部地区平均收入比最低，只有 78.0%。西部地区的储蓄能力超越东部位居榜首，表明西部大开发战略实施 10 多年来西部地区在经济和金融方面取得了快速的发展，积累了良好的资金实力。

表 4-6　　　　　　　　　各地区收入比

	东部	中部	东北	西部
收入比	0.958	0.780	0.897	1.376

资料来源：根据 2015 年、2016 年、2017 年《中国金融年鉴》和《中国统计年鉴》数据算术平均得到。

6. 存贷差的区域差异

存贷差是一个能反映地区的资金富余程度和财力状况的指标，是指一个地区在一定时期内的存贷款差额，正值称为存差，负值则称贷差。其公式为：

存贷差 = 存款额 - 贷款额

在我国改革开放时期保持贷差不断上升的趋势，而这种情况在 20 世纪 90 年代发生了逆转，开始出现存差，随着经济实力的增强存差呈现上升趋势，且各经济区在存差的规模上存在明显的差异，中部地区与其他地区差距较大。若存差不断扩大，将导致商业银行的风险增大，不利于经济全面发展和货币政策的执行，故应将存贷差控制在合理范围内才能实现金融资源的合理配置，提高地区的资金使用效率，保障经济的稳定快速增长。从表 4-7 可以看出，在 2015—2017 年，我国四大地区均处于存差状态，各个地区的规模依然存在一定的差异。东部地区的存贷差平均值为 231191 亿元，居于首位；其次是西部地区，其存贷差的规模约为东部地区的一半；然后是中部地区，存贷差为 70801 亿元；存贷差最小的是东北，仅为 20693 亿元。这一结果表明，东部地区依然是资金最富余，财力状况最好的地区，西部虽不敌东部地区，但在西部大开发战略的强力帮扶下，积累了一定的资金和财力，为以后的经济发展奠定了坚实的基础。

表4-7　　　　　　　　各地区存贷差　　　　　　（单位：亿元）

地区	东部	中部	东北	西部
存贷差	231191	70801	20693	109658

资料来源：根据表4-1计算2015—2017年的算术平均得出。

7. 贷存比的区域差异

贷存比是一个能反映一个地区的信贷资金自给程度和财力状况的指标，是一个地区在一定时期内的贷款额与存款额的比率。若存款扣除存款准备金部分大于贷款额，则信贷资金能自给，反之，则表示信贷资金不能自给。其公式为：

贷存比 = 贷款额/存款额

从表4-8可以看出，各地区贷存比从小到大的顺序依次为：东部<中部<西部<东北，表明东部地区的信贷资金自给程度最大，财力状况最好，这与之前的结论相吻合。

表4-8　　　　　　　　　各地区贷存比

地区	东部	中部	东北	西部
贷存比	0.69	0.71	0.78	0.73

资料来源：根据表4-1计算得出。

五　区域金融机构

区域金融结构中的金融机构是金融工具发行和交易的市场主体，其种类、业务范围、产权和资本结构、资产构成及相对重要性、信用创造能力、对经济的渗透能力等构成区域金融结构类型的主要特征。本书将从基本性质以及我国金融机构的区域分布状况两方面来展开区域金融机构的分析。

(一) 金融机构

1. 金融机构的概念

金融机构是指从事银行、证券、保险、信托、基金等金融业的金融中介机构,是金融体系的重要的一部分。金融机构包括银行、证券公司、保险公司、信托投资公司和基金管理公司等。

2. 金融机构的功能

置换金融资产功能,指金融机构可以利用自身优势从市场上获得足够的货币资金,并将其改造成不同类型的金融资产。金融机构这一功能有效地扩大了金融资产的受众,使金融资产可以发挥更好的金融作用。这是金融机构的基本功能,行使这一功能的金融机构是最重要的金融机构类型。

经纪和交易功能,是指金融机构可以代表客户交易金融资产;提供金融交易的结算服务;自营交易金融资产,满足客户对不同金融资产的需求。

承销功能,指的是金融机构可以通过帮助客户创造金融资产,并将其出售给其他市场参与者的基本途径来实现承销功能。

咨询和信托功能,指金融机构可以为客户提供投资建议、保管金融资产、管理客户的投资组合等其他相关金融业务。

3. 金融机构的分类

金融机构的分类方法有很多,运用较广泛的分类方法有:按照地位和功能分为中央银行、银行、非银行金融机构和在中国境内开办的外资、侨资、中外合资金融机构四大类;按照金融机构的管理地位,可划分为金融监管机构和接受监管的金融企业两类;按照是否能够接受公众存款,可划分为存款性金融机构与非存款性金融机构。

除此以外,时光等人(2010)在《区域金融学纲要》一书中另辟蹊径,将金融机构划分为吸存类金融机构(商业银行、储蓄贷款协会、互助储蓄银行和信用社等)、契约类金融机构(保险公司以及各类基金)和投资类金融机构(共同基金、货币市场互助基金和金融公司等)三类。

(二) 中国金融机构的区域分布状况

大量已有文献表明,金融机构的发展水平与各地区经济发展水平呈现出很强的相关性,认为"金融机构的规模内生于经济发展水平,经济发展水平越高,金融机构的规模越大,功能越齐全,金融机构分布密度越高,金融竞争越剧烈,金融效率也会随之提高"①。2010年,时光等人通过具体的数据详细地分析了各地区的金融机构分布情况,得出"西部地区金融中介的发展速度落后于东部地区"②的结论。本书将从银行业金融机构、证券业机构以及上市公司三方面来研究目前我国金融机构的区域分布情况。

1. 银行业金融机构的区域差异

经济发展水平和制度供给等不均衡,使金融机构向发达地区和中心城市聚集,导致经济落后西部地区金融机构的发展明显落后于东部地区。而金融机构中,银行业金融机构是金融机构的一大重要组成部分,分析银行业金融机构的地区分布情况有利于各地区金融结构的研究。从表4-9的数据看出,不论是从银行业营业网点的机构个数、从业人数、资产总额角度,还是从法人机构角度,东部地区都占据首要地位,且与其他三个地区的差距非常大。2018年末,东部地区银行业法人机构占比达到37%,西部地区占比达到30%,东西部地区相差7个百分点。

表4-9　　　　2018年各地区银行业金融机构概况

地区	营业网点			法人机构(个)
	机构个数(个)	从业人数(人)	资产总额(亿元)	
东部	90803	1739948	1318538	1759
中部	53335	817034	370675.6	1124
西部	60750	975137	435385.5	1430
东北	21275	398171	151227.8	411

资料来源:中国人民银行货币政策分析小组:《2018年中国区域金融运行报告》。

---

① 时光、杨海燕、伍燕:《区域金融学纲要》,民族出版社2010年版,第122页。
② 时光、杨海燕、伍燕:《区域金融学纲要》,民族出版社2010年版,第127页。

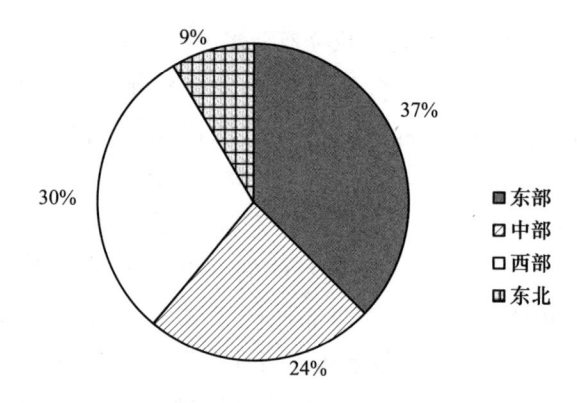

图 4 – 1　2018 年各地区银行业法人机构占比情况

资料来源：根据表 4 – 9 的基础数据绘制。

2. 证券公司和期货公司的区域差异

从券商及期货公司的发展情况看，不管是数量分布、资金实力还是市场占有情况，东部地区的证券市场和期货市场都存在明显的优势。表 4 – 10 的结果表明，2018 年年末，全国有 131 家证券公司和 149 家期货公司，东部地区有 92 家证券公司，113 家期货公司，分别占据了全国总数的 70.23% 和 75.84%，而东北、中部和西部三个地区才大约占据 30% 和 25%，差距非常明显。

表 4 – 10　2018 年年末各地区证券和期货公司分布情况

地区	证券公司（家）	比重（%）	期货公司（家）	比重（%）
东部	92	70.23	113	75.84
东北	6	4.58	6	4.03
中部	12	9.16	14	9.40
西部	21	16.03	16	10.74
合计	131	100.00	149	100.00

资料来源：根据中国证券监督管理委员会网站数据整理。

3. 上市公司的区域差异

自 1990 年股票市场建立以来，东部地区的上市公司数量一直占据首位，上市公司的地区分布向东部地区倾斜。从表4-11可以看出，2010—2016年，东部地区上市公司数量占比基本维持在60%左右，是西部地区的3倍多，占据绝对的优势地位。2016年末，全国上市公司达2691家，东部地区上市公司数量占63.55%，中部、西部和东北三个地区的占比分别是15.68%、16.02%和4.76%，东部地区的数量超过了其他三个地区的总和，充分展现东部地区经济领头羊的地位，西部地区充分发挥后发优势努力追赶东部地区，占据第二的位置。

表4-11　　　　　各地区上市公司数量及占比

年份	上市公司数量（家）				上市公司占比（%）			
	东部	中部	东北	西部	东部	中部	东北	西部
2010	1290	311	125	337	62.53	15.08	6.06	16.34
2011	1257	354	105	350	60.84	17.13	5.08	16.94
2012	1360	365	113	366	61.71	16.56	5.13	16.61
2013	1355	365	113	366	61.62	16.60	5.14	16.64
2014	1432	374	117	378	62.23	16.25	5.08	16.43
2015	1575	402	125	403	62.87	16.05	4.99	16.09
2016	1710	422	128	431	63.55	15.68	4.76	16.02

资料来源：《中国统计年鉴》（2011—2017年）。

六　区域金融制度体系

（一）区域金融制度

美国经济学家道格拉斯·诺思将制度定义为约束行为的一整套规则、应遵循的要求和合乎伦理道德的行为规范。而目前大多简单地将制度归纳为约束人们行为的各种规则，而这些规则又有正式和非正式之分，它们会相互影响和渗透，并共同约束和规范着社会主体的经济行为。其中，正式制度是指为特定目的设计并经由立法部门确定后授权特定监管部门强制实施的一系列成文的行为规则，由各种法律法规、契约等组成。而非正式制度则是指人们在长期交往中自发形成并被无意识地接受并遵照执行的各种行为规范，主要由文化习俗、道德伦理和意识形态等构成。金融结构对实体经济发展的影响正是在特定制度安排的约束下，通过金融中介、金融市场配置要素资源和金融服务来影响企业、行业和产业，进而影响经济整体的运行和发展。

金融制度是指金融领域内约束金融主体行为的各种金融规则，也有正式和非正式之分。正式金融制度是指政府依法制定并由相关部门强制实施的规范和约束金融主体行为的一系列规则，主要涉及利率、汇率、准备金率、金融准入、信贷规模、证券发行和业务创新监管等方面的规则。而非正式金融制度是指金融意识、金融文化和金融职业道德等非强制的约束规则。

区域金融结构中的金融制度是金融结构中重要的组成部分，囊括了金融工具、金融机构以及金融市场的所有金融规则。因此，按照构成要素可以将区域金融制度划分为金融产权制度、金融组织制度、金融市场制度、金融监管和调控制度。其中，金融产权制度决定金融工具的所有权和使用权性质及其关系；金融组织制度在金融机构的组织原则、金融交易活动的方式和范围、金融资本结构、金融功能及能力等方面起到约束作用；金融市场制度则是在金融主体行为、金融资源配置、金融交易成本、金融信息、市场纪律、违规处罚等方面发挥作用；金融监管和调控制度主要是采用相关经济和行政手段来监管和调控金融主体和金融市场，确保金融市场的平稳运行。在很大程度上，金融制度决定着金融结构的特征、性质和金融运行的方式及效率，同时金融制度具有较强的可塑性，所以区域金融制度对区域金融的发展具有非常重要的意义。

(二) 中国的区域金融制度

目前，我国市场金融制度的基本框架已基本建立，但金融制度中的"计划"因素仍然存在，呈现"计划金融"与"市场金融"并存的二元结构特征。从地区角度来看，东部地区的市场金融制度成分较高，计划金融制度成分较低；而其他地区则是计划金融制度成分占主导地位，而市场金融制度的发育程度较低。本书将从金融产权制度、金融组织制度、金融交易制度以及金融信用制度来具体地论述我国的区域金融制度。

1. 金融产权制度

金融产权制度决定了金融工具的所有权和使用权性质及其关系。分地区来看，东部地区非国有金融产权比重相对较大，股份制的金融机构、民营企业以及外资金融机构都主要集中在东部地区；而中部、西部和东北地区则国有金融产权比重较大。

2. 金融组织制度

金融组织制度在金融机构的组织原则、金融交易活动的方式和范围、金融资本结构、金融功能及能力等方面起到约束作用。分地区来看，东部地区非国有金融机构占主导地位，金融交易活动的形式多样，业务布局较广；而其他地区在国有商业银行经营机构向大、中城市集中以及自身金融市场发展水平等的影响下，国有金融机构占据主要地位，民营资本不活跃。

3. 金融交易制度

从金融交易制度看，东部地区市场化程度高，交易制度完善，交易灵活，交易活动主要以市场为导向，追求金融效益；而相对落后的其他三个地区的金融交易活动多与国有企业改革相关，行政干预较多，追求公平。区域间金融制度的差异性造成东部地区资金利用率高且收益率高，进而区域外资金大量流入东部地区，区域间金融和经济差距变大。

4. 金融信用制度

中、西部地区投资环境相对较差，资本利润率低，地方政府是金融信用的担保人，银行信用风险集聚；相对而言，东部地区金融信用制度的市场化程度更高，政府在其中承担的义务少得多。

(三) 中国区域金融制度现状

迄今为止，我国在货币政策、信贷政策以及金融市场政策等方面依然采取全国统一的政策，还未形成有差异化的区域金融制度。主要体现在：

1. 缺乏有差异性且具有针对性的区域性货币政策

央行的货币供给量、存款准备金比例、贷款率和再贷款等货币政策手段在发达地区和欠发达地区没有差异,不能体现出对欠发达地区的特别帮扶。

2. 缺乏支持欠发达地区经济发展的差别化信贷政策

商业银行存贷比例、授信额度、贷款结构等方面,仍然采取全国统一的方式。

3. 缺乏支持欠发达地区改善金融结构的金融市场政策

一是没有设立专门的政策性金融机构来促进欠发达地区发展,政府只能通过现有的政策性和国有商业银行来实施欠发达地区的倾斜政策,过程麻烦且不能完全满足欠发达地区发展的需要。二是对金融机构的市场准入和退出、业务经营范围限制过死,特别是直接融资的市场准入条件过于严格,缺乏灵活性,致使直接融资渠道过窄,不利于欠发达地区的融资结构优化。

七 区域金融中心

在金融发展过程中,经济发展水平、金融制度等原因推动金融产业集聚在一些位于地域核心位置的城市,并驱动金融资源和要素向该地区聚集,形成影响整个地区金融的枢纽中心,进而形成了自身快速增长的同时拉动周边地区共同发展的区域性金融中心。区域金融中心的发展将直接影响该地区金融发展水平,掌握区域金融中心的基本发展情况将有助于区域金融结构的研究。

(一)区域金融中心的界定

1. 金融中心

金融中心是金融集聚的结果,即金融中心形成的过程本质上是资本、信息、技术和人才等金融要素集聚的过程。金融中心的形成主要受地理区位、规模经济、交易效率、政府政策、金融人才及金融配套服务等因素的影响。

对于金融中心的界定,时光等人提出,"金融中心就是指金融机构聚集、金融市场发达、金融设施先进、金融信息畅通、金融服务高效、金融交易频繁、资金流动量大的地区中心城市"①。本书同意该界定,并将金融中心具体界定为"金融中心就是指信用制度发达、金融机构聚集、金融市场发达、金融设施先进、金融信息畅通、金融服务高效、金融交易频繁、资金流动量大并具有极强的金融凝聚力、辐射力和驱动力的中心城市"。

金融中心是金融体系的枢纽,同时发挥着金融市场和中介功能,除了需要给投资者提供一个统一有秩序的交易渠道和多元的金融交易工具以外,还需要有效融通体系内资金,加速资金流转,促进金融发展。金融中心主要有以下几个特征:(1)明显的地理区位优势,可以凝聚和辐射周边地区;(2)金融机构集聚,金融设施先进,金融市场发达;(3)多元而高效的金融服务;(4)灵敏通畅的金融信息流;(5)资金流量巨大且交易频繁;(6)以规模经济为发展动力,以拉动经济增长为目标。

2. 区域金融中心

区域金融中心就是指金融产业相对集中,金融资源及要素聚集的区域中心城市。它是具有规模效益,金融影响遍及整个区域的枢纽。区域金融中心的形成过程是一种"涌现"的过程,表现为区域内金融机构、工具、人才、市场、信息等的空间聚集。

区域金融中心是区域内金融机构集中交易的场所,是高效配置金融资源的场所。它除了具有金融中心的特征外,还具有区域性和有限性的特征,即辐射范围存在明显的区域性和功能相对有限。

(二)区域金融中心的形成及功能

1. 区域金融中心的形成原因

区域金融中心的形成机制一直以来都是区域金融理论研究的重点内容。目前区域金融中心的形成与发展的理论主要有金融供需理论、产业集聚理论、区位优势理论及金融地理理论、金融创新理论、金融产品流动性理论等。

---

① 时光、杨海燕、伍燕:《区域金融学纲要》,民族出版社2010年版,第158页。

(1) 金融供需理论

早期主要从供给和需求的角度出发,阐述金融中心形成的原因。金融供需理论分为需求反应理论和供给引导理论。

需求反应理论也可称为"自然发展理论",是最早的金融中心理论,对传统型金融中心的形成机制有很好的适应性。该理论强调金融中心的产生是经济发展到一定水平的必然产物,即经济发展必然会导致金融体系的发展。金融中心的形成路径是:区域内经济增长→金融服务需求增加→金融供给的增加→金融机构和金融市场的快速发展→金融枢纽中心城市形成。该理论充分肯定了经济发展对区域金融中心形成的关键影响,但忽略了政府引导的作用。

供给引导理论也称"政府引导理论",该理论否定了金融中心的产生是经济发展到一定水平的必然产物的论断,强调金融体系先于经济增长,金融中心是在政府努力扶植下形成的,不是经济发展的必然结果。政府引导理论指出金融发展与经济增长的关系是:政府通过政府承诺、立法、推动和监管等举措推动金融体系的发展,进而增加该地区储蓄和投资的主动性,最终促进经济增长。该理论打破了经济发展水平较高的地区才能形成金融中心的固有论断,弥补了自然发展理论的不足,对绝大多数金融中心的成因都有很好的适配性。

(2) 产业集聚理论

产业集聚理论又分为金融集聚理论和规模经济理论两种,采用与金融供需理论不同的论述方法,即由果推因的方法,从集聚理论及规模效应角度论述金融中心的成因。

金融集聚理论从金融集聚效益角度出发,指出金融中心的形成是为了获得集聚效益。1974年,金德尔伯格提出了金融集聚理论,指出金融中心存在并发展的根本原因在于金融机构在空间上的聚集。1989年,Pak以跨国银行机构为研究对象,指出集聚行为有利于相互协作、共享基础设施、提升信息沟通效率及金融资产流动性、金融人才集聚等。金融中心作为产业集聚的一种形式,追求的是交易便利和效率提高等方面的金融集聚效益的优化。

规模经济理论从金融活动的外部效益角度出发，认为金融中心形成的关键因素是规模经济。Pak 在研究国际金融中心的成因时，认为跨国银行为了降低成本，采取规模经营的策略，进而形成了国际银行中心。2002 年，潘英丽探讨了金融中心的外部规模经济效应，指出外部规模经济可以提高市场的流动性，降低融资成本；提供投融资便利；共享各项金融资源和服务。金德尔伯格指出规模化经济可以提高跨地区的支付效率和金融资源配置效率。规模经济理论充分肯定了规模经济在金融中心的形成与发展中起到的关键作用。

（3）区位优势理论

区位优势理论将地理因素纳入金融中心的形成机制研究中，指出金融中心形成的关键因素是区位优势。1990 年，Davis 应用企业选址理论来解释金融中心的形成和发展，认为某地区综合条件若能使金融企业获得更大的净收益，则该地区更容易形成金融中心。区位优势理论着重强调了时区优势、地点优势、政策优势和交通优势等对区域金融中心形成的影响，即衔接其他金融中心、靠近经济增长地区、交通便利、享受各项政策优惠便利的地区更容易形成金融中心。该理论从地理区位的新研究角度解释了金融中心的地区分布原因。

（4）金融地理理论

金融地理理论主要以信息的时空分类和管理为切入点，探讨金融中心的形成原因。金融地理学强调信息流的开发、收集、处理、传递在金融中心形成与发展中的重要性。其中，信息流金融中心理论是金融地理学的一个研究分支，合理解释了金融中心位置的移动。信息流金融中心理论认为信息与金融中心相辅相成，信息的性质和流量决定金融中心发展的步伐和方向，金融中心引领信息向高层次化发展。该理论下金融中心的形成路径归纳为：金融机构打破地理位置的约束，大规模地集聚到信息腹地，金融中心随之产生。

(5) 其他金融中心理论

除以上几种金融中心理论外，还有从更加细致的角度展开论述的理论。其中，金融创新金融中心理论和金融产品流动性理论也对金融中心形成原因做出了很好的解释。

金融创新理论基于金融创新和金融中心的关系，通过第二次世界大战后的各种案例研究，指出金融创新会给该地区金融竞争带来优势，为该地区发展成为金融中心提供契机。该理论虽然是从金融创新角度展开的分析，但金融创新在一定程度上包含着政府的引导作用，故该理论其实是政府引导理论（供给引导理论）的一种变形。

金融产品流动性理论从金融流动性和交易成本的微观角度展开金融中心形成原因的研究。该理论认为，金融交易成本越低，金融产品流动性越强，金融市场效率会越高。金融产品流动性理论指出金融中心的形成机制是金融业务在节约交易成本的过程中集聚于某些特定地区，促进了金融中心的形成。

综上所述，区域金融中心的形成原因可以从多种角度，利用多种理论进行分析。区域金融中心是多种原因共同作用的结果，不是单一的因素直接形成的。

2. 区域金融中心功能

区域金融中心具有三大基本功能，即聚集、辐射和金融创新功能。

一是聚集功能。区域金融中心的独特优势不仅能引导各金融要素向中心城市集聚，而且可以吸引区域外的金融要素流入该中心城市。金融要素的集聚又会加大该区域金融中心的优势，进而吸引更多金融要素的流入，该区域金融中心的发展水平提高。

二是辐射功能。区域金融中心在发展自己经济和金融水平的同时还借助自己的优势辐射周边地区和区域外地区。区域金融中心通过不同途径促进其他地区经济发展。对区域内的地区而言，区域金融中心积极组织区域内的金融活动产生，高效配置金融资源，从而促进区域经济增长，实现经济增长与金融发展共生互长的良性循环。对区域外地区而言，区域内的金融机构可以通过区域金融中心参与到区域外的金融市场业务中，区域内的企业也可通过区域金融中心到区域外进行投资经营，进而促进区域外金融市场的发展。区域金融中心的辐射力度和效果会随着其发展而不断变化，区域金融中心的发展水平越高，其辐射力度越大，效果越明显。

三是金融创新功能。在区域金融中心内金融机构竞争日益激烈，各金融机构发展水平相当的大环境下，金融创新成为金融机构占据优势地位的"秘密武器"。若金融机构在完善自身发展的同时，抓住机会率先实现金融工具以及交易方式等方面的金融创新，就可以占据金融市场的有利地位。

(三) 区域金融中心的指标体系

各区域金融中心在金融发展水平、经济地位以及竞争力等方面都存在明显差别，国内外学者基于不同视角，提出了各种不同的区域金融中心的评价指标和评价方法，试图利用具体的指标体系来衡量各区域金融中心的总体实力，进而为发展较弱的金融中心提供经验。

一些特殊原因的存在，使我们难以具体准确地刻画出区域金融中心的指标。金融中心是随着金融发展而与时俱进，金融中心指标体系不是一成不变的，而是不断发展完善的。这就给区域金融中心的指标构建工作增加了难度和深度。另外，各个区域金融中心的形成原因以及模式等各不相同，因此很难建立一个对所有区域金融中心都适用的评价指标体系。故研究学者们均是基于各自的研究侧重点建立区域金融中心指标体系，各种指标体系均有一定的合理性，至今未形成一个一致的主流观点。

1. 区域金融中心指标构建的立足点

在建立区域金融中心评价指标过程中，研究者们各有各的看法，侧重点各不相同。有的学者强调金融中心城市的城市化水平对区域金融中心发展水平和竞争力的突出贡献；有的学者着重考虑金融中心内金融市场发展水平和功能以及金融机构的规模和国际化程度等因素对金融中心的影响；还有一些学者从金融中心的专业水平和潜在规模经济的重要性出发；还有的学者强调制度、政策以及环境对金融中心发展水平的影响；还有的考虑了文化力、设施力、科技力和企业聚集等因素对金融中心的贡献率。

2. 区域金融中心指标构建的方法

除了指标构建的立足点不同以外，评价指标的设定以及计算方法也存在不同。在设定评价指标时，有的学者倾向于设计一些定性指标，采取调查打分的方式来衡量各区域金融中心的发展水平和竞争力；而有的学者则倾向于采用一些具体的金融统计数据来量化其发展水平和竞争力。前一种方法的优点在于简单直观易操作，缺点是较单一，估计结果不准确且存在较大的主观性；后一种方法采用具体的量化指标进行了综合评估，结果有很强的实际意义，但可能会遗漏一些特殊因素的考虑。定量评价指标使用的计算方法也各不相同，主要有直接排序对比法、权重分配综合计算法和统计学方法三种。直接排序对比法是直接对各项评价指标进行排序对比，简单直观地呈现各金融中心的发展水平；权重分配综合计算法是在考虑各项指标对金融中心发展水平的重要性确定各项指标的权重后，计算一个综合指标来反映金融中心的发展水平；统计学方法主要有回归分析法、聚类分析法以及因子分析法等。

3. 我国区域金融中心指标体系

本书在综合考虑各评价指标体系后，按照科学性、合理性、可操作性以及有效性原则，构建了表4-12的区域金融中心的评价指标体系。

表4-12　　　　区域金融中心综合实力评价指标体系

目标	一级指标	二级指标	序号
区域金融中心综合实力	金融	金融机构网点总数	1
		金融业从业人员占比	2
		金融机构存款总额	3
		金融机构贷款总额	4
		金融业增加值/GDP	5
		证券化程度	6
		保险深度	7

续表

目标	一级指标	二级指标	序号
区域金融中心综合实力	经济	GDP	8
		人均 GDP	9
		GDP 增长率	10
		固定资产投资比率	11
	城市发展	城市化水平	12
		城市基础设施水平	13
		信息化水平	14
	其他	政策环境	15
		法律环境	16

(四) 中国区域金融中心的现状

对于我国区域金融中心的现状这一问题，主要从我国区域金融中心构建以及区域金融指标体系两方面的现状来阐述。在区域金融中心构建方面，随着我国经济水平持续稳定地增长，国内具备一定金融竞争力和区域影响力的各大城市都不约而同地提出了建设金融中心的目标，试图在众多城市里脱颖而出，率先建成区域内的金融中心。到目前为止，中国有26个城市提出发展成为金融中心的目标和具体措施。其中，东部地区有北京、上海、天津、石家庄、深圳、厦门、南京、宁波、杭州和济南10个城市；中部地区有武汉、南宁、长沙、南昌、合肥和郑州6个城市；西部地区有重庆、西安、乌鲁木齐、成都、南宁和昆明6个城市；东北地区有大连、沈阳、长春和哈尔滨4个城市。另外，在指标体系构建方面，为给各地金融业发展提供参考，明确不同城市发展金融业的优势和差异，综合开发研究院于2009年6月在前人的结论基础上，综合运用产业、金融和城市发展等方面的理论，形成了目前适用于国内金融中心竞争力评价的动态评估指标体系，即"CDI中国金融中心指数"。利用该指标体系测算出首期的城市竞争力水平排名情况如下：香港、北京、深圳、广州、杭州、大连、宁波、南京、天津、沈阳。由此可见，排名靠前的金融中心均在东部和东北地区，中西部地区竞争力排名相对落后，说明我国各地区金融中心水平存在明显的不平衡，东部地区有金融中心发展水平和竞争力的绝对优势，而中西部地区金融发展水平不高，综合竞争力不强，对周边辐射力度不够，与中部地区存在较大的差异。

第三节 区域金融结构的功能

本节将从区域经济增长、区域金融稳定和区域创新能力三个方面来论述区域金融结构的功能。

一 区域金融结构与区域经济增长

1969年，戈德史密斯将金融定义为金融结构静止状态的综合反映，并指出金融发展就是金融结构的变迁。随后，白钦先和谭庆华（2004）提出"金融功能的扩展和提升即金融演进，金融功能的演进即金融发展"的论断，依据结构决定功能的本质规律，金融功能的演进是以金融结构变化为基础的。因此金融结构沿着金融功能和效率的方向演进，即成为金融发展的外在表现。所以，在讨论区域金融结构对经济增长的影响时应先厘清区域金融发展与区域经济之间的关系。

（一）区域金融发展与区域经济增长的相关研究

早在1912年，熊彼特等人就强调了金融在经济增长中的重要作用。20世纪50年代以后，众多学者加入金融发展与经济增长的研究行列中，从各个角度展开了金融发展与经济增长关系的研究。戈德史密斯（1969）选取了35个国家的数据实证分析了金融发展与经济增长间的关系，得出经济增长与金融发展间存在粗略的平行关系。之后很多学者改进研究模型，扩大样本，创新方法做了类似的研究，最终都得出了相似的结论。1973年，麦金农以及肖等人提出金融抑制和金融结构理论，并洞察到了金融发展与经济增长的关系，这些研究发现使金融发展成为经济增长理论中的"香饽饽"，推动了金融发展理论和经济增长理论。20世纪80年代以来，随着内生增长理论的提出，学者们开始从其他角度考虑金融发展与经济增长间的关系，将经济增长指标细化，分别考虑与金融发展的关系。帕加诺（1993）运用AK模型来分析金融发展与经济增长之间的关系，得出金融发展是通过储蓄转换为投资的比率、资本边际生产率和私人储蓄率三个因素来影响经济增长的结论。后来的学者们大多都采用了帕加诺的研究方法，且大多数的研究结果都表明金融发展水平对经济增长有较为重要的作用。

而国内的学者在借鉴外国学者研究成果的基础上，结合中国的实际情况，采用规范分析和实证分析的方法对中国经济增长与金融发展之间的相关关系做了一系列的研究。2002年，周立和王子明在研究经济增长与金融发展的关系时，发现金融发展差距可以部分解释中国各经济区域经济增长的差距。艾洪德（2004）得出了更为详细的结论：我国东部地区和全国金融发展与经济增长之间存在正相关关系，而中西部则几乎是负相关关系。2005年，王景武得到了类似的结论：东部地区的金融发展与经济增长存在正向因果关系，而西部地区两者之间是相互抑制的关系。之后的学者或从大的经济区域出发，或从更小的省级区域出发都得到了一些差别不大的结论。如陈燕云（2009）对江西省金融发展与经济增长的关系做了因果检验，得到江西省金融发展水平与经济增长之间存在一种相互促进的双向因果关系的结论。除此之外，史英（2017）在其著作《中国区域金融与区域经济发展相关性研究》中利用计量的手段详细地论述了区域金融发展与经济增长之间的因果关系，检验了区域金融泰尔指数与区域经济泰尔指数之间的关系，得出了在东中西三大经济区之间，区域金融与经济有明显的格兰杰因果关系。

总的来说，国内外学者大多基于不同样本对金融发展这一总体与经济增长的关系展开研究，采用的指标和方法没有太大的差别，得出的结论也存在很大的相似性，缺乏对金融发展与经济增长内在机制和地域特征等方面的深入探讨。

(二) 区域金融结构与区域经济增长的相关研究

区域金融发展对经济增长的影响体现在区域金融总量和区域金融结构两方面对经济增长的影响上。国内学者没有局限于区域金融发展这一总体概念进行经济增长影响的研究，还在此基础上逐步深入了金融结构与金融发展和经济增长关系的研究中。2002年，杨琳和李建伟分析了美国、日本、韩国和马来西亚四个国家金融结构与经济增长之间的关系，发现与经济结构相匹配的金融结构变动对经济增长有促进作用。李木祥等人（2004）在其著作《中国金融结构与经济发展》中具体阐述了金融结构与经济增长的关系。该著作首先借鉴帕加诺（1993）的观点，将经济增长率表示为社会边际资本生产率、储蓄转化为投资的比率和储蓄率三部分的合成。其次明确金融结构与经济增长的理论机制为：金融发展提高了储蓄率和储蓄转化为投资的比率，进而增加投资，扩大生产，最终促进经济增长。最后运用实证分析方法分阶段探讨了社会边际资本生产率、储蓄转化为投资的比率和储蓄率三个因素对经济增长率的影响程度，我国金融结构转变对经济结构升级和经济增长率的影响，得出金融结构升级对经济增长有显著推动作用的结论。2005年，刘湘云和杜金岷实证分析了我国珠江三角洲经济区的金融结构与区域经济增长的关系，得出两者之间存在明显的相关性；以及区域金融相关比率与区域经济增长正相关；区域金融工具的集中度与区域经济增长负相关的结论，并指出区域金融资产和工具的过度集中等结构扭曲现象会抑制区域经济的增长。徐英倩（2018）采用广义矩估计方法定量研究了金融结构对我国区域经济发展的影响，得出了金融结构的优化对我国经济增长有重要的促进作用，且这种促进作用是一种存在局部的结构异质性和区域差异性的影响的结论。具体来说就是以下三个结论：(1) 非金融机构份额的提高，对东、中、西三大区域的经济发展都有明显的促进作用；(2) 直接融资比例的提高，明显有利于东部经济增长,但不利于西部地区;(3)银行性金融机构的过度集聚,能抑制东部经济增长,却也能推动中部经济增长。

国内学者在区域金融结构与经济增长关系的研究领域内,成果丰厚。大多成果都是从金融结构与经济增长的作用机制出发,广泛采用理论结合实证的方式展开区域金融结构与经济增长关系的研究,相对来说更具有说服力。在经济增长这一指标的选择上,大多采用人均GDP增长率和全要素生产率TFP;而模型则大多采用面板固定效应模型;最终结论也大体吻合。

(三)区域金融结构对区域经济增长的影响机制

查阅已有的文献资料并结合自己的观点,本书将从储蓄、投资和产出等几个角度来论述其作用机制。

区域金融结构影响区域经济的主要途径是区域金融结构→区域内金融资源分配→区域内资金流量→储蓄与投资的结构和总量→社会供求的结构和总量→区域内经济增长。因此,优化区域金融结构可以产生优化区域经济总量和结构的双重效应,其主要传递过程可描述如下:优化区域金融结构→优化储蓄和投资结构→优化资金流量和存量结构→优化生产要素配置结构→优化生产及产业结构→优化社会供求结构、促进社会供求平衡→助力区域经济增长。

资本是经济增长最为关键的一个条件,区域金融结构抓住关键因素方可快速有效地促进区域内经济的增长,即区域金融结构通过影响区域资金流动来直接或间接地影响区域内资金结构及总量,进而促进区域内经济的增长。在研究这一问题前,有必要充分了解影响区域资金流动的金融要素,找出区域金融结构的"作用点"。资金流动一般遵循从低收益地区流向高收益地区的规律,即资本逐利的本质特征。中国现实的区际资金流动路径是从落后的中西部地区流向发达的东部地区,这完全符合资本逐利的本质规律,因为东部地区相对来说具有较高的投资回报率。除资本逐利特征对资金流动的影响外,还有很多外在因素会对区域内资金流动产生影响,如金融资产的收益与风险、金融发展程度的区域差异、金融机构的区域分布和区域金融政策等。

1. 收益与风险

在收益与风险这一影响因素中,区域金融机构和金融市场将发挥重要作用。假设在一个经济区域中,经济主体只将可支配收入用于消费、储蓄或投资。经济主体将收入用于储蓄还是投资,以及收入中用于投资和储蓄份额大小,则主要取决于投资及储蓄的风险及收益,同时也取决于投资和储蓄金融工具的可选择性。简言之,区域金融结构状况将直接或间接地影响该区域内居民和企业的储蓄与投资。若某一区域内金融市场完善,金融机构提供的金融工具种类丰富且收益高,则该区域内外的经济主体将倾向于投资收益高的金融产品,区域内投资将增加,经济也会随之增长;同时,经济的增长又将反向作用于区域金融发展,促进区域金融结构的完善。

2. 金融机构的区域分布

若某一区域内金融机构数量较多,则会带来可观的资金,增加该区域内资金的流动,为区域内各项经济活动提供资金支持,促进区域内经济的增长。金融机构的存贷款、金融产品销售、银行间同业拆借以及证券交易等各项金融活动都会引起区域内资金的流动,区域内资金流量的增加为经济主体投资活动储备了资金,为区域内经济增长"贡献了一分力"。同时,金融机构的规模差异会影响区域内投融资活动。若该区域内金融机构规模较大,风险监控能力就相对较高,投融资环境相对稳定,吸引资金流入的可能性增大,区域内资金流量也会出现相应变化。

3. 区域发展政策

东部地区经济水平高于中西部地区的一个重要原因是早期东部沿海地区的获得政策倾斜,这一差异化的区域发展政策给予东部地区更多的发展机遇和优惠政策,使东部地区经济水平明显高于其他区域。同时,近年来区域差异缩小的一个重要原因同样是西部大开发、振兴东北和中部崛起等区域倾斜政策,这些政策给予西部、东北和中部三个区域内资金支持,营造了良好的投融资环境。这些例子都传递出一个信号：政策支持的资金流动会增加该区域经济活力。因此，差异化的区域发展政策是缩小区域差异的有利一招，政府应制定与经济发展相适应的差异化区域金融政策来实现区域均衡发展。

总的来说，区域金融工具的种类及收益、区域金融市场的发展程度、区域金融机构的规模及数量、区域金融制度的差异等都会影响区域内资金的流量，进而影响区域内的储蓄、投资的总量及结构，最终对区域内经济增长产生影响。优化区域金融结构能够促进区域内储蓄与投资的增长，并能优化区域内及不同经济区之间的资金配置结构和提高投资效益。也就是说，区域金融结构的优化能够促进区域经济增长，即存在经济增长效应。因此，区域金融结构对区域经济增长的影响描述如图4-2所示：

| 区域金融结构 | 作用点：
区域金融工具收益及风险
区域金融机构总量及规模
区域金融市场发展程度
区域金融制度和政策 | 区域资金流量 | 影响经济增长的途径：
投资总量
储蓄总量
投融资结构
投资效率 | 经济增长 |

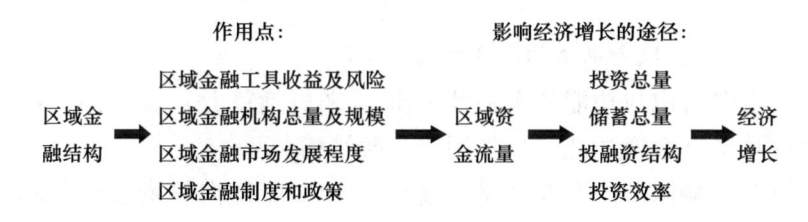

图4-2 区域金融结构的作用机制

二 区域金融结构与区域金融稳定

金融稳定是指金融体系处于能够有效发挥其关键功能的状态，即金融稳定是指金融体系处于金融功能充分发挥，金融效率充分实现的稳定状态。因此区域金融结构与区域金融稳定的研究可转化为探讨区域金融结构与区域金融效率和金融功能的关系。金融结构与金融稳定之间的内在机理如图4-3所示。

其中，路径1表示金融结构通过金融功能和行为直接影响金融稳定；而路径2则表示金融结构变动先引起实体经济的运行变化，进而对金融稳定产生相应的影响。路径1的具体内容是金融结构优化，金融功能和效率的良性变动，金融稳定性增强；而路径2则表示经济总量和结构决定金融总量和结构，而金融结构又影响实体经济的运行；经济环境的稳定与否又会直接影响金融系统的稳定性，金融系统的稳定又会反作用于实体经济，对实体经济运行情况产生影响。

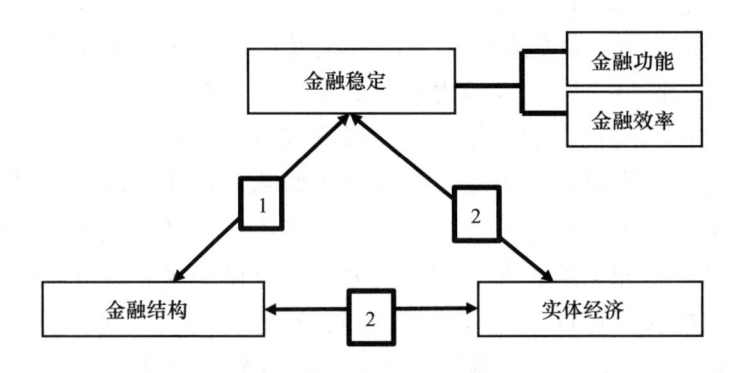

图 4-3　金融结构与金融稳定之间的内在机理

（一）区域金融结构与区域金融功能

金融结构与功能的关系用一句话来概括就是：金融结构决定金融功能，金融功能又反作用于金融结构。

金融结构的广度在金融系统促进社会储蓄向投资转化的程度上得以体现；金融结构的深度在于社会资金的配置效率；金融结构的弹性则体现在冲击的防御和应对能力、风险的防控管理能力等方面。因此，金融结构与金融体系动员储蓄、配置资源、风险管理等金融功能紧密联系，金融功能的充分发挥也离不开金融结构相关组成要素的助力。

1. 区域金融结构对动员储蓄的影响

区域内促进经济增长的关键途径是动员储蓄，增加投资，而动员储蓄必定会产生相应的信息成本和交易成本，要想降低这些成本，必须充分利用区域内金融中介机构的优势。金融机构发挥金融中介的作用，利用其规模和信息获取和处理等方面的有利优势，将全社会的储蓄积极调动起来，合理高效地投资到各企业中，有效地提高了区域内资金流动速度，为金融市场发展和经济增长提供了有力保障。

2. 区域金融结构对资金配置的影响

麦金农曾明确提出"在欠发达经济环境中,减少低效率的资金使用,本质上同增加新的净储蓄一样重要"的观点,强调了资金配置效率的重要作用。另外,区域不协调的一大关键问题是资金低效率,而金融投资日益成为资金融通和资金配置的主要选择,在这种情况下,提高金融资源配置效率成为改善区域不协调的首要任务。资金配置效率提高的关键要素是金融市场的完善,金融市场的结构、规模以及完善程度等都对区域内资金配置方式和效率有显著影响。就金融市场结构来看,资本市场更能有效地传递和收集信息,进而达到提高资金配置和利用效率的目标,就金融市场规模和完善程度来看,金融市场足够完善有效的话,区域内资金将会被高效地配置到高收益的投资领域,资金的使用效率和效益都会提高,区域内金融环境会稳中向好。另外,金融制度和政策也会影响区域内资金配置情况,如果政策和制度偏向某一区域内的某一领域,那该区域内的资金配置会偏向这一领域。总而言之,区域金融结构将会显著地影响资金在不同区域内的配置方式和效率。

3. 区域金融结构对金融风险管理的影响

金融结构可以通过决定风险配置和溢出效应等风险管理行为来影响金融系统的稳定状态。

金融结构对风险配置的影响体现在风险配置方式和效率两方面。不同的金融结构对应不同的风险配置方式,例如与银行主导型和市场主导型金融结构相对应的风险配置方式分别是集中型和分散型的风险配置方式。集中型的配置方式将金融风险转移到金融机构上,可以有效地减少逆向选择和道德风险,但容易造成系统性的金融风险,不利于金融稳定。分散型的配置方式灵活高效,但可控性不强,不利于监管。因此,金融结构的选择对风险配置方式至关重要,金融结构的失衡与否将直接影响风险配置方式的均衡,若金融结构失衡,金融风险配置方式也会非均衡,风险管理能力会随之减弱,金融体系稳定性减弱。另外,金融结构对风险配置效率也有很大影响。若金融结构完善，微观主体可以利用多元的金融工具和方式有效转移和分散自身金融风险，进而达到提高风险配置效率的目的。

金融结构对金融风险的溢出效应（个别金融主体风险波及其他金融主体的现象）也有决定性作用。金融主体的信心和金融系统间要素联系程度等因素都是决定金融风险溢出效应的关键因素，而这些因素又与金融结构的完善、复杂程度等密切相关。在金融市场足够完善，金融机构功能充分发挥，金融制度紧密配合的情况下，金融风险的溢出效应将会明显减弱，金融稳定性增强。

金融功能反作用于金融结构简单来说就是在金融功能不断完善并充分发挥后，金融结构也会得到优化完善。例如，区域内资金配置效率的提高和风险管理能力的提高等会增加区域金融市场的吸引力，改善区域内的投融资环境，为金融结构的优化升级提供稳定的外部条件，加速金融结构的优化升级。

（二）区域金融结构与区域金融效率

金融效率是一个综合指标，根据不同的标准可以有不同的划分方法。按照层次划分金融效率可分为宏观金融效率、中观金融效率和微观金融效率三个层次。其中宏观金融效率是指动员社会储蓄的效率、储蓄向投资转化的效率以及投资对实体经济的贡献效率，是微观金融效率和中观金融效率的综合；中观金融效率又称金融市场效率，是指金融市场的运作能力以及对金融和经济的作用效率，是宏观金融效率和微观金融效率的结合；微观金融效率则是金融机构的投入产出比率，即其经营和发展的效率。

按照金融结构的内容，金融效率又可划分为金融机构的微观效率、金融市场效率和金融宏观调控效率。金融机构的微观效率主要由金融机构经营效率和发展效率两方面体现，影响因素主要是金融机构的产权和治理结构、机构数量、内控机制、金融人员配备情况以及金融环境等。金融市场效率包括货币市场效率和证券市场效率。主要从市场的规模、结构、成熟程度以及对区域内金融和经济的作用等多个角度来分析金融市场效率。在对金融市场效率的高低做简单分析时，可以通过金融市场对融资的需求满足度和方便程度来判断，即投资者在金融市场上的需求能得到充分满足且投资途径畅通便利，那这个金融市场就是有效率的。金融宏观调控效率主要取决于金融制度以及金融政策，与金融实际情况相适应并能促进区域内金融和经济发展的金融制度和政策就是有效的。

总的来说，若某一经济区域内金融结构完备，金融功能得到完全发挥，金融效率充分实现，那金融系统对全社会的财富积累会呈现出正向增长，金融系统的稳定性也会随之增强。相反，若金融结构与金融发展不适应，金融功能无法完全发挥，金融效率出现损耗，将会出现社会财富增长速度下降和金融机构运行成本增加的双重损失，进而导致金融系统对外部冲击的应对能力减弱，金融系统风险累积，金融系统稳定性得不到保障。

三 区域金融结构与区域创新能力

（一）区域金融结构与区域创新能力的相关研究

金融是区域创新能力的关键支撑要素之一，但区域金融结构与区域创新能力之间的关系目前还没有形成明确的理论架构，只有少数学者采用理论和实证结合的分析方法，从不同的角度展开讨论金融结构对区域创新能力产生的影响。区域创新一般包括技术、管理、制度三方面的创新，其中管理和制度的创新属于格式化和规范化的创新，与金融结构的关系相对简单一些，而技术创新与金融结构之间的关系明显复杂很多。因此，区域金融结构与区域创新能力的研究大多基于技术创新角度展开。

2016年，张恩众和张守桢通过固定效应模型实证分析了金融结构与技术创新能力之间的关系并分区域探讨了其影响的差异性。得出东部地区金融结构与创新能力之间显著正相关，东部地区股票融资额等直接融资比例的提高能够有效增强地区的创新能力；中西部地区金融结构与区域创新能力之间无显著相关性的结论。胡善成等人（2018）分析了金融结构与技术创新及与经济发展阶段和技术创新类型的关系，借助省级面板数据，运用动态 GMM 估计以及动态门槛模型方法实证检验了金融结构的技术创新效应，得出以下重要结论：增加资本市场在整个金融体系的相对重要性有助于进一步促进技术创新；高质量的原创性技术创新通过资本市场融资更为有效，而信贷市场则更加有助于寄生性技术创新；银行主导的金融结构有助于经济不发达地区的技术创新；金融结构的创新效应会随经济发展的阶段呈现出动态演化特征，随着经济向高级阶段演化，银行体系对技术创新的重要性会逐渐减弱，而资本市场则相对增强。2019 年，陈向阳从金融市场和金融中介在创新融资绩效上的差异入手，对市场融资能更好地推动技术创新与发展进行了合理的理论分析，并运用省际面板数据实证检验了金融结构对区域创新能力的实际影响。实证结果表明，股票市场与信贷市场的发展均能显著地推动区域自主创新能力的提高，但是中国东部和中部地区股票融资对区域自主创新能力影响系数要大于信贷融资。另外，他还结合实证结果给出了如下的政策建议：在构建支持创新的金融结构中，应发挥政策性金融与金融市场的作用，建立政策性金融导向下的市场主导金融体系，通过间接融资配合期权、创新贷款资产证券化等金融工具创新，为创新提供全方位的融资支持。

从相关文献可以看出，区域金融结构与区域技术创新能力的研究主要以金融市场融资结构为切入点，研究重点集中在融资方式（直接融资与间接融资）、资本市场和信贷市场、股票和信贷等因素对区域技术创新能力的影响上，得到的结论或政策建议都是区域金融结构的优化有助于区域技术创新能力的提升。

（二）区域金融结构对区域创新能力的作用机制

从区域融资结构上看，区域直接融资与间接融资的比例变化会带来相应的技术创新能力的变化。直接融资比例越大，区域内金融市场开放度越高，区域融资渠道越丰富，高新技术产业公司的投融资环境越好，区域的创新环境得到优化，从而有利于技术创新能力的提升。

从银行主导还是市场主导角度来看,银行体系凭借其成本优势、信息优势以及风险管理优势对区域技术创新发挥促进作用,但以银行为主导的金融结构在为技术创新提供融资上会受到技术创新类型和风险的制约;而资本市场的优势体现在其能更有效地传递和收集信息,提高资金配置和利用效率;通过市场竞争实现资金的有效配置,将资金配置给最具创新能力的市场主体和最具创新质量的项目;能够更好地发挥资产定价和风险分担功能等。

从金融功能的角度来说,金融市场的信息揭示功能对企业等金融主体来说就是一种动态监督,有效揭示了企业的各项信息,明显地降低了投资者信息获取成本,从而督促企业进行高效率的技术创新;另外,金融市场在风险管理方面有绝对的优势,金融市场可以提供更适应科技型创新企业需求的风险管理策略,使风险在创新主体之间进行合理的转移和分配,达到减少区域创新总体风险的目的。金融市场的这些功能都为提高创新能力提供了有力的保障。

总的来说,金融结构主要利用融资支持、信息披露、风险管理和活动监督这四个途径来影响区域的创新能力,确保创新资源完全流入创新主体,创新风险合理地分散到金融结构中,促进区域内部创新活动的发展,对区域创新能力产生正向的影响。

第四节 中国区域金融结构的改善

一 中国区域金融运行现状

近年来,各地区金融运行总体平稳,金融体系结构性去杠杆稳步推进,金融机构经营总体稳健运行。金融机构存贷款稳步增长,社会融资规模合理增长,债券融资快速增长,融资结构进一步优化,金融服务实体经济进一步完善。其中,东部地区继续发挥金融发展的引领和"稳定器"作用,推动全国金融结构的优化和升级,金融机构稳步发展,金融服务体系日益完善,信贷结构持续优化，投资机构调整加快。中部地区在"中部崛起"发展战略的推动下，金融保持稳健发展，普惠金融服务体系逐渐完善，金融服务实体经济的能力增强。西部地区发挥后发优势，紧抓"一带一路"建设和西部大开发战略等机遇，努力加大金融对实体经济的服务力度，金融生态环境处于良好水平。东北地区按照东北振兴的要求，贷款向重点领域和薄弱环节倾斜，优化了金融资源的配置，金融基础设施建设稳步推进，银行业平稳发展。

总体来看，目前我国各地区的经济都出现了明显的增长，金融也有了相应的发展，区域金融发展水平也提高了，区域金融结构也得到了很好的优化，但各地区的发展程度依然存在一定的差距，除东部外的其他地区依然有必要进一步优化金融结构。

二 中国区域金融结构的比较研究

我国区域金融发展不平衡的问题由来已久，东部地区金融结构完善，金融自由度高，金融发展快速且质量高；而中西部地区在相关政策的帮扶下出现了金融发展速度相对较快，增长质量却很低的尴尬状况。要想改善区域间的不平衡，就得先完善我国的区域金融结构。因此，本书将在综合考虑国内区域金融结构差距分析的必要性和数据的可得性后，选取合适的指标对我国目前的区域金融结构进行定量的分析，用详细的数据来说明目前的区域金融结构情况，以此来为我国区域金融结构的完善提供有效的参考意见。

参考已有的文献，并综合考虑数据获取的可能性以及数据的理论价值后，本书参考支大林和于尚艳（2008）的描述方法，通过规模指标、行为指标和效率指标三大指标类型来比较我国区域金融结构的差异性。选取以下六个指标："（1）金融机构存款余额/GDP，用于衡量金融中介规模；（2）银行贷款余额/GDP，用于衡量银行部门总规模；（3）股票市值/GDP，用来衡量金融市场规模；（4）存款货币银行在私人部门贷款/GDP，用于考察银行系统的市场化程度；（5）银行集中度指数，用四大国有商业银行存款在国内同期金融机构存款总额比重来表示，用于衡量银行体系效率，按照一般规律，竞争性强的体系效率更高，即银行集中度越小，银行体系效率就越高；（6）国内股票交易市值/GDP，用于股票市场行为的检测，同时可用来检测市场效率"[1]。

支大林和于尚艳在《区域金融理论与实证研究》一书中选取了1996年至2001年东西部23个省市（东部包括北京、天津、河北、辽宁、上海、江苏、浙江、福建、山东、广东、海南11个省市，西部包括广西、内蒙古、重庆、四川、贵州、云南、西藏、陕西、甘肃、青海、宁夏、新疆12个省市区）的数据作平均值处理，对我国东西部地区金融结构进行了详细的定量描述，反映当时的金融结构情况，其结果如表4-13所示。本书采用相同的指标对2017年我国各地区的金融结构进行定量描述，结果如表4-14所示。通过不同时期结果的对比，可以对我国区域金融结构的发展情况有一个粗略的估计。需要说明的是，由于存款货币银行在私人部门贷款/GDP和银行集中度指数的数据无法获取到，本书沿用支大林等人的相关数据来辅助说明问题。

表4-13　1996—2001年中国东西部地区金融结构描述指标

地区	人均GDP（元）	金融机构存款余额/GDP	银行贷款余额/GDP	股票市值/GDP	存款货币银行在私人部门贷款/GDP	银行集中度指数	股票交易市值/GDP
东部	13552.72	1.45	0.78	0.24	0.07	0.61	1.82
西部	3909.04	1.14	1.00	0.18	0.03	0.73	0.95

资料来源：支大林、于尚艳：《区域金融理论与实证研究》，商务印书馆2008年版，第112页。

---

[1] 支大林、于尚艳：《区域金融理论与实证研究》，商务印书馆2008年版，第111页。

表 4-14　　　　　　2017 年中国金融结构描述指标

地区	人均GDP（元）	金融机构存款余额/GDP	银行贷款余额/GDP	股票市值/GDP	股票交易市值/GDP
东部	83921.92	1.99	1.38	0.95	1.74
西部	44717.62	1.63	1.31	0.40	0.96
中部	47827.99	1.48	1.08	0.31	0.82
东北	47827.99	1.78	1.38	0.30	0.73

资料来源：《中国金融年鉴》《中国金融统计》《中国证券期货统计年鉴》《中国股票市场统计分析》。

表 4-14 反映了 2017 年我国金融结构的一些具体指标，从中我们可以看出：

（1）东部地区人均 GDP 明显高于其他三个地区，此外，表示金融中介规模和金融市场规模的金融机构存款余额/GDP 和股票市值/GDP 两大指标依然存在东部地区高于其他三个地区的规律，说明目前东部地区在经济增长、金融中介规模和金融市场规模三方面优势依然明显。

（2）而从衡量银行部门总规模的银行贷款余额/GDP 指标来看，东部与三个地区差距很小。

（3）从衡量银行行为的存款货币银行在私人部门贷款/GDP 指标来看，东部地区大于西部地区，表明东部地区的银行行为相对西部地区来说市场化程度更高一些。

（4）根据衡量银行体系效率的银行集中度指标可以看出，东西部均呈现出较高的集中度。银行集中指数的参考标准是：[0，40%] 为低集中度；[40%，60%] 为中集中度；[60%，80%] 为较高集中度；[80%，100%] 为高集中度。虽然我国东西部地区的银行集中度都处于较高水平，但东部的集中程度相对来说低一些，表明东部银行体系竞争性较强，银行体系效率更高。

（5）从股票交易市值/GDP 指标来看，东部为 1.74，西部、中部和东北地区分别为 0.96、0.82 和 0.73，东部明显高于其他三个地区，表明东部地区股票市场更活跃，流动性更好。

综合来看，东部地区与其他三个地区相比，金融中介和金融市场规模更大，银行的行为更市场化，银行体系效率更高，金融市场更活跃，流动性更好。

另外，通过对1996—2001年与2017年的数据比较发现，2017年我国各地区在人均GDP、金融中介规模和金融市场规模都明显提升和增大，这表明我国金融改革取得了很好的成效，以及国家各项区域战略是有效的。

三 中国区域金融结构的改善

（一）中国区域金融结构的改善思路

通过我国区域金融结构的比较研究以及我国区域金融工具现状的研究，我们会发现一个普遍存在的问题：东部地区的经济和金融发展远好于其他三个地区，其他三个地区的金融结构明显不够完善，导致区域经济和金融发展乏力，要想使其他三个地区快速追赶上东部地区，实现区域的协调发展，优化我国的区域金融结构势在必行。而区域金融结构的优化应该遵循怎样的规则，沿着怎样的路径进行呢？说到遵循怎样的规则，势必会想到"帕累托改进"，因为"帕累托改进"是指在保证其他群体的利益不受损害的条件下，通过调整和改进来增加某一群体的利益，遵循这一规则就不会出现"拆东墙补西墙"的现象，能实现真正的区域经济和金融的协调发展。而在"帕累托改进"规则下的区域金融结构优化路径是怎样的呢？众多学者在区域发展不平衡的研究中都提到了调整直接融资和间接融资的比例这一想法，适当提高直接融资比重，降低间接融资比重的区域金融结构调整路径是否是一种帕累托式的调整呢？这就需要考察这一做法是否会损害银行的利益，是否真正地实现了欠发达地区资本市场的发展，进而实现区域经济的增长。而这一问题可以从以下两方面的内容中找到答案。

一方面，直接融资比重的提高是为了满足实体经济增长的需要，可以促进区域经济的增长。金融体系就是为了服务实体经济的，金融体系的调整也要切实考虑到实体经济的发展需要，因此区域金融结构调整的总量空间是由区域经济社会对金融服务的实际需求决定的，区域实体经济的高速增长引起的金融需求为我国金融结构的帕累托式改选创造了有利的条件。

另一方面，直接融资比重的提高不是通过限制银行业的金融活动，无限扩大资本市场的交易活动来实现的，而是银行和资本市场协调发展的结果。在市场化进程中，商业银行和资本市场可以形成有效互补，共同发展。商业银行可以为资本市场创造新的金融产品交易市场，同时还可以扩大现有市场的交易量；而资本市场也能为商业银行创造的金融产品提供标准化的交易市场，从而降低其交易成本。

因此，适当提高直接融资比重，降低间接融资比重的区域金融结构调整路径是一种帕累托式的调整，我国区域金融结构的完善可以沿着这一路径来实现。即区域金融结构调整的主线是推进直接金融工具的多元化和金融市场的分层化，进而构建功能更为强大、向实体经济渗透力更强的直接金融体系。

（二）中国区域金融结构的改善措施

1. 不断探索和创新直接金融的发展路径

具体做法有加大间接融资途径的支持力度（如扩大股票市场发展的存量与增量空间），采用鼓励政策推动企业债券市场发展，利用竞争机制推动创新型直接金融工具的开发等。

2. 加强地区金融体系建设

建立多层次的金融市场，实现大企业与中小企业的协调发展。如建立满足区域内中小企业金融需求的中小资本市场体系，为达不到二板市场资格标准的中小企业融资提供便利。

3. 完善区域金融制度

一方面，可以为区域间接金融工具的创新活动提供政策支持；另一方面，可以通过有针对性的区域扶持政策支持不同行业、不同类型的金融活动，推动资本市场的发展，如对一些有潜力的小企业进入证券市场适当放宽标准。

总的来说，区域金融结构的改善除了需要一些外在的政策支持以外，最重要的是各金融部门通过有效的金融市场创新、金融工具创新、金融服务创新以及其他制度创新来吸引和发掘潜在的金融服务需求，提升向区域经济渗透的能力。

第 五 章

区域金融结构与区域金融合作风险

本章将重点论述区域金融市场以及区域金融合作风险的内容。首先,从区域金融市场的基础——金融市场的相关理论知识入手,结合我国区域金融市场实际情况,深入了解区域金融市场的理论内涵,然后通过国内外区域金融市场的比较,具体探讨了区域金融市场理论中的区域利率差异问题和区域信贷可得性的决定因素问题,并结合我国目前存在的一些区域信贷分配不平衡的现状展开我国信贷资金区域化配置优化的研究,对区域金融合作可能存在的风险给出相应的建议。

第一节 金融市场与区域金融市场概述

一 金融市场的概念和功能

(一) 金融市场的概念

金融市场简单来说就是金融资产进行交易的场所,但详细来说,金融市场有广义金融市场和狭义金融市场两种说法。狭义的金融市场是指证券发行与买卖的场所,广义的金融市场则是指资金供应者和资金需求者双方通过信用工具进行交易而融通资金的市场。具体来说,狭义的金融市场是指有价证券和票据的融资活动;广义的金融市场是指金融机构与客户之间进行的存贷款、票据抵押、贴现、股票债券买卖、保险和信托租赁等金融活动。

(二) 金融市场的性质

产品市场、要素市场和金融市场是现代经济体系市场的三大组成部分，金融市场在经济发展中发挥着关键的主导和枢纽作用，是一个特殊的市场，与其他市场之间存在很大的差别。金融市场的性质除高风险高收益外，主要就体现在这种与其他市场之间的差异性上。

1. 交易对象的特殊性

一般市场的交易对象通常是商品或劳务等常见交易品，如产品市场的交易对象是商品和劳务，要素市场的交易对象是土地、劳动力和资本等生产要素。而金融市场的交易对象是一种特殊的商品——金融资产，主要是债券、股票和票据等。另外，值得注意的一点是，前两种市场的交易对象具有各不相同的价值和使用价值，但金融资产的价值可能会各不相同，使用价值却是相同的。

2. 交易场所的特殊性

产品市场和要素市场一般都是有形市场，但金融资产除在证券交易所等有形市场上交易外，绝大部分可利用电话、电报、电传和计算机等通信工具在计算机网络构成的无形市场上交易。

3. 交易方式和过程的特殊性

一般的交易遵循议价→成交付款→交货的交易过程，交货后交易就完成了，交易双方就不存在任何关系，但金融市场上的交易一般都是信用、投资关系的建立和转移过程，交易双方之间建立的关系是一个长期持久的关系，即使交易完成了关系依然存在。

4. 交易动机的特殊性

一般交易的买方是为了获得商品的使用价值，卖方则是为了获得价值，而金融市场上的交易卖方的目的是获得资金运用的权利，买方则获得投融资利息、控股等权利，或基于套期保值和投机等动机进行交易。

5. 交易价格的特殊性

一般交易商品的价格是价值的货币表现，围绕着商品价值在供求关系作用下上下波动，而金融市场上金融资产的交易价格完全由市场供求关系决定,是借贷资金到期归还时的价格,即利息而不是货币资金的价格。

6. 高风险与高收益并存

金融市场中至关重要的一个因素是价格,金融商品的价格一般比物质商品的价格波动剧烈,幅度更大。因此,金融市场是高风险与高收益并存的,金融市场上的投资者有可能遭受重大的损失也可能赚取巨额的收益。

(三) 金融市场的功能

金融市场的功能总结起来包括融通资金、资源配置、提供流动性、风险管理(分散风险)、信息反映和公司控制。

1. 融通资金功能

最基本的功能是联结储蓄者与投资者的桥梁,对资本进行时间和空间上的合理配置,即融通资金的功能。金融市场凭借其多渠道、多形式、自由灵活的优势,借助差异化的金融工具,为融资双方提供多种选择,满足大众的投融资需求。

2. 资源配置功能

金融资产的价格和回报率决定资金在金融资产间的分配情况,而金融市场供求双方间的竞争行为对金融资产的价格和回报率起决定性作用,因此,总的来说就是金融市场参与者的行为对金融资产的资金配置情况有决定性影响。金融市场凭借这一特点可以将资源从利用效率低的部门转移到利用效率高的部门,实现稀缺资源的合理有效配置。

3. 提供流动性的功能

金融市场在金融资产交易中有着不可比拟的优势,它对主动或被动出售金融资产的投资者有很大的吸引力。金融市场提供流动性的功能体现在两个方面:一方面是为股东提供"用脚投票"的被动型监控机制,另一方面体现在加快市场信息流通。

4. 风险管理功能

风险是未来的不确定性,有系统性风险和非系统性风险之分。在金融市场中,经济主体会面临价格风险、通货膨胀风险、利率风险、汇率风险和政策风险等系统性金融风险，也会面临操作风险和经营风险等各种各样的非系统性金融风险。系统性风险是不能通过分散投资相互抵消或消除的，而非系统性风险是可以通过分散投资消除的。金融市场上差异化的金融工具是分散和规避风险的重要元素，金融资产组合可以有效降低单一金融资产面临的非系统性风险，各类金融衍生品也为经济主体提供了风险管理的工具。

5. 信息反映功能

金融市场的信息反映功能主要从微观经济运行情况和宏观经济运行情况两个方面来讨论分析。一方面，金融市场能够体现微观经济主体的运行情况。在有效金融市场上，证券的价格变化即为发行企业的经营现状和发展前景的市场体现，而投资者们则是根据证券的价格变动情况来制定相应的投资决策。因此，一个健全有效的金融市场需要强制要求证券公司履行定期或不定期地披露经营情况和财务状况等的职责，给予投资者有效的信息指引。这一功能的有效实施可以有效解决投资决策前的信息非对称导致的逆向选择问题；另一方面，金融市场在宏观经济运行方面的信息反映功能主要表现为反映国家货币供应量的变动。货币当局实施紧缩或宽松的货币政策时大多以金融市场为中介而实施，金融市场会通过相应的波动情况来对货币政策做出反应，故特定时期的金融市场交易状况直接或间接地反映了国家货币供应量的变动。

6. 公司控制功能

公司控制功能是指金融市场提供监控与激励机制来确保资金的高效利用。资金合理高效配置的一大关键问题是信息非对称问题，而前面的信息反映功能可以有效解决投资决策前的信息非对称问题，故公司控制功能着眼于解决投资决策后的信息非对称问题，即道德风险问题。金融市场的监控与激励机制是一种主要针对公司管理层及职业经理层的管理机制，主要有两种方式。一种方式是作为投资者的股东利用"用手投票"和"用脚投票"的投票方式对公司经营事务进行干预，约束公司管理层和职业经理层的行为；另一种方式是提供公司管理层激励机制，如经理人报酬采用股票期权制度等，将职业经理人自身效用最大化和公司利润最大化联系起来，激发管理层经营管理的积极性。这两种方式的效果与金融市场的有效性息息相关，市场是有效市场则该监控与激励机制可以取得预期效果，相反则会出现投机行为。

二 金融市场的构成要素

大多数市场都是由主体、客体和交易机制构成的，金融市场也不例外。因此，本书将从金融市场的参与者、工具和交易机制三个方面阐述金融市场的构成要素问题。

(一) 金融市场的参与者

金融市场的参与者就是金融市场的主体，按照不同的划分标准金融市场主体有不同的组成部分。

从参与市场交易的部门来看，金融市场的主体由居民、企业、政府部门、中央银行、金融机构以及外国参与者组成。居民是金融市场的资金供给者和金融工具的购买者，其投资活动大多基于保值增值的目的。企业是金融市场上重要的资金需求者和供给者，其投融资活动或基于生产经营，或基于风险管理，或基于套期保值的目的。政府部门在金融市场上主要充当资金需求者的角色，其筹资活动主要用于国家基础设施建设和弥补财政赤字。中央银行既是金融市场的主体又是监管者，其金融活动都是与国家货币政策息息相关的，都是为了稳定货币和调节经济的。金融机构在金融市场上占据相当重要的位置，是金融市场上最大的买方和卖方，致力于为金融市场上其他的交易者创造最优的交易条件。外国参与者是一个笼统的概念，包括了来自外国的所有金融交易者。

从参与交易的动机角度来看，金融市场的主体由筹资者、投资者、套期保值者、套利者和监管者组成。筹资者是指资金的需求者，投资者是资金的供给者，套期保值者是指利用金融市场来转移风险的交易者，套利者是指利用金融市场来赚取无风险收益的交易主体，监管者则是指宏观调控和监管金融市场的中央银行和其他金融监管机构。

(二) 金融市场工具

金融市场工具是金融交易的客体,是金融市场上投融资活动的载体。关于金融工具的概念、种类以及特征等内容在前面已论述过,故不再赘述,此部分只简单归纳一下金融市场工具种类。表5-1是主要的金融市场工具。

表5-1 金融市场工具

项目	资本市场	货币市场
固定收益工具	国债和国库票据	国库券
	中央政府机构债券	存单
	市政债券	商业票据
	公司债、企业债	银行承兑汇票
	公司中期票据	回购协议
	抵押支持证券	央行票据
		短期融资
		联邦基金
		同业拆借市场
权益工具	普通股	
	优先股	
衍生工具	远期和期货	
	互换和期权	

(三) 金融市场的交易机制 (组织形式)

金融市场组织方式就是指将金融交易双方、金融交易对象和金融机构三者联系起来,共同完成金融交易的制度安排,主要有拍卖和柜台两种。

拍卖交易是指金融交易双方采用拍卖的方式,公开竞价确定交易价格。按照是否需要人力操作又可以将拍卖细分为人工拍卖和计算机自动撮合两种。人工拍卖即为传统的拍卖方式,金融工具由卖方报价,买方之间竞价,价高者获得该金融工具的所有权;

而计算机自动撮合则不需要人工现场竞价报价，买卖双方设定好各自心仪的价格，计算机遵循时间优先和价格优先的原则自动配对交易。按照交易双方是否均为交易群体又可将拍卖交易细分为单向拍卖和双向拍卖两种。单向拍卖交易是指交易双方中一方是交易群体，另一方是交易单位，交易单位具有交易的决定权，交易流程是交易单位报出买卖价格→交易群体中的各个交易单位竞相加价或降价→交易单位以最优价格成交交易。双向拍卖交易则是一种群体交易的方式，买卖双方都是交易群体，交易成交价格是在上次的成交价的基础上，交易双方不断磋商，最终交易双方的价格一致时双方成交，交易完成。

  柜台交易是指金融工具的交易活动由证券公司作为中介来完成，而不是交易双方直接竞价成交的。买卖双方都以证券公司为中介，由金融中介机构根据金融工具的市场供求情况和行情确定金融工具的买卖价格。此种交易方式有两方面的优点。一方面，这种方式大大方便了交易双方，同时也为交易双方的交易活动降低了成本；另一方面，证券公司在此种金融工具的交易活动中扮演着重要的角色，既承接购买金融工具的交易活动也负责销售金融工具的交易活动，靠买卖价差可以获取收益。

三　金融市场的分类

  金融市场是一个庞大的体系，是由若干个子市场组合而成的，在不同的标准下可以将金融市场细分为许多不同的金融子市场。

（1）按照交易对象期限的不同，可以划分为货币市场和资本市场，此种划分方式是较主流的一种方式。货币市场是指以一年以下期限的票据和有价证券等金融资产为交易对象的短期金融市场；资本市场则是指交易一年期限以上的金融资产的中长期金融市场。

（2）根据交易合约的不同，可以划分为现货市场和金融衍生品市场。现货市场是指在协议达成的若干个交易日内以现金交易、固定方式交易或保证金交易的方式完成交割活动的市场；金融衍生品市场则专指远期合约、期货合约、期权合约和互换等金融衍生品进行交易的市场，主要包括期货市场、期权市场和其他金融衍生品市场等。

（3）根据金融机构发挥的作用不同，可以划分为直接金融市场和间接金融市场。间接金融市场是指以银行等金融机构为信用中介进行资金融通活动的市场；而直接金融市场则是指资金供求双方不需要借助中介机构直接进行投融资活动的市场。

（4）根据金融交易对象的不同，可以划分为票据市场、证券市场、外汇市场、金融衍生品市场和黄金市场等。票据市场是以票据为交易媒介进行资金融通活动的市场；证券市场是股票和债券等金融资产发行和流通的市场；外汇市场是以外币、外币计价的票据和有价证券等为交易对象的市场；金融衍生品市场是以远期合约、期货合约、期权合约和互换等金融衍生品为交易对象的市场；黄金市场是黄金供求双方进行交易的市场。

（5）根据金融资产成交价格确定方式的不同，可以划分为公开市场、议价市场、第三市场和第四市场。公开市场，顾名思义就是金融资产成交价格是由交易主体通过公开竞价方式确定的市场；议价市场是指成交价是由私下议价成交的市场。相对前两种比较常见的市场来说，第三市场和第四市场是比较特殊的市场，只有在比较发达的市场体系中才会存在，属于场外市场。第三市场是指从事以往在证券交易所挂牌的金融资产交易活动的场外交易市场，而第四市场则是投资者与证券销售者之间直接进行交易的市场。

（6）根据金融市场的作用的不同，金融市场可以划分为发行市场、流通市场、第三市场和第四市场。发行市场是指金融资产进行首次交易活动的市场，也称为一级市场；流通市场是金融工具进入交易后在投资者间流转买卖的市场，又称二级市场。发行市场和流通市场之间联系紧密，前者是后者的基础和前提，后者则是前者存在和发展的必要条件。第三市场和第四市场的内容就不再赘述。

(7) 根据金融市场作用范围的不同，金融市场可以划分为区域金融市场、全国金融市场和国际金融市场。全国金融市场是指金融交易活动范围限制于一国之内的金融资产交易市场；国际金融市场是指可进行各种国际性的金融交易的市场。根据本书的框架，下一部分将会详细地论述区域金融市场，故此处不做详细说明。

四 区域金融市场

（一）区域金融市场的内涵

区域金融市场这一中观层次的金融市场与以往的宏观金融市场和微观金融市场之间既存在很多共性又有很大差别。宏观和微观两个层面的金融市场都已经有很详细的论述了，但关于区域金融市场的研究尚未有明确论断。为此只能根据国内外相关文献以及区域金融市场的现实状况和主要特征，做出如下描述：区域金融市场是指在原来的金融市场概念上加入区域这一空间特征后的市场，它主要的研究对象是特定区域内金融市场的具体情况。以下两点有助于理解其内涵：

（1）区域金融市场是在金融市场的基础上产生的，它与金融市场之间有很多相同的特征，如区域金融市场与金融市场之间的市场主体、市场结构以及作用机制都是相同的。

（2）它虽与金融市场有很多共通的地方，但也有独有的特征——区域性。区域性色彩体现在不同区域内的金融市场之间会存在不同程度的差异性。

（二）区域金融市场形成与发展的原因

金融市场发展水平与该市场内外的经济环境密切相关，这也是同一国家不同区域，不同时期金融市场的发展水平不同的原因。那影响区域金融市场形成与发展的经济因素到底有哪些呢？

首先，显而易见，收入水平是区域金融市场发展的一个重要影响因素。随着区域内经济发展水平的不断提高，人均收入水平也随之上升，有能力参与金融市场活动的人数增多，交易成本逐渐降低，活动需求增加，金融市场将得到快速发展，形成较发达的区域金融市场。因此，发达地区更容易形成发展程度高的金融市场，东部地区的金融市场发展程度高于其他三个区域的金融市场。

其次，产业结构也是一个重要因素。不同的产业结构要求与之相适应的企业融资结构，进而要求相对应的金融机构提供合适的融资工具，这将对金融市场的类型以及发展程度等产生相应影响，形成不同的区域金融市场。

最后，金融工具是金融交易活动的载体，在区域金融市场发展中扮演了重要角色。目前，大多金融交易活动都绕不开"信用"二字，所以信用工具在区域金融市场发展中尤为重要。某区域内信用工具的发展程度及供需情况在一定程度上可以显示出该区域金融市场的容量、发展方向以及水平，信用工具的创新活动一般先在发达地区展开。

除这些因素外，还有信息环境和政策制度等因素也会对区域金融市场的发展产生影响。信息环境的好坏以及政策制度的倾斜程度都会对金融市场的交易活动产生直接影响。信用环境优越，政策倾斜的区域更有利于高层次的金融市场的形成。

总之，区域金融市场是多个影响因素共同作用而形成的，并且会随着经济水平的提高、信用环境的改善、金融交易工具的创新以及经济主体的增多等有利条件不断发展变化。

五　中国区域金融市场现状

(一) 中国区域金融市场的划分

因为区域划分的不同，区域金融市场也有不同的划分。结合我国东、中、西、东北四个板块的划分，可将我国的区域金融市场分为东部区域金融市场、中部区域金融市场、西部区域金融市场和东北区域金融市场。而若按照八大经济区来划分，我国的区域金融市场可以分为南部沿海区域金融市场、东部沿海区域金融市场、北部沿海区域金融市场、东北地区区域金融市场、长江中游区域金融市场、黄河中游区域金融市场、西南区域金融市场和西北区域金融市场。

按照交易对象的不同,区域金融市场也可以划分为区域货币市场和区域资本市场(因为区域内的金融交易不包含货币的兑换等交易活动,所以没有区域外汇市场一说)。区域货币市场侧重于满足投资主体的支付需求和提高金融资产的流动性,而区域资本市场则在储蓄与投资、筹集资金等金融活动中充当媒介。各区域内资本市场融资额、货币市场融资额以及两个市场的融资差额和借贷资金利率差异等在一定程度上反映了我国各区域内金融发展的规模以及效率。

(二)中国货币市场的地区差异分析

一般情况下,地区金融机构存贷款额的大小反映了区域货币市场的规模,通过比较各地区金融机构存贷款额,可以了解各地区间接融资的情况。2005—2018 年我国各地区金融机构存贷款情况如表 5-2 所示。结果表明,不管是存款还是贷款,占比最大的都是东部地区,比重均在 50% 左右;其次是西部地区,占比在 25% 左右;紧跟其后的是中部地区,占比在 15% 左右;最后是东北地区,占比在 7% 左右。由此可见,我国金融机构存贷款的区域分布呈现出与经济发展水平相一致的趋势,东部地区依旧占据绝对优势,与其他地区之间存在明显的差距。

表 5-2　　　　　　各地区金融机构存贷款占比　　　　　(单位:%)

年份	金融机构存款占比				金融机构贷款占比			
	东部	中部	东北	西部	东部	中部	东北	西部
2005	53.34	14.70	7.79	24.17	52.56	14.97	7.68	24.79
2006	53.04	14.81	7.60	24.55	53.29	14.89	7.53	24.30
2007	52.21	14.66	7.19	25.93	53.56	14.73	7.25	24.46
2008	51.92	14.99	7.20	25.89	53.18	14.26	6.98	25.58
2009	51.91	14.89	7.04	26.16	53.96	14.51	6.95	24.58

续表

年份	金融机构存款占比				金融机构贷款占比			
	东部	中部	东北	西部	东部	中部	东北	西部
2010	51.45	15.07	6.94	26.55	53.58	14.66	6.91	24.85
2011	51.13	15.41	6.92	26.55	53.24	14.75	7.21	24.80
2012	51.48	16.02	7.01	25.49	52.59	14.99	7.20	25.22
2013	50.93	16.24	6.93	25.90	51.68	15.24	7.20	25.88
2014	50.64	16.35	6.82	26.19	50.94	15.48	7.22	26.35
2015	50.43	15.67	6.45	27.45	49.30	15.59	7.21	27.90
2016	50.48	16.18	6.30	27.05	48.81	16.02	6.90	28.27
2017	49.50	16.33	6.06	28.11	48.26	16.18	6.53	29.03
2018	58.00	17.00	6.23	18.76	55.30	17.20	6.40	21.10

资料来源：各省统计年鉴（2006—2019）。

（三）中国资本市场的地区差异分析

区域资本市场是指给某一区域内部企业提供服务的地方性资本市场。区域性资本市场反映了民间资金通过资本市场的区域分配情况，各区域资本市场融资额的比较反映了区域资本市场差异。本书主要通过上市公司募集资金情况、各地区股票交易情况以及交易所市场债券发行额三个角度来分析我国资本市场的地区差异情况。

从2017年上市公司募集资金情况（见表5-3）的结果可以看出，2017年东部地区上市公司筹资额高达10799亿元，占全国上市公司筹资额的65.0%，排名第一；紧随其后的是融资额2725亿元，占比16.4%的西部地区；中部融资额2558亿元，占比15.4%，以微弱差距落后于西部地区；最后是东北地区，融资额531亿元，占比3.2%。东部地区的融资额是西部地区的4倍，中部地区的4.2倍，东北地区的20.3倍，东部地区有着绝对优势，和其他地区的差距依然明显。

表 5-3　　2017 年上市公司募集资金情况

地区	筹资额（亿元）	比重（%）
北京	1803.47	10.86
天津	155.93	0.94
河北	321.88	1.94
上海	1777.27	10.70
江苏	1516.99	9.13
浙江	1807.78	10.88
福建	615.97	3.71
海南	47.56	0.29
广东	2114.33	12.73
山东	637.65	3.84
东部	10798.84	65.00
江西	69.98	0.42
山西	95.46	0.57
安徽	898.92	5.41
河南	310.99	1.87
湖北	561.19	3.38
湖南	621.91	3.74
中部	2558.46	15.40
广西	13.30	0.08
重庆	123.53	0.74
四川	346.45	2.09
贵州	20.21	0.12
云南	174.93	1.05
西藏	15.97	0.10
陕西	373.41	2.25
甘肃	169.74	1.02
青海		
宁夏	14.60	0.09
新疆	1318.74	7.94
内蒙古	154.30	0.93
西部	2725.18	16.40

续表

地区	筹资额（亿元）	比重（%）
辽宁	285.53	1.72
吉林	177.74	1.07
黑龙江	67.83	0.41
东北	531.11	3.20

注：该表中的筹资额是主板、中小板和创业板的合计，筹资情况包含境内首发上市及再筹资。再筹资包含公开增发、定向增发、配股、权证和优先股筹资，其中权证筹资仅指期权行权筹资（不包括可转债转股），为2008年之后开展的业务，优先股为2014年之后开展的业务。

资料来源：《中国证券期货统计年鉴》（2018年）。

另外，从表5-4的2016年和2017年股票交易情况可以看出，东部地区的股票交易规模也占据了绝对优势地位，成交额比重高达68%，分别是西部地区、中部地区和东北地区的5倍、5倍和17倍，差距明显。这一结果表明，东部地区以股票为交易对象的直接融资规模明显大于其他地区，也就是说东部地区的金融市场发展水平明显高于其他三个地区。

表5-4　　　　　　　　中国各地区的股票交易情况

辖区	2016年		2017年	
	成交金额（百万元）	比重（%）	成交金额（百万元）	比重（%）
北京	15523252.77	12.19	14672683.82	13.05
天津	1429327.20	1.12	1725612.71	1.53
河北	2428359.40	1.91	4167464.83	3.71
上海	10902956.45	8.56	8550778.76	7.60
江苏	11109904.64	8.72	9250420.46	8.23
浙江	12937695.54	10.16	10152984.86	9.03
福建	4301795.84	3.38	4072814.38	3.62
山东	6226691.70	4.89	5531919.21	4.92
广东	21798059.12	17.11	19017663.58	16.91

续表

辖区	2016 年		2017 年	
	成交金额（百万元）	比重（%）	成交金额（百万元）	比重（%）
海南	1158007.91	0.91	771286.15	0.69
东部合计	87816050.57	68.94	77913628.77	69.28
广西	1217635.40	0.96	760031.31	0.68
重庆	1643065.76	1.29	1156533.08	1.03
四川	4709152.47	3.70	3628118.91	3.23
贵州	1031771.92	0.81	1134807.60	1.01
云南	1533636.39	1.20	1273816.98	1.13
西藏	548395.80	0.43	574456.13	0.51
陕西	2064979.51	1.62	1486351.79	1.32
甘肃	1194825.34	0.94	1583509.78	1.41
青海	359727.47	0.28	408839.88	0.36
宁夏	336647.47	0.26	381851.14	0.34
新疆	1582436.71	1.24	2007086.26	1.78
内蒙古	1274440.00	1.00	1710321.42	1.52
西部合计	17496714.24	13.74	16105724.27	14.32
河南	3195171.52	2.51	2598594.99	2.31
湖北	3472031.62	2.73	2938874.43	2.61
湖南	3132803.92	2.46	2215431.27	1.97
江西	1770925.55	1.39	1677457.65	1.49
山西	1531348.52	1.20	1517222.75	1.35
安徽	3461049.18	2.72	3548949.40	3.16
中部合计	16563330.31	13.00	14496530.50	12.89
辽宁	2656612.50	2.09	1838306.78	1.63
吉林	1524001.06	1.20	1228061.23	1.09
黑龙江	1327912.44	1.04	880259.59	0.78
东北合计	5508526.00	4.32	3946627.60	3.51

资料来源：上海证券交易所、深圳证券交易所。

2017年我国交易所市场债券发行情况按规模大小排名的结果如表5-5所示，排名前十的地区分别是北京、广东、重庆、上海、山东、江苏、福建、浙江、湖南和河南，除了西部的重庆、中部的湖南和河南以外，其他7个地区全部属于东部。由此可见，在债券发行这一直接融资活动中，东部地区的实力不容小觑。

表5-5　　　　2017年中国交易所市场债券发行额　　（单位：亿元）

排名	辖区	债券发行额	排名	辖区	债券发行额
1	北京	5866.77	17	贵州	669.19
2	广东	4255.60	18	山西	607.48
3	重庆	4167.96	19	河北	588.36
4	上海	3486.82	20	广西	587.45
5	山东	2274.06	21	黑龙江	480.39
6	江苏	2131.70	22	陕西	312.04
7	福建	1887.34	23	青海	272.68
8	浙江	1717.55	24	新疆	261.88
9	湖南	1459.73	25	江西	253.48
10	河南	1340.29	26	辽宁	174.61
11	四川	1224.75	27	吉林	74.90
12	云南	1130.55	28	海南	61.61
13	内蒙古	1070.93	29	甘肃	29.57
14	湖北	1046.90	30	西藏	20.00
15	天津	827.31	31	宁夏	16.00
16	安徽	785.99			

资料来源：上海证券交易所、深圳证券交易所、中国证券投资基金业协会、中国证券业协会。

根据以上所有的比较，可以看出不论是直接融资活动还是间接融资活动，东部地区与其他地区差距依然明显，即相对于其他三个地区，东部地区的资本市场和货币市场都比较发达。

第二节 区域利率差异的国际比较

一 美国的区域利率差异

19世纪末期兴起了区域利率差异的研究,国内外学者都对此进行了努力探索,涌现了大量有价值的参考文献。其中,大量的文献都集中于美国区域利率差异的研究中,而这些文献又可以归纳为表5-6所示的三类:

表5-6　　美国区域利率差异的经验文献

	主题	代表文献
第一类	基于有效市场的方法,聚焦于区域利率和国家利率间的紧密关系	凯莱赫(Keleher)估计了美国房屋担保贷款和企业贷款的区域利率决定模型,得出区域间利率差异的形成原因是金融资产成本、风险和性质的差异性的结论
第二类	着眼于检验区域之间金融流动对利率差异的敏感性	Cebulla和Zaharoff(1974)构造了美国1950—1971年的区域利率模型,发现区域存款对利率差不敏感,并提出合理解释:区域间风险和成本的差异会削薄资金转移的盈利
第三类	探讨区域利率差异的可能影响因素	(1)Henderson(1944)分析了成本因素和风险因素对美国19世纪初区域利率差异的影响情况,得出成本因素才是区域利率差异的主要影响因素 (2)Edwards(1964)发现银行市场集中度对区域利率差异产生直接影响 (3)Rockoff(1977)实证分析了美国1870—1914年某些区域利率较高的原因,并发现该现象是由银行失败率较高等因素引起的,即区域利率差异的影响因素是风险因素而不是成本因素 (4)Schaaf(1966)通过美国10年(1964—1974)的数据实证检验了需求、风险以及与中央货币市场的距离等因素对区域利率差异的影响程度

总的来说,在美国区域利率差异的研究中,前两类文献的行文方式主要采用理论+实证结合的方式,内容大多基于特定时间段内的数据建立区域利率模型。而第三类文献则集中在探讨区域利率差异的影响因素,归结起来就是市场结构、需求、风险、成

本以及与中央货币市场的距离等因素。其中，市场结构因素中包括金融机构的数量和集中度以及利率上下限情况等；需求因素指银行存贷款情况；风险因素则指银行经营情况（经营不善或失败）；与中央货币市场的距离表明了银行获取信息的好坏和多少。

二 英国的区域利率差异

在英国的区域利率差异的研究中，麦基洛普和哈钦森（Mckillop and Hutchinson，1990）发现英国各区域中小企业贷款存在一定的差异，而大企业则不存在区域利率的差异，并给出了合理的解释：银行间竞争力的增强导致了这一现象的发生。同时，他们认为一般情况下孤立区域的利率比较高，但个人融资则刚好相反。最终，他们得到的结论是：剔除与银行费用和担保要求相关的贷款过程中的其他费用的影响后，在英格兰和威尔士、苏格兰以及北爱尔兰这三个区域利率费用基本一致，或者英格兰和威尔士较高。

三 意大利的区域利率差异

在对意大利南部和北部的区域利率差异的研究中，达米科等（Damico，1990）发现意大利南北部之间确实存在明显的利率差异，并认为人均 GDP、贷款人所属部门以及其规模等的差异性是造成区域之间利率差异性的关键因素，这两个因素可以在 90% 多的水平上解释意大利从 1969 年到 1988 年区域之间的利率差异。

阿尔贝托·蒙塔尼奥利和奥雷斯特·那不勒塔诺（Alberto Montagnoli and Oreste Napolitano，2012）估计了 1998 年第一季度至 2009 年第四季度意大利地区利率对货币市场利率变化的传递和调整速度，发现银行收取的贷款利率加价在南方普遍高于北方。此外，结果还表明，在南部地区，通过的时间往往较长。虽然没有发现支持贷款利率非对称调整假说的证据，但发现了一些支持区域存款利率向上刚性的证据。

第三节　中国区域利率差异

一　区域利率差异的基础——利率市场化

（一）利率市场化概述

利率市场化是指利率高低不由中央银行直接决定，而是各商业银行可以根据金融市场上的资金供求状况以及中央银行的间接指导性信息来决定，即市场机制和价值规律机制共同作用来确定和调整利率。以下几点特征可以有助于理解利率市场化的内涵。

（1）市场因素是金融市场利率的直接决定因素，而中央银行调控不能直接影响金融市场利率，只能通过公开市场操作等调控手段影响金融资金的供求状况，间接地影响利率水平。

（2）利率的高低是资金借贷双方根据资金交易的规模、使用期限、担保能力强弱等实际情况来共同协商决定的，且交易双方可以根据金融条件的变化来动态调整利率的高低。

（3）金融市场以最具代表性的短期国债利率或同业拆借利率作为基准利率。短期国债和同业拆借两项金融业务在交易量和信息曝光度两个方面有着绝对优势，因此短期国债利率和同业拆借利率在金融市场上代表性很强。

（二）区域利率差异的基础

区域之间的利率存在差异，就要求各区域利率是灵活可变的，利率市场化正好可以实现利率的灵活性和多样性，进而实现利率的区域化。若依然采用中央银行直接确定的基准利率作为区域利率的统一标准，各区域的利率都会和国家利率一致，区域利率就不会出现差异化。实现利率市场化后，各区域将会依据实际市场供需情况、金融交易者的风险偏好以及风险承担能力等因素形成有区域特色的利率确定与调整方式。所以，差异化的区域利率要在利率市场化的基础上来实现。

二 中国的利率市场化

（一）中国利率市场化的提出

利率市场化是我国金融改革的重要内容，党中央密切关注利率市场化的改革进程。党的十四大《关于金融体制改革的决定》将我国利率市场化改革的长远目标确定为：建立以市场资金供求为基础，以中央银行基准利率为调控核心，由市场资金供求决定各种利率水平的市场利率体系的市场利率管理体系。

党的十四届三中全会上做了更细致的指导："中央银行按照资金供求状况及时调整基准利率，并允许商业银行存贷款利率在规定幅度内自由浮动。"[①]

党的十六届三中全会上进一步明确"稳步推进利率市场化，建立健全由市场供求决定的利率形成机制，中央银行通过运用货币政策工具引导市场利率"[②]。

（二）中国利率市场化的基本思路

中国的利率市场化的总体思路是先货币市场和债券市场利率市场化，后存贷款利率市场化。其中，存、贷款利率市场化的思路是"先外币、后本币；先贷款、后存款；先长期、大额，后短期、小额"。具体内容如下。

（1）货币是金融市场基础工具，货币市场利率是金融市场利率的基础，货币当局最容易监控，代表性较强，有利于货币当局货币政策的传导，因此将货币市场的利率市场化作为突破口。而货币市场利率包括同业拆借利率、商业票据利率、国债回购利率、国债现货利率、外汇比价等，我国利率市场化改革以银行间同业拆借利率为出发点。

（2）对于先放开人民币还是外币存贷款利率这一问题，放开

[①] 中国人民银行：《利率市场化介绍》，2005年1月3日，http：//www.pbc.gov.cn/zhengcehuobisi/125207/125213/125440/125832/2804864/index.html。

[②] 中国人民银行：《利率市场化介绍》，2005年1月3日，http：//www.pbc.gov.cn/zhengcehuobisi/125207/125213/125440/125832/2804864/index.html。

管制的难易程度起到了决定性作用。本币存贷款利率只会受到国内因素的影响，而外币存贷款利率则很大程度上取决于外币发行国的供求情况等外部因素，要对外币存贷款利率实施管制非常困难，相反放开外币存贷款利率就容易很多。因此，先外币、后本币，即先放开外币存贷款利率，后放开人民币存贷款利率无疑是最佳选择。

（3）放开管制后的影响大小及好坏是解决接下来三个先后问题的决定性因素。

首先，存贷款利率放开后的商业银行之间的利益竞争程度解决了存贷款利率的先后问题。存款利率放开后，各银行为了获得存款优势可能会采取恶意提高存款利率的手段，这会给金融稳定增加很大的不确定性；而银行贷款竞争的激励程度受借款人借款愿望的约束，竞争的程度相对减弱。因此，先贷款、后存款的顺序更有利于金融稳定。

其次，对银行经营的影响大小决定了大额存款利率和小额存款利率的先后。大额存款利率市场化要先于小额存款利率市场化是因为大额存款客户的市场选择机会较多，很容易向市场化利率的其他金融产品转换，对其实施管制的难度较大；而小额客户的市场选择机会较少，对银行的经营影响较小。

最后，长期存款利率和短期存款利率放开后对银行风险大小的影响确定了先长期、后短期的改革顺序。长期存款利率市场化先于短期存款利率市场化是因为短期存款向长期存款转换需要受到流动性的限制，而长期存款转换为短期存款很容易。如果短期存款利率提高会导致长期存款向短期银行存款转换，将会加大银行的流动性风险。

（三）中国利率市场化的改革进程

1. 货币市场和债券市场的利率市场化改革

1996年6月放开了银行间同业拆借利率。1997年放开银行间债券回购利率。1998年8月，国家开发银行在银行间债券市场中首次进行了市场化发债。1999年，实现了银行间市场利率、国债和政策性金融债发行利率的市场化。

1998 年，改革了贴现利率生成机制。

1998 年以后又多次扩大金融机构贷款利率浮动区间。

1999 年 10 月，开始进行大额长期存款利率市场化尝试。

2000 年 9 月 21 日，放开外币贷款利率和 300 万美元以上的大额外币存款利率，开始积极推进境内外币利率市场化的进程。2002 年 3 月，实现中外资金融机构在外币利率政策上的公平待遇。[①] 2005 年 7 月 21 日人民币与美元脱钩。

2005 年 3 月 17 日，经国务院批准，下调超额准备金存款利率。2005 年 5 月 24 日开创短期融资券市场，实行注册制，完全放开短期企业融资券利率管制。

2. 存贷款利率市场化改革

2012 年 6 月 8 日，下调金融机构人民币存贷款基准利率。2013 年 7 月 20 日起全面放开金融机构贷款利率管制。

2014 年 11 月 22 日，将金融机构存款利率浮动区间的上限由存款基准利率的 1.1 倍调整为 1.2 倍。随后，又于 2015 年 3 月 1 日和 2015 年 5 月 11 日对浮动上限作了两次调整。

2015 年 8 月 26 日，中国人民银行决定，放开一年期以上（不含一年期）定期存款的利率浮动上限。

自 2015 年 10 月 24 日起，对商业银行和农村合作金融机构等不再设置存款利率浮动上限。标志着改革迈出了最为关键的一步，改革重点逐步由"放得开"向"形得成、调得了"转变。

2018 年 4 月，存款利率进一步放开，将大行、股份制银行和城商行、农商行的大额存单利率浮动上限分别上调至 1.5 倍、1.52 倍、1.55 倍。

2018 年 5 月，央行在《2018 年一季度中国货币政策执行报告》中指出，将继续稳步推进利率市场化改革，推动存贷款基准利率和市场利率的"两轨合一轨"。

---

① 中国人民银行：《利率市场化介绍》，2005 年 1 月 3 日，http://www.pbc.gov.cn/zhengcehuobisi/125207/125213/125440/125832/2804864/index.html。

2019年8月16日，改革完善贷款市场报价利率（LPR）形成机制，各银行新发放的贷款中主要参考贷款市场报价利率定价，并在浮动利率贷款合同中采用贷款市场报价利率作为定价基准。该举措旨在促进贷款利率"两轨合一轨"，提高 LPR 的市场化程度，此次改革也是完善利率市场化改革的"最后征程"。

三 中国区域利率制的实行

近年来，我国的利率市场化稳步推进，但由于我国资源分配以及经济水平等存在明显的不均衡，实行全国统一的市场利率必然会阻碍经济落后地区的发展，不利于区域经济乃至全国经济的发展。因此，根据我国经济发展现状以及各区域金融市场的状况，建立起以中央银行基准利率为中心，分级分层灵活调整的区域利率制度势在必行。

（一）区域利率的确定

建立的区域利率制度必须符合各区域的实际情况才能从根本上满足各区域的发展要求，因此区域利率必须要以各地区的资金收益率以及信贷资金成本等为基础来灵活确定。即在国家基准利率的基础上，根据各地区资金收益率和成本等区域因素确定各区域的利率水平。

首先，中国人民银行作为利率的宏观调控部门，应与其他相关的金融部门紧密配合，定期测算各区域的信贷资金收益率，并根据各区域金融部门的资产负债状况，测算出信贷资金成本，向社会公布各区域信贷资金的收益和成本。其次，中国人民银行总行根据公布的各地区信贷资金收益和成本，制定合理可行的全国再贷款、再贴现利率，各级分行在全国再贷款、再贴现利率的基础上，具体分析各地区信贷市场的基本情况，制定相应的区域再贷款、再贴现利率。最后，综合考虑地区内资金收益率、资金供求情况以及不同行业的收益和资金利用成本等因素，区域内的专业金融机构（专门负责区域利率的部门）在政策允许的情况下，制定符合区域内经济和金融发展需要的区域利率，同时，根据各行业的行业差异确定一定的浮动范围,确保区域利率政策惠及大部分企业。

(二)区域利率机构的建立

目前,并未建立起专门的区域利率机构,大部分区域利率的政策都要靠政策性银行等来实施,这样不仅麻烦而且效率低,有时还达不到效果。如果区域利率从制定到实施再到监督都有专业的机构来完成的话,这些问题大部分都可以得到解决,因此构建区域利率机构是建立完善的区域利率制度的重要步骤。区域利率机构应该包括当地的政府财政部门、发改委、中国人民银行分行以及专业银行等,这样才能准确接收国家的利率政策,根据国家的指示并结合自身实际确定合理的区域利率水平,并在接下来的区域利率实施过程中起到监督和引导作用,确保区域利率从确定到执行完毕过程中的准确性。另外,区域利率机构负责人覆盖部门广,可以在一定程度上兼顾各个部门的利益,为区域利率的实行降低了难度。

(三)区域利率制度中各部门的职责

(1)中央银行是区域利率制度中的宏观"风向标",区域利率水平必须以央行的基准利率为依据,因此央行应做好宏观调控工作,制定合理的再贷款、再贴现利率和政策性贷款利率等;同时,中央银行还需要发挥监督作用,对各区域的利率情况进行定期的指导、检查和监督,确保区域利率沿着正确的道路发展。

(2)由中国人民银行各级分行(除县一级分行外)和专业银行总部、省(市)分行组成的区域利率决策机构,应肩负起制定区域利率的责任。首先,认真贯彻并执行上级金融部门的利率调控指令,坚决维护和实施好国家确定的利率政策。其次,根据基准利率、利率政策以及区域实际金融环境制定区域利率水平。最后,在确定好的区域利率水平上,根据区域内各个行业的利润水平、资金成本以及发展潜力等制定出差异化的行业利率水平,确保微观主体也切实地感受到区域化利率制度的好处,为区域利率制度的快速发展做好铺垫。

（3）基层专业银行的分支机构的职责主要是执行和反馈。一方面，它们是区域利率的执行者，需要将区域利率制度贯彻落实到具体的信贷业务中，保证每笔业务都按照区域利率制度来完成；另一方面，它们还是区域利率制度实施后的直接反馈者，为利率的调整提供参考意见，有利于区域利率的完善。

四　中国区域利率状况分析

虽然中国目前并未形成真正的区域利率，但全面放开金融机构贷款利率管制以来，各金融机构利用贷款利率浮动定价政策，参考全国利率并根据区域内金融机构数量和自主定价能力、信贷市场竞争程度、资金成本和风险高低、客户群体议价能力、融资结构以及地方政府对资本外流的约束等的实际情况，合理地确定了各区域差异化的贷款定价方式。

2017年我国实际贷款利率处于一个较低水平并保持基本稳定，而名义贷款利率水平在美联储加息、物价上涨以及国内经济形势向好等外部条件的催化下出现了一定幅度的上涨。12月，全国一般贷款加权平均名义利率为5.80%，同比上升36个基点；一般贷款加权平均实际利率为1.84%，同比下降102个基点。分地区看，12月份，东部、中部、西部和东北地区一般贷款加权平均名义利率分别为5.63%、6.32%、5.84%和6.08%，同比均小幅上升。各区域之间名义贷款利率的基本情况是东部＜西部＜东北＜中部，且各区域间的贷款利率存在0.2%左右的差距，这表明各区域的信贷市场发展水平以及竞争程度等存在一定差距。

2018年4月，央行首提"两轨合一轨"，进一步推进利率市场化改革，优化利率的形成、调控以及传导机制。相对2017年而言，2018年货币市场利率中枢下行，利率调控和传导能力逐步增强，各地区贷款利率均存在一定的上浮，但就2018年数据来看，各地区贷款利率稳中有降（见表5-7）。总体来看，12月，全国金融机构一般贷款加权平均利率为5.91%，较2107年上升0.11个百分点。分地区看，2018年12月各地区贷款利率逐渐回落，东部、中部、西部和东北地区贷款加权平均利率分别为 5.79%、6.18%、6.21% 和 6.27%，分别较 9 月下降 0.22 个、0.27 个、0.17 个和 0.19 个百分点，东部地区与其他地区的差距变大。

另外，"两轨合一轨"举措在一定程度上可以助力解决小微企业融资成本高的问题。因此，在支小再贷款政策的帮扶下，2018年小微企业贷款利率稳中有降。12 月，东部、中部、西部和东北地区新发放的小微企业贷款利率相对 6 月而言分别下降 0.30 个、0.12 个、0.17 个和 0.05 个百分点。

表 5-7　　　　2018 年各地区人民币贷款加权平均利率　　　（单位：%）

时间	东部	中部	西部	东北
3 月	5.88	6.47	6.21	6.19
6 月	6.01	6.48	6.16	6.27
9 月	6.01	6.45	6.38	6.46
12 月	5.79	6.18	6.21	6.27

资料来源：中国人民银行上海总部、各分支行、营业管理部、省会（首府）城市中心支行。

第四节　区域信贷可用性

一　区域信贷可用性的基础知识

（一）区域信贷可用性的研究对象

区域信贷可用性研究的是区域间金融市场是否存在金融资产的流动、流动的条件以及流动的程度等问题，即研究区际资金的流动与否、流动的条件以及区域间资金流动的多少。

（二）区域信贷可用性理论的起源与发展

20 世纪 50 年代，纽约联储经济学家 Robert V. Rosa 首次详细地论述了信贷"可能性学说"（Availability Doctrine），成为后来学者研究信贷配给理论的起点。信贷可得性学说是针对货币政策有效性问题提出来的，认为货币政策是通过信贷可得性而不是利率发生作用。

20世纪50年代后众多的学者从不完全信息、流动性偏好、风险以及市场竞争不完全等角度展开信贷可用性的研究，形成了大量的信贷可用性理论文献。

随后，在"信贷可得性理论"的研究基础上，众多学者加入"区域"这一因素将理论发展为"区域信贷可用性理论"。大量的文献讨论了区域信贷可用性，它们虽然在方法上存在一定差异，但主要内容都是区域信贷可用性的决定性因素。

二 区域信贷可用性的基本理论

区域信贷理论是信贷理论的一个重要组成部分，区域信贷可用性理论也是在信贷可得性理论的基础上发展起来的，主要围绕区域信贷配给的决定因素展开讨论和研究，根据其方法差异性以及时间先后顺序可以将区域信贷可用性理论归纳为新古典一般均衡理论、新凯恩斯主义理论和后凯恩斯主义理论三种。

（一）新古典一般均衡理论

新古典一般均衡理论下的区域信贷配给理论是一般均衡理论的延续和发展，因为它保留了货币和金融流是真实经济的镜像，对经济的增长不会产生实质性的影响的观点，并在此基础上加入区域这一新要素发展成为带有区域特色的信贷理论。因此，新古典一般均衡理论下的区域信贷配给理论认为区际资金流动的目的是寻找最优的投资契机，而不是要对区域经济产生实质性的影响。该理论主要包括以下几个方面。

1. 穆尔和纳格米的理论

穆尔（Moore）和纳格米（Nagumey，1989）等人假设，在特定的基础货币下，货币乘数效应决定的货币供给量与利率决定的区域资金需求量达到均衡状态，即资金供给者的利率和交易成本之和与资金需求方的需求利率大体一致，这样就可以保证金融资源的区域化配置是有效的，这时没有区域货币这一说法。同时，还给出推论：只有在市场不完全的情况下货币才有区域意义。后来学者汲取了他们的经验，研究内容大多是市场完全情况下区域信贷配给的决定因素。

2. 罗伯茨和菲什金德的理论

罗伯茨（Roberts）和菲什金德（Fishkind，1979）在 Losch（1954）的启示下研究了利率的区域波动幅度，并据此得到区域信贷可用性的决定因素。他们将区域市场分割的影响因素归纳为以下三个方面。

（1）金融资产的流动性、到期日以及风险等方面的区域差异性导致区域间金融资产的比对困难，进而使信贷市场出现区域性分割。

（2）进行区域间的金融交易活动时，势必会产生一定的信息收集成本，而信息成本越高，区际资金的流动所获得的收益越低，当信息收集成本达到一定高度的时候这一区域间金融交易活动就不会发生，最终导致信贷市场的区域分割。进一步来说就是信息成本越高的区域就越孤立，越孤立的区域越有可能出现信贷市场分割的现象。

（3）区域间流动性偏好和风险承受力的差异会使得金融资产的供求对利率的敏感性出现一定的差距。

此时，存在两种利率，一种是根据全国金融市场供求情况确定的国家利率，另一种是围绕国家利率波动并反映国家银行与地方银行以及区域银行间的成本差异的区域利率，两者的关系是区域利率可能等于国家利率，高于国家利率，也可能低于国家利率。区域利率的差异性主要是区域孤立与否以及孤立程度的差异导致的。核心区域的利率波动幅度较小，孤立区域的利率波动幅度较大，且孤立程度高的区域的利率波动幅度更大，与其他区域的利率差距就会变大。一方面是因为孤立程度高的区域，金融信息的成本就越高，即金融交易的成本就越高，区域信贷可用性随之降低；另一方面，因为区域越孤立，金融资产的供给和需求越缺乏弹性。供给越缺乏弹性越会导致银行风险的扩大，进而加大风险监督和管理的难度，不利于银行业的发展；需求越缺乏弹性，以家庭和小微企业为主的借款人就越会过度依赖于当地银行,从而远离中央金融市场,区域利率与国家利率的差距变大。

3. 穆尔和希尔的理论

穆尔(Moore)和希尔(Hill,1982)通过具体的信贷供求模型来解释区域利率的差异,即寻找图5-1中r_1与r_2之间差距的原因。首先,图5-1中AB段(区域信贷供给无弹性)出现的原因是区域金融资金的供给是在区域存款的基础上乘以货币乘数得到的,因此区域信贷供给区域上会存在一段无弹性的部分。其次,$r_2 > r_1$的原因是:当区域信贷需求超过区域信贷供给时,超额信贷需求部分依靠区域外资金流入来满足,这时区域资金的需求与区域资金供给无关。而国家市场利率水平上的区域超额信贷需求就只能由地方银行贷款或从区域外借款来满足。值得注意的是,一些地方借款人和贷款人即一些小型企业、家庭与地方银行,会因为信息的不完全无法利用国家市场,产生了明显高于国家利率的区域利率,从而导致区域市场与国家市场之间的金融套利是不完全的。

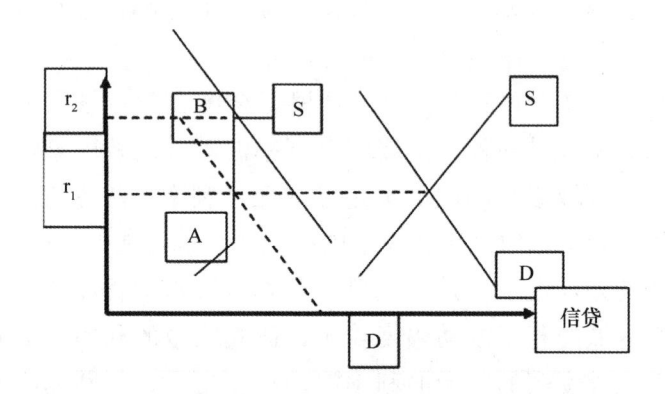

图5-1 穆尔和希尔模型

4. 哈里根和麦格雷戈的理论

哈里根(Harrigan)和麦格雷戈(McGregor,1987)在前面几位学者市场分割观点的基础上,考虑了穆尔和希尔忽略的区域银行乘数的资本流动的反馈效应，利用更完善的方法对地方市场和国家市场间的套利问题展开研究。

5. 麦基洛普和哈钦森的理论

麦基洛普（Mckillop）和哈钦森（Hutchinson，1990）研究发现英国也存在区域利率差异，并深入研究了北爱尔兰的区域信贷可用性问题。他们的具体做法是：将北爱尔兰清算银行同英格兰银行 1977 年、1980 年、1982 年、1985 年和 1987 年的资产和负债进行比较，以此来检验北爱尔兰银行相对于英格兰银行是否具有成比例的较低的存款基础、较高的流动性以及较低的银行贷款。最终得出结论：北爱尔兰的区域信贷可用性是成立的，尽管北爱尔兰的政治和金融背景相对特殊且远离中央市场，但北爱尔兰金融市场仍然是一体化的金融市场的一部分。

6. 拜厄斯的理论

拜厄斯（Bias，1992）在美国的区域市场研究过程中发现美国存在某种程度的区域分割，并进行了利率敏感性的区域差异以及 1967—1986 年美国 12 个州金融市场的区域分割研究。

7. 阿莫斯的理论

阿莫斯（Amos，1992）研究发现，1982—1988 年美国银行停业和某些区域经济结构规制有密切关系，也就是说美国存在某种程度的区域信贷市场的分割。随后，阿莫斯和温吉德（Wingender）（1993）在对美国 50 个州的研究中发现，至少有 32 个州的银行信贷和区域收入之间存在强相关关系，进一步证实了美国区域信贷市场分割的存在。

（二）新凯恩斯主义理论

新凯恩斯主义在货币供给外生于国家经济体系但在区域环境中是内生的假设下，将不完全信息理论引入区域信贷可用性的研究中，探讨不完全信息和不对称信息如何降低区域资本流动性并进一步引起金融资源的不合理配置和效率低下的区域信贷配给。

因为区域间信贷市场是分割的，所以信贷机构分为区域内金融机构和区域外金融机构，而区域内的信贷机构获取区域金融市场信息的能力明显强于区域外信贷机构,监督成本较低,使区域内的借款人主要依赖地方机构,而较少依赖区域外金融机构,这就表明区域信贷可得性主要取决于区域内信贷机构的贷款能力,作为区域信贷机构贷款能力的决定因素的地方银行的资金供给毫无疑问是解释区域信贷配给的关键因素。

新凯恩斯主义理论的主要思想是:区域信贷可用性取决于区域信贷供给,区域信贷供给来源于国家银行、地方银行和区域外的银行三大类信贷机构,而三大信贷机构会因为区域信息获取的难易程度、监督成本大小以及市场力高低的差异性对区域信贷供给产生不同的影响,进而影响区际资金的流动和区域信贷需求。总的来说,新凯恩斯主义区域信贷配给理论可以归结为图 5-2 所示的过程。

```
                    地方银行:
                  几乎完全信息
                   监督成本低
                    有市场力
                      ↑
区域信贷需求 → 区域信贷配给              区域信贷供给
                      ↓
              国家银行、区域外银行:
                   不完全信息
                   监督成本高
                    市场力低
                      ↓
            区域间资金流动少
            区域信贷需求强烈依赖地方银行
            地方银行的低效率被传导给区域信贷需求
```

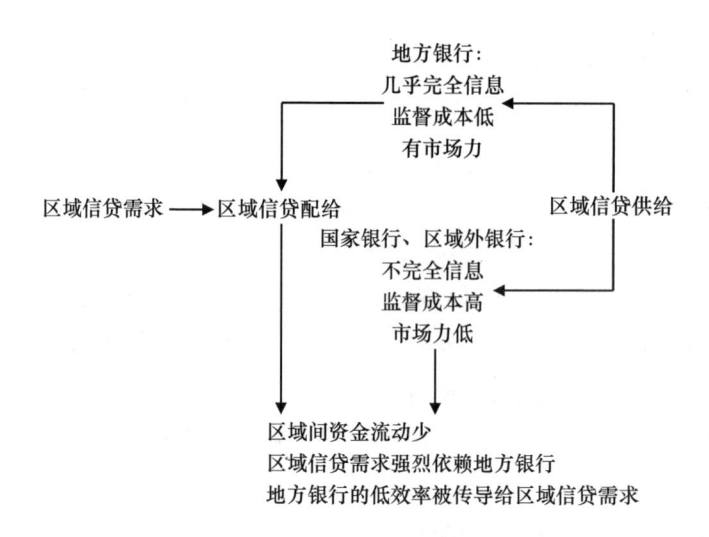

图 5-2 新凯恩斯主义理论

(三)后凯恩斯主义理论

新凯恩斯主义区域信贷配给理论的主要观点是不完全信息分割了区域信贷的供给,认为区域信贷可用性的决定性因素是区域信贷供给,并未考虑到区域信贷需求的问题。后凯恩斯区域货币和信贷理论扩大研究视角,从区域信贷市场供给和区域信贷需求两个方面来展开区域信贷可用性的研究，认为区域信贷配给是区域信贷供给和需求相互作用的结果，不是区域信贷供给单方面决定的。

以道（Dow）为代表的后凯恩斯主义认为区域信贷市场的不完全是正常的，并利用凯恩斯主义的流动性偏好原理和奇克（Chick）的银行发展阶段理论着重研究了区域信用创造的形式和区域间信用创造差异性产生的原因。后凯恩斯区域货币和信贷理论的发展过程如下。

1. 道（1987）在穆尔（Moore）和希尔（Hill, 1982）的基础上得出了三个重要结论

（1）区域信贷需求中流动性偏好很强的投机需求对区域信用创造的影响很大。区域信贷需求对区域经济发展预期的变化，导致区域信贷流动性偏好的变化，进而引起区域信贷资金内生程度的变化，最终会引起区域收入的变化。

（2）区域信贷供给和需求双方的功能是相互依存的。道认为，公开市场业务、区域金融流动以及区域货币基础都会受到区域信贷需求的影响。

（3）在研究银行结构的重要性以及分行制在完善单一银行制存在的问题的优势时，得到如下结论：采用分行制的区域信贷资金供给曲线是水平的，因为区域分行的贷款可以超出存款基础，那么区域信贷的可用性便成为必然，只要区域信贷资金供给的利率在高于国家利率的某个水平上是完全弹性的即可。并强调即使区域信贷资金的供给有内生性，区域信贷可用性的研究也依然必不可少。

2. 后凯恩斯主义区域信贷配给理论还对区域信贷供给和需求的影响因素作了进一步的讨论（见图 5-3）

（1）区域信贷供给的影响因素主要是银行发展阶段和区域流动性偏好。

银行贷款能力主要取决于银行的发展阶段，因为银行发展阶段高低会影响货币乘数效应，进而会在储蓄率和存款率高低的限

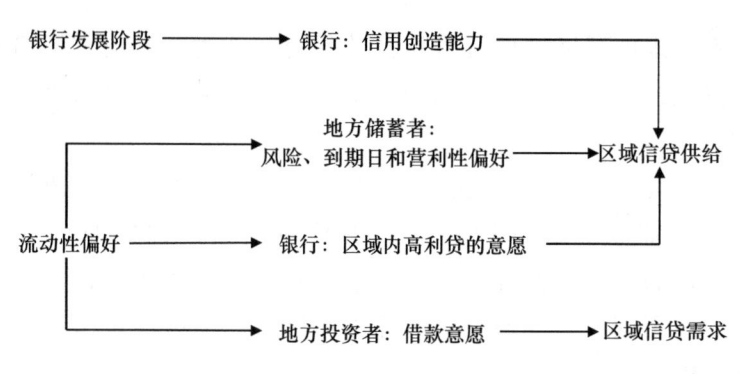

```
银行发展阶段 ──────→ 银行：信用创造能力 ──┐
                                          │
              ┌─→ 地方储蓄者：             │
              │   风险、到期日和营利性 ──→ 区域信贷供给
              │   偏好
              │
流动性偏好 ───┼─→ 银行：区域内高利贷的
              │   意愿
              │
              └─→ 地方投资者：借款意愿 ──→ 区域信贷需求
```

图 5-3 后凯恩斯主义区域信贷配给理论

制下影响银行的信用创造能力。

流动性偏好会影响作为区域信贷供给方的银行和储蓄者的金融选择。银行的流动性偏好的差异会影响到区域内贷款的投放量，流动性偏好会使银行减少风险较大区域的贷款量；储蓄者的流动性偏好会增加对流动性强的金融工具的需求，进而会使区域外信贷资金流入孤立区域，影响区域的信贷可用性。

（2）区域信贷需求的影响因素主要是流动性偏好。

投资者对流动性的偏好表明了对区域经济的预期，从而通过金融工具的选择来影响区域信贷需求。投资者越偏好流动性，就表明他对区域经济的预期越不看好，更愿意选择流动性强的金融工具而放弃向银行借款，导致区域信贷需求的降低。

第五节 中国信贷资金的区域化配置

一 中国信贷资金区域化配置的现状研究

（一）中国信贷资金总量的研究

信贷资金是指再生产过程中存在和发展的以偿还为条件的供借贷使用的货币资金，主要包括金融机构的存款和贷款两部分的内容。在我国以银行信贷为主导的金融体系下，信贷资金在所有的金融资金中占据了绝对的优势地位，信贷规模不断扩大，为金融业的稳定发展发挥了重要作用，同时也为经济的快速增长贡献了力量。

图 5-4 反映了 2005—2018 年我国金融机构存贷款总额以及 GDP 的情况，图 5-5 反映了 2005—2018 年我国存贷款增速以及 GDP 增速，从图中我们可以看出：

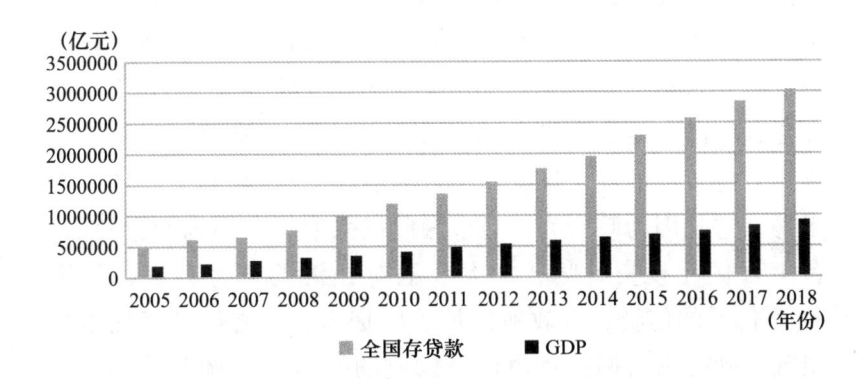

图 5-4　2005—2018 年我国存贷款总额以及 GDP

资料来源：《中国统计年鉴》（2006—2019）以及国家统计局。

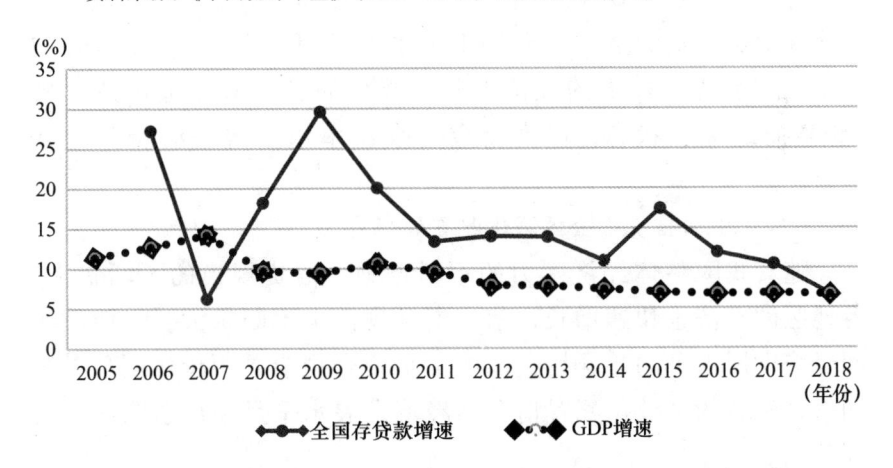

图 5-5　2005—2018 年我国存贷款增速以及 GDP 增速

资料来源：根据《中国统计年鉴》（2006—2019）以及国家统计局的基础数据整理得来。

从 2005 年到 2018 年，我国信贷资金和 GDP 都呈现出不断上升的趋势。金融机构存贷款总额一路直线上升，存贷款余额总量由 2005 年的 48.2 万亿元高速增长到 2018 年的 303.4 万亿元，2018 年信贷资金总量是 2005 年的 6 倍还多。GDP 也呈现稳步上升的趋势，由 2005 年的 18.7 万亿元稳步增长至 2018 年的 92 万亿元，2018 年 GDP 是 2005 年的 5 倍。

再从增长速度上看，2005 年到 2018 年我国的存贷款增速和 GDP 增速都始终处于一个较高的水平。存贷款增速在 2007 年出现急剧下滑，这和 2007 年央行 10 次上调存款准备金率，6 次上调银行存贷款基准利率，前期牛市后期美国次贷危机爆发，股市大跌等重大金融事件的发生息息相关。而后在 2009 年又上升到一个较高水平，这是因为政府为应对金融危机采取了一系列的自救措施，出台 4 万亿元投资计划，加大金融对经济的支持力度，并新增 9.59 万亿元的信贷，有效地满足了信贷需求。之后信贷规模增速又出现下降与央行调控货币信贷投放的举措（上调存款类金融机构人民币存款准备金率等）密切联系。

对信贷资金和 GDP 进行比较分析后发现，不论是在总量上还是增速上，信贷资金都大于 GDP（除 2007 年外），这说明较多的资金运用创造了较少的经济增长，资金的利用效益远远达不到"帕累托最优"状态，提高资金的收益率水平势在必行且迫在眉睫。

（二）中国信贷资金区域化配置的研究

随着我国整体经济实力的不断增强、信贷规模的不断扩大，各地区的经济也快速增长，信贷资金规模也不断扩大，然而区域间经济发展水平的差异性造成的信贷资金规模差距依然明显，我国信贷资金的区域化配置情况与经济发展水平呈现出了明显的趋同关系。

图 5-6 反映了 2005—2018 年我国各地区存贷款余额之和，图 5-7 反映了 2017 年我国东部、中部、东北和西部的存贷款占比以及 GDP 占比情况，从图中可以直观地看出：

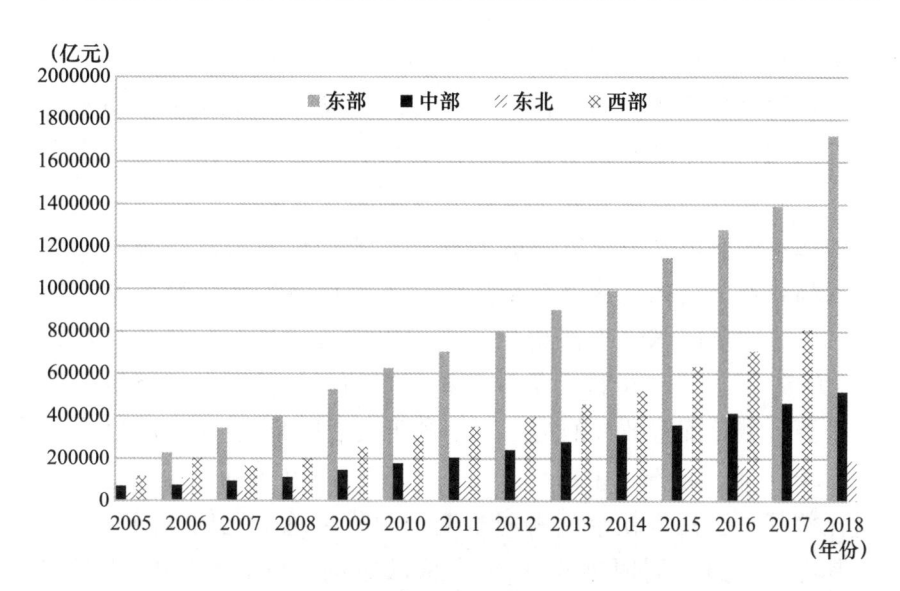

图 5-6　2005—2018 年各地区存贷款余额之和

资料来源：根据表 4-1 的基础数据整合。

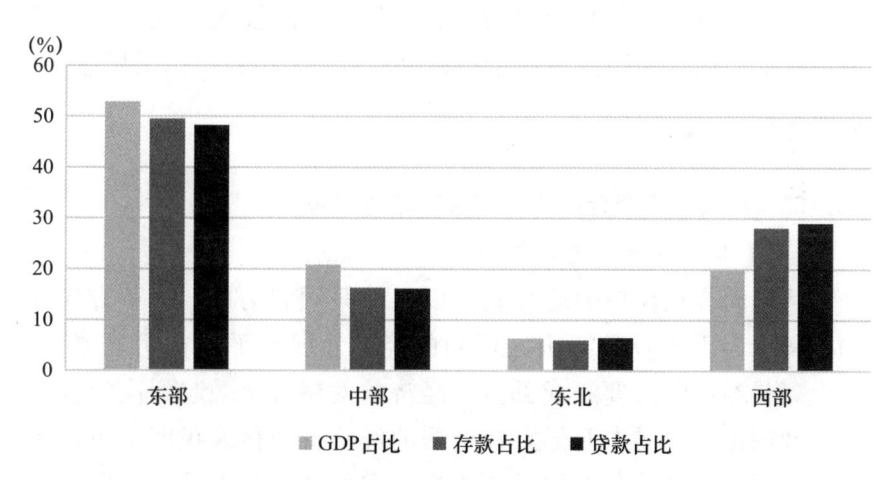

图 5-7　2017 年中国各地区 GDP 占比以及存贷款占比

资料来源：根据各省统计年鉴（2018）基础数据自行计算。

区域间经济实力的差异性造成了各区域吸引资金能力的差异性，进而促使我国各地区间在信贷资源分配上存在明显的区域化差距。2017 年，我国信贷资源的区域化配置与各区域经济发展水平基本趋于一致，经济发展水平较高的区域信贷资源总量占全国同时期信贷总量的比例也很高。如占同期我国经济总量近53%的东部区域，不论是存款余额占同期我国存款总量的比例还是贷款余额占同期我国贷款总量的比例都明显高于中部、西部和东北三个地区。一般情况下，资金的逐利特性使得资金由低收益率地区流入高收益率地区，这就会造成资金不断由落后地区流入发达地区，资金大量向东部地区聚集，进而出现富者越富，贫者越贫的"马太效应"，进一步拉大信贷资源配置的区域差距，这将阻碍信贷资源区域化配置效率的提高，不利于实现区域经济的协调发展。

2017年，东部、中部和东北三个地区GDP占同期全国经济总量比例都高于其贷款余额占同时期全国贷款总量比例，同时也高于其存款余额占同时期全国存款总量比例，只有西部地区存在GDP占同期全国经济总量比例低于贷款余额占同时期全国贷款总量比例和存款余额占同时期全国存款总量比例的情况，这表明西部地区信贷资源的使用效益较低，信贷资源的投入与经济增长没有成正比，西部地区信贷资源的利用效益并未达到"帕累托最优"的状态。

二　中国信贷资金区域化配置存在的问题

（一）信贷资金过度集中

区域间客观存在的地区差异以及政策倾斜力度、改革方向和力度等人为因素导致我国区域间的经济发展水平存在明显差距。而金融是经济的重要组成部分，经济的发展对金融起到决定性作用，我国由东部向中西部阶梯走弱的经济特征很大程度上决定了我国金融资源区域化配置的不平衡。东部地区凭借沿海的区位优势以及早期的政策倾斜早早地发展了自己的经济，目前经济水平已经达到了较高的水平，进而有力地推动了东部地区金融发展，导致大量的信贷资金集中在东部地区。而中部地区虽然凭借自身能源资源禀赋以及后期"中部崛起"战略的帮扶取得了较大的发展，但是在经济发展水平方面与东部地区还存在一定的差距，信贷资金需求尚未得到完全满足。西部地区覆盖面积大，拥有丰富的特色农牧产品，第一产业增速远快于其他三个地区，在"西部大开发"战略的加持下逐渐发挥后发优势，奋力追赶东部地区，在经济和金融发展上都取得了不错的成绩，但信贷规模远小于东部地区。而东北地区则是老工业基地，以重工业为主，在"东北振兴"战略的引导下不断地优化地区产业结构，区域经济和金融得到了一定的发展，但要想实现经济的高速增长必须扩大信贷规模，加大金融支持力度，发展地区金融市场。

（二）对差别客户和行业的信贷资金"一刀切"配置

金融机构的信贷活动未对缩小区域差距而做出合理的调整，商业银行的信贷业务没有体现出区域特色，区域内分支机构在决策上有很大限制，主要权利集中在总行。在信贷业务中总行只根据宏观金融市场走势以及自身发展状况等因素，制定出统一的全年信贷投放指标等，作为全行信贷资金配置的纲领，各区域内的分支机构仅仅是信贷政策的执行者，这就导致各区域内的分支机构无法根据本区域的特点对信贷客户及行业进行差别化的细分和选择，实施差别化的信贷政策，进而导致区域信贷不均衡现象严重。同时，各商业银行在信贷业务的客户及行业选择方面也存在很大的重合，使得信贷资金在区域内配置也存在很大的不合理性，加大了区域内部经济的差距，不利于地区的发展。

（三）创新型信贷业务的发展不平衡

银行创新的一些信贷业务在东部发达地区开展良好并对地区经济起到了积极正向的影响，而在落后的西部地区则发展缓慢，不论是规模还是质量都远不如发达地区。这种局面形成的原因不仅有西部地区经济发达程度不高，居民收入水平和消费水平低等客观原因，还有银行习惯、业务风险承受能力以及银行创新能力等银行因素。如银行的个人信贷业务，银行基于利润、可行性和风险等因素的考虑很少在落后地区开展个人信贷业务，或者即使银行开展了个人信贷业务，取得的收益也很少，因此银行业的个人消费信贷业务发展最好的是东部发达地区，总体上沿海好于内地。

三 中国信贷资金区域化配置的优化

根据上面信贷资金区域化配置的现状及存在问题研究，可以发现不论是信贷资金总量的区域化配置情况还是信贷资金区域化配置效率都还有进一步优化的可能。信贷资金的区域化配置的不断优化不仅会正向影响商业银行的经营效率、质量和效益，而且还会对各地区人民生活水平以及经济发展水平产生影响，甚至会对国家经济的发展产生一定的影响。因此，我国信贷资金的区域化配置存在进一步优化的可能性及必要性，本节将根据目前我国信贷资金区域化配置过程中存在的问题，以银行信贷资金为研究对象，具体阐述我国信贷资金区域化配置的思路以及优化措施。

（一）中国信贷资金区域化配置的思路

1. 改革原有的信贷资金区域化配置的方法，采用合理高效并符合区域特色的新型管理方法

摒弃原有的仅以资产负债比率为信贷资金区域化配置依据的管理方法，在银行业信贷政策指导下，综合考虑各地区经济以及金融发展水平、地理位置以及区域特色资源等区域条件，遵循效益最大化原则对各地区实行差别化的信贷政策。新型的管理方法主要有以下的特点：首先，新型管理方法的"新"体现在信贷资金区域化配置依据的更新，不再以单一的依据配置信贷资金而是综合考虑各影响因素后再决定信贷资金的区域配置情况。其次，区域信贷政策的差别性体现在贷款投放量的区域差异、贷款种类的区域差异以及对各地区行业和客户差别对待三方面。最后，新的管理方法加强了区域产业结构的研究，旨在优化现有的信贷结构；同时还在区域间的信息交流和共享机制、跨区域服务以及风险监控等方面做出了有利的改变。

2. 强化现有发达地区经济增长和金融发展的同时不断推动其他地区经济的增长和金融深化改革

在加大重点区域信贷资金投放力度的同时要关注其他有潜力的不发达地区，争取实现经济协同发展的目标。首先，保持重点

区域信贷支持力度,通过辐射效应将积极影响传导至其他区域。其次,随着改革力度的加大,珠三角经济圈、长三角经济圈和京津冀经济圈经济平稳增长,有望建设成为我国区域经济新的增长点,在保持原有的发达地区经济快速增长的同时,加大对其他有潜力地方的支持力度,加快区域经济的协同发展。最后,适当加大中部、西部、东北三个地区的信贷投放规模,并提供相应的配套服务,为提高信贷资金质量保驾护航,通过各地区资源技术优势互补、提高利益和效益共享等经济手段,实现各地区信贷市场协调发展。

3. 欠发达地区要发展区域经济,提高区域内商业银行信贷资金的吸引能力

金融体系对于中西部地区的资金"抽水机"效应仍然存在,中西部地区实体经济获得金融支持仍需增强。其中一个原因是在利率市场化不完全的情况下,商业银行过分重视风险而导致欠发达地区信贷需求得不到满足;而另一个原因就是区域经济本身差异导致了信贷资金大量流向发达地区,而欠发达地区信贷资金缺乏。因此不能只依赖外力来改善信贷资金分配不平衡的问题,而是要重视发展欠发达地区的经济,提高区域自身对商业银行信贷资金的吸引能力才能更好更快地解决信贷资金匮乏的问题。

(二) 优化中国信贷资金区域化配置的措施

1. 树立正确的信贷资金区域化配置理念

信贷资金不能仅靠政府的信贷政策简单地进行区域化配置,而是要综合经济发展情况、区域实际情况以及区域发展需要等多方面的因素,并兼顾金融市场风险以及金融机构自身的收益等外部要求,最终确定合适的信贷资金区域化配置方法。简单来说,信贷资金的区域化配置不仅要反映区域信贷政策,还要满足区域自身经济发展和金融机构发展的需要,同时还要控制金融风险维持金融稳定。

2. 完善信贷资金区域化配置的运作机制

首先,完善信贷资金区域化投放体系。建立健全以控制存贷

比例为主、控制限额为辅的贷款规模控制体系，同时实行可调整的动态贷款标准体系，利用合理的定量指标来核定存贷款比例后分配贷款数额，并约定好标准的调整时间（一般情况下该标准一年一定，年度中间不变）。其次，加强对区域信贷业务操作过程的监督，切实保障信贷资金配置过程的规范和有序，降低因操作失误而产生的影响。最后，强化贷款项目审批标准的刚性约束，遇到迫切需要调整标准的情况一定要经过相关部门集体讨论，在确定可以调整标准的情况下方可办理贷款，防止利用暗箱操作等恶意骗取贷款的情况发生。

3. 提高信贷资金区域配置的效率

我国信贷资金区域化配置的优化不仅包括各地区信贷总量的优化，还包括信贷资金区域配置效率的提高，若单纯增加欠发达地区的信贷投放量而不改善配置效率，那将会造成信贷资金的浪费或低效率利用，这就违背了信贷资金投放的初衷，也不能达到预期的目标。因此，我们需要从政府干预以及金融环境的改善来提高我国信贷资金区域化配置的效率。

从政府角度出发，信贷资金区域化配置效率与政府对信贷市场的干预力度有着密切的关联。经济学原理认为政府介入信贷市场会抑制信贷资金配置的"帕累托最优"状态的出现，因此政府应强化引导职能，减少对信贷市场的直接干预，推动信贷资金帕累托最优效率的实现。

从金融环境改善角度出发，已有学者的实证研究结果表明，金融市场化改革的推进有利于提高信贷资金的区域化配置效率。一方面，信贷市场的高度集中不利于金融结构的完善，相反强化市场化激励约束机制有利于改善信贷配置的质量和效率；另一方面，金融市场化的建设，有利于证券、债券、外汇及金融衍生品等金融工具的多样性发展，从而加强金融市场的良性竞争，最终达到提高信贷资金配置效率的目标。

4. 深刻体会"区域"二字

信贷资金区域化配置着重强调"区域"二字，要求一切出发点都要基于区域的实际情况。不论是信贷政策的指导还是信贷投放制度，都要依据区域的实际情况。对于信贷政策，要将行业信贷政策与区域产业结构联系起来，对于欠发达地区的优势产业以及成长性较好的产业可以适当放宽信贷准入。另外，信贷投放制度的区域化体现在根据区域优质客户的分布状况及不良贷款存量情况来测算区域化的授权权限，建立起分行业和客户类别的投放体系，对于竞争力强、发展前景好的客户要放宽信贷业务权限。

第六章

区域金融政策与区域金融风险

　　区域之间经济、金融发展不平衡是大国固有的特点。改革开放后，我国实行非平衡发展战略，优先发展东部及沿海地区。非平衡发展战略的实施虽然从整体上加快了我国工业化进程的步伐，但是随之而来的是东部、中部和西部地区之间的金融、经济发展水平差距越来越大。近二十年来，中部崛起和西部大开发战略的实施虽然在一定程度上缩小了地区之间的差距，但是由于东部、中部和西部地区战略实施的时间和内容等方面存在着一定的差异，目前三个地区的经济发展水平仍然存在较大的区域性差异。经济、金融差异性的存在使得每个区域所产生金融风险的类型、出现的时间、传递的强度和速度以及累积的程度等均有所差别，因此对于不同地区的金融风险需要制定差别化的区域金融政策来进行识别和防范。而区域金融政策在执行过程中，其政策效果往往具有不确定性，政策效果的不确定在特定环境的激化下也会导致区域金融风险的出现，因此我们需要回过头来对现行的区域金融政策进行评估和调整，来化解出现的新的金融风险。另外，出于实现宏观目标而制定的统一宏观金融政策作用于不同地区，也可能会引发区域性金融风险，因此在执行中需要将宏观金融政策进行差别化处理。

　　本章以区域金融政策与区域金融风险之间的关系为研究对象，主要从"是什么""为什么"和"怎么做"三部分来研究区域金融政策与区域金融风险问题。第一节解决"是什么"的问题，主要从区域金融政策含义、区域金融政策目标和区域金融政策系统三个方面对区域金融政策所包含的内容进行阐述；第二节和第三节解决"为什么"的问题，即实施区域金融政策的必要性，其中第二节是从理论出发，主要从防范化解区域金融风险的角度论证实施区域金融政策的必要性，第三节是从实践出发，通过研究我国发达地区——温州和发达国家——美国实施金融政策来防控化解风险的成功案例，论证实施区域金融政策的必要性；第四节主要解决"怎么做"的问题，依托实施区域金融政策必要性的理论分析和对发达地区的经验借鉴，结合我国区域金融风险的具体表现形式、金融风险区域差异性特点以及现行金融政策体系存在的问题提出构建我国区域金融政策的整体思路。

第一节　区域金融政策概述

本章主要是从区域金融政策视角出发来研究区域金融风险问题，因此在第一节当中我们首先需要解决区域金融政策是什么的问题，主要介绍区域金融政策所包含的一般内容。下面我们将具体从区域金融政策含义、区域金融政策目标和区域金融政策系统这三个方面来进行阐述。

一　区域金融政策含义

目前，在学术文献中对区域金融政策含义并没有形成统一的认识，不同的学者往往根据自己所研究的问题从不同的视角对区域金融政策概念加以界定，因而所涉及的范围、所涵盖的内容也有所差别。从本质上来讲，区域金融政策属于政策研究范畴，对于这一含义的理解，我们可以从政策、金融政策、区域金融政策这样一层一层地逐步剥开来加以认识。因此在已有研究基础之上，本节主要从政策与市场机制关系、经济政策与金融政策关系以及金融政策与区域金融政策关系这三个方面一层一层地递进来阐述区域金融政策含义，以便更深入、更全面地理解区域金融政策。

（一）政策与市场机制关系

说到底，不管区域金融政策研究的是什么方面的政策，最终都属于政策研究层面上的问题。实施政策是市场失灵，政府干预市场、弥补市场机制缺陷的体现。从理论上讲，纠正失衡可以通过市场"无形的手"和政府"有形的手"两种途径，第一种方式认为市场的自动调节机制可以纠正任何失衡，但其前提假设过于理想化，现实中不可能存在这样的假设条件。我国是发展中的经济大国，东部、中部和西部地区经济发展水平存在着一定的差距，因此对资金的吸引力也有强有弱。如果政府不干预，经济单纯通过市场机制来运作，那么资金则会从低效率欠发达地区流向高效率发达地区，从而使欠发达地区资本形成不足，投资不足，经济不景气会在投资乘数的作用下加强和放大，由此经济发展会陷入一个向下的恶性螺旋，从而与发达地区经济发展水平的差距会越来越大。因此在市场机制失灵时，有必要借助政府"有形的手"，在不同地区制定和实施不同的金融政策来缩小区域之间的差异，在看似不平衡的金融政策下实现各地区的均衡发展。

（二）经济政策与金融政策关系

将政策对象具体化，金融政策实施的范围是在金融领域。大量的理论和实践都充分证明金融是现代化经济的核心，是一个地区经济发展主要的推动力，金融的核心应当是服务于实体经济。虽然金融业自身的发展也是一个地区经济发展的一部分，但是金融最重要的任务是通过提供资金从而撬动区域经济的发展。因此依据经济与金融之间的关系，在讨论金融政策之前，我们首先来讨论经济政策所涉及的内容。经济政策是指政府为了实现一国宏观经济发展目标、优化资源的空间配置、调整经济结构和经济布局，以便更好地参与全球经济的分工与合作，实现经济健康、持续、稳定增长而制定的一整套政策体系。实际上，经济政策是一个政策集合，实现国家宏观经济发展需要多种经济政策共同配合实施，它是由金融政策、投资政策、产业政策、贸易政策等一系列经济政策组成的，可见金融政策只是经济政策其中的一个子集。在金融政策的引导下，资金流向该区域，通过提高储蓄率以及储蓄—投资转化率来撬动该地区经济的发展。

（三）金融政策与区域金融政策关系

将金融政策实施范围加以限制，区域金融政策只不过是在某个特定地区实施的金融政策。从字面上来看，区域金融政策包含两部分，实施金融政策是主体部分，而区域则是从范围上对实施金融政策加以限制。因此要想更深刻地理解区域金融政策含义，首先需要了解整个金融政策体系，弄清楚金融政策含义。提到金融政策，往往是指政府、中央银行和相关金融机构针对全国经济发展情况所提出的统一金融政策，它是从宏观层面上加以界定的。金融政策含义有狭义和广义之分，其中狭义金融政策包括货币政策、利率政策和汇率政策，而广义金融政策包括国家为促进金融产业发展、经济结构优化升级所采取的一系列制度和政策安排。那么套用金融政策的说法，区域金融政策即是在某一特定区域内所实行的一系列金融政策，它以国家所实施的宏观金融政策方向为导向，以各个区域为调整对象，从实际出发，根据各个区域发展情况制定不同的金融政策，是从中观层面上来进行界定的。实质上，区域金融政策就是宏观金融政策在不同区域实施的具体表现，根据宏观金融政策想要达成的总体目标和该地区自身的发展特点和比较优势，量体裁衣，制定出适合该地区经济发展的区域金融政策。

二 区域金融政策目标

政策目标分为直接目标和最终目标。每个地区处在不同的发展阶段，面临的问题有所差别，因此预期实现的直接目标往往不同。但是不管直接目标是什么，都是服务于最终目标的实现。在谈到实施区域金融政策所要实现的最终目标问题上，我们可以从区域金融政策内涵上来加以思考。实施区域金融政策主要是来纠正依靠市场机制在配置金融资源方面的不足，所以政策效果首先体现在对金融产业自身的影响上。在金融政策的引导下，金融资源会打破原来依靠市场机制的约束，由发达地区流向欠发达地区，从而促进该地区金融产业的发展。仅仅促进金融产业本身的发展不是政策实施的最终目的，回归到金融的初衷上去，金融最重要的任务是通过提供资金来撬动该地区经济的发展变化。我们在讨论区域金融政策含义时，就已经谈到了区域经济政策是一个政策集合，金融政策是其中的一个子集，并且要和其他区域政策相互配合，共同来拉动该地区经济实现腾飞，从而缩小与其他地区经济发展的差距。因此，区域金融政策制定层不管出于实现什么目标，不管具体制定什么金融政策，最终都是为实现地区经济、金融平稳发展保驾护航的。下面我们将从两个方面具体来阐述区域金融政策所要实现的目标。

（一）促进区域金融发展

金融是区域金融政策的直接作用对象，实行区域金融政策的首要目标是促进该地区金融产业发展、金融结构不断优化。区域金融政策是统一的宏观金融政策在区域上的延伸，它在不违背宏观金融政策调整大方向的前提下，着眼于区域之间经济发展差异，提供更能吸引金融资源的优惠政策。与欠发达地区相比，发达地区资金回报率高，在没有政策干预的情况下，资金都是向回报率高的地区集聚。而在区域金融政策的引导下，金融资源开始转变流向，逐渐向提供优惠政策的地区集聚。这样伴随着金融资源在该地区不断汇集，金融产业实现了发展，表现为金融资产规模增大，各类金融机构数量增多，金融市场交易规模扩大等，从而使得该地区金融结构不断得到优化，同时多样化的融资渠道导致的竞争使金融在资源的配置效率上持续提高。

（二）调节区域经济结构，缩小区域间发展差距

金融的主要任务是服务于实体经济，因此实施区域金融政策的最终目标是优化该地区经济结构、缩小区域与区域之间经济发展存在的差距，实现各地区之间协调发展。区域金融政策带动一个地区金融产业的发展，从而提高储蓄率、储蓄—投资转化率以

及资本回报率，使该地区的资本形成能力增强。经济增长理论认为不同区域经济增长取决于不同的条件，但是其中一个共性条件是资本的积累。无论是哈罗德—多马模型、纳克斯的贫困恶性循环理论还是索罗模型都揭示了一个规律——资本在促进某个地区经济增长中的重要作用，而金融正是促进资本形成的主要力量。经济发展过程也是经济结构不断优化升级的过程，而产业结构调整则是经济结构调整的主要内容。在产业结构调整阶段，通过区域金融政策的实施，可以纠正市场机制的缺陷，加快资金流向主导产业和优势产业，阻止落后产业的发展，为产业结构转型升级提供匹配的金融推力。伴随着一个地区经济结构的不断升级，区域之间的差距也在逐步缩小，进而推动整个宏观经济持续、健康地发展。

三　区域金融政策系统

政策系统是区域金融政策运行的载体，是政策运行的基础。区域金融政策系统由各种政策行为主体相互作用构成，包括三个子系统，即区域金融政策制定系统、区域金融政策执行系统和区域金融政策评估系统。实质上，区域金融政策系统说的是金融政策目标实现所需要经历的环节，从政策制定前的准备到政策的出台，再到政策的执行和政策执行效果的评估，再到对整个过程的监督和政策的修正，整个过程好似计算机程序，将制定好的区域金融政策输入，经过一系列环节，输出政策结果。每个节点都是环环相扣的，所呈现出的政策效果与每个环节紧密相关，任何一个环节出现问题都会影响最后金融政策目标的实现。下面，我们具体来阐述区域金融政策系统包含的三个子系统。

（一）区域金融政策制定系统

区域金融政策制定系统是指中央和地方相关部门根据该地区实际发展情况，因地制宜制定适宜的金融政策，通常中央银行承担一国金融政策的制定。该系统由两个环节构成，第一是制定政策前的准备环节，它是政策制定的前提和基础。政策制定主体首先要充分地把握该地区的实际发展情况，准确认识该地区的比较优势，有效地发现和确认该地区所出现的问题并深入分析；第二是区域金融政策正式制定环节，在这一环节中政策主体要明确实现的预期目标，根据目标制定出合适的金融政策。区域金融政策制定系统是整个系统成功运作的基础，根据蝴蝶效应，初始输入的内容即使存在着微小的偏差，但在各种因素的共同作用下，经过政策执行系统运作，微小的偏差会被无限地放大，最后呈现的效果会与预期效果大相径庭。

(二) 区域金融政策执行系统

区域金融政策执行系统是整个政策系统的核心部分，它是将制定的区域金融政策转化为行动、不断靠近预期目标的过程。在政策执行过程中，需要借助一定的传导机制和金融政策工具来实现预期目标，其中传导机制主要包括利率传导、汇率传导、资产价格传导等，金融政策工具包括三大货币政策工具、利率政策工具等。但由于区域与区域之间经济发展水平存在一定的差异，不同的政策工具会产生不同的政策效果，不同的政策传导机制起到的传导效果也存在着差异，因此在政策执行过程中，相关主体需要根据地区实际发展情况，选择合适的金融政策工具，来加大金融政策的执行力度。

(三) 区域金融政策评估系统

区域金融政策评估系统是确保整个金融政策系统平稳运行、保障政策执行方向沿着预期目标运行的关键。该系统包括两个方面，一方面是对政策执行结果进行评估，另一方面是对整个金融政策系统每个环节进行监督。金融政策的执行结果最后反映到一国宏观金融经济数据的变化上，对政策执行结果的评估就是通过这些宏观数据来分析是否达到了预期目标。对整个系统的监督本质上是一种金融监管，从开始制定金融政策到执行政策再到最后实现政策效果每个环节都需要进行监管，来防控和化解区域金融政策风险，及时纠正金融政策出现的偏差，确保区域金融政策沿着正确方向传导。

第二节　实施区域金融政策的必要性

本节主要从理论方面解决"为什么"的问题，即通过理论来论证实行区域金融政策的必要性。目前，在国内现有的文献中，学者们主要以经济增长理论、信用理论、金融约束理论以及金融抑制和深化理论为依托来论证实施区域金融政策的必要性，即区域经济实现发展需要配套的区域金融政策提供支持。金融风险管理是实施区域金融政策重要的环节，如果只强调经济发展目标而忽略对金融风险进行管理，那么一旦金融风险集中爆发，之前取得的经济成果将会付诸东流。因此，基于上述原因，本著作从引起区域金融风险的视角出发来研究实施区域金融政策的必要性和从引起金融风险的角度来看待区域金融政策的选择问题。

区域金融政策实施过程涉及政策制定、政策执行、政策结果评估、政策监管和政策调整等环节。本节主要从三个方面来阐述实施区域金融政策的必要性：一是由于不同区域之间金融、经济发展水平存在着一定的差异，那么金融风险产生的类型、出现的时间、传导的强度和速度以及累积的程度等方面必然存在着区域性差异，因此针对不同的区域金融风险需要制定差别化的区域金融政策来加以防范；二是区域金融政策实施效果是政策执行过程中多种因素共同作用的结果，由于经济中各种因素容易发生变化，并且各因素之间的关系复杂，因此区域金融政策效果往往具有不确定性，政策效果的不确定性也会形成区域性金融风险，因此需要及时对现行的区域金融政策进行调整，以化解新出现的金融政策风险；三是一国出于实现统一的宏观预期目标，往往忽略区域性差异，而是参照发达地区来制定统一的宏观金融政策，相同的政策实施在发展水平不同的地区，可能会诱发某地区产生金融风险，因此需要量体裁衣，将宏观金融政策进行差别化处理，与每个地区实际发展情况相匹配。

一 防范化解差别性区域金融风险

实施区域金融政策第一大原因是金融风险存在着区域差异性，需要使用差别化的区域金融政策进行防范才更加有效。下面我们将重点阐述为什么区域经济、金融发展水平存在差异会引起金融风险在发生时间、累积程度等方面存在区域性差异，即区域金融风险差异形成机制。

（一）金融风险区域差异形成机制

区域与区域之间的经济、金融发展水平存在着一定的差异。在经济发展上主要表现为经济总量和增长速度、产业结构、地方政府财政收入结构以及对外开放程度等均有所差别。在金融发展上主要表现为货币化程度、金融与经济相关程度、金融结构、金融机构数量和资产规模、从业人员数量和综合素质、金融市场发育程度以及融资渠道等有所差别。经济、金融差异性的存在使不同区域内的经济活动存在着一定的差异，经济活动的进行需要依靠各种经济行为主体。在区域内，经济行为主体往往涉及四个部门，分别是金融机构部门、企业部门、政府部门以及家庭部门。地区之间经济、金融整体发展水平的差异具体表现为这四个部门往往具有不同的性质特点，从而导致四个部门所参与的经济活动存在区域差异性，而金融风险正是伴随着区域内各种经济活动的进行而产生的，区域性经济活动是金融风险产生的源头。因此，金融风险出现的类型、产生的时间、累积的程度以及向外传导的强度和速度等方面均存在着区域差异性。

目前国内学者关于金融风险区域性差异形成机制的研究更多的是围绕着某个单一区域金融风险差异而展开讨论的，比如只单纯研究银行信贷风险区域差异的形成机制。而从金融风险内容上来讲，金融风险包括利率风险、汇率风险、信贷风险、流动性风险、操作风险等类型，因此下面我们讨论的金融风险范围不再仅仅限制于某单一风险类型，而是综合所有类型的金融风险来展开阐述。下面我们从经济四部门出发具体阐述金融风险区域差异形成的机制。

1. 金融机构部门经济活动区域差异

金融机构部门经济活动区域差异性主要围绕两个方面展开：一方面是不同地区金融机构本身脆弱程度不同。脆弱性是金融行业固有的特点，但不同地区金融机构的脆弱程度存在着差异。相比发达地区，欠发达地区的金融机构资产规模小，从业人员的数量和综合素质、内部控制机制以及在金融风险管理技术上均存在着差距，因而对金融风险的识别、防控、承受和抵御能力均有所不同，这些都会导致不同区域金融风险累积程度、传导速度和爆发时间等存在着差异；另一方面是不同区域内金融机构之间关联程度不同。发达地区的经济活动较为活跃，对资金需求量较大，资金流动较为频繁，因此区域内金融机构之间的联系更为密切。在一定程度上，密切联系可以分散某单一金融机构内部的风险，风险可以由相互联系的金融机构共同承担。但是风险一旦超过金融机构共同承担的能力范围，那么金融机构之间形成的债务链条就会加剧金融风险在区域内的传递。所以关联程度也是导致金融风险存在区域差异的重要因素。

2. 企业部门经济活动区域差异

关于企业部门经济活动区域差异主要从两个方面来阐述：一方面是企业自身化解风险能力大小。不同地区企业数量、发展规模、员工素质、管理风险技术和手段等存在差距，发达地区内的企业有更强的防范化解风险的能力，这使发达地区与欠发达地区金融风险大小不同；另一方面是关于企业性质差异，即不同地区周期性行业和非周期性行业分布结构存在差异，周期性行业是指行业景气度与经济周期相关性较强的行业，比如钢铁、煤炭等，非周期性行业是指那些基本不受经济波动影响的行业，如食品、服装等。周期性行业分布较多的地区往往容易产生信用风险。在经济上行时，企业会增加银行贷款，进行大规模投资增加收益，一旦经济下滑时，会严重影响到企业的收益情况，盈利能力下降，企业的违约可能性增大，这些信贷资金很可能会变为银行的不良资产，形成坏账。由此企业层面诱发的债务风险传递到金融机构层面上，形成违约信贷风险。

3. 政府部门经济活动区域差异

政府部门经济活动区域差异主要体现在地方政府财政收入上。尽管考核地方政府绩效的指标有很多，但GDP增速这个指标一直被各地方政府赋予很高的权重。财政收入是各地方政府进行建设的资金来源，主要包括税收收入和通过举债获得的资金。由于每个地区经济、金融发展的初始条件是不同的，税收收入存在差异，同时各地方政府每年所需要实现的经济目标也有所差异，因此地方政府的举债规模、对债务的承受能力、还款负担等方面均具有区域差异性，进而导致各地方政府债务风险存在着区域差异性，地方政府债务通过地方政府与金融机构之间的资金链传递到金融机构，使金融机构承受的风险大小有所不同。

4. 家庭部门经济活动区域差异

家庭部门经济活动区域差异主要表现为劳动力在区域之间的流动。索罗模型揭示了劳动力是构成一个地区经济增长的关键要素，劳动力也是趋利的，往往向收入水平高、生活质量高的发达地区流动，从而使得越发达的地区经济越发达。而劳动力量与创新有关的知识和技术的载体，其区域流动构筑了先进技术与创新知识向其他地区扩散与传播的通道。不同地区劳动力的分布差异导致了不同地区拥有不同的抵御金融风险的能力和技术，进而使金融风险呈现区域差异[1]。

(二) 制定区域金融政策的必要性

地区间经济、金融发展水平的差异性是区域金融风险差异性形成的前提，差异性的存在影响着区域内金融机构、企业、政府和家庭部门相关的经济活动，而风险因子往往蕴含在这些经济活动当中，经济活动区域差异性使得区域之间金融风险大小不同，金融风险产生的类型、出现的时间、累积的程度、传播的强度和

---

[1] 沈丽、张影、张好圆：《我国金融风险的区域差异及分布动态演进》，《改革》2019年第10期。

速度等方面都存在区域差异性特点。因此，针对每个地区金融风险实际发生情况，量体裁衣，制定出有差别的区域金融政策，能有效地识别和防范区域性金融风险。相反，如果政策制定层不顾区域间金融风险的差异，制定统一的宏观金融风险防范政策，那么则会出现有些地区防卫过当，降低了区域金融资源配置效率，而有些地区防卫不足，在某些领域存在着漏洞。因此从整个宏观角度上来看，实行统一金融政策对金融风险进行管理并没有实现帕累托最优，还存在着改进的空间。关于金融风险区域差异性与区域金融政策制定之间的关系分析可以通过图 6-1 来表示：

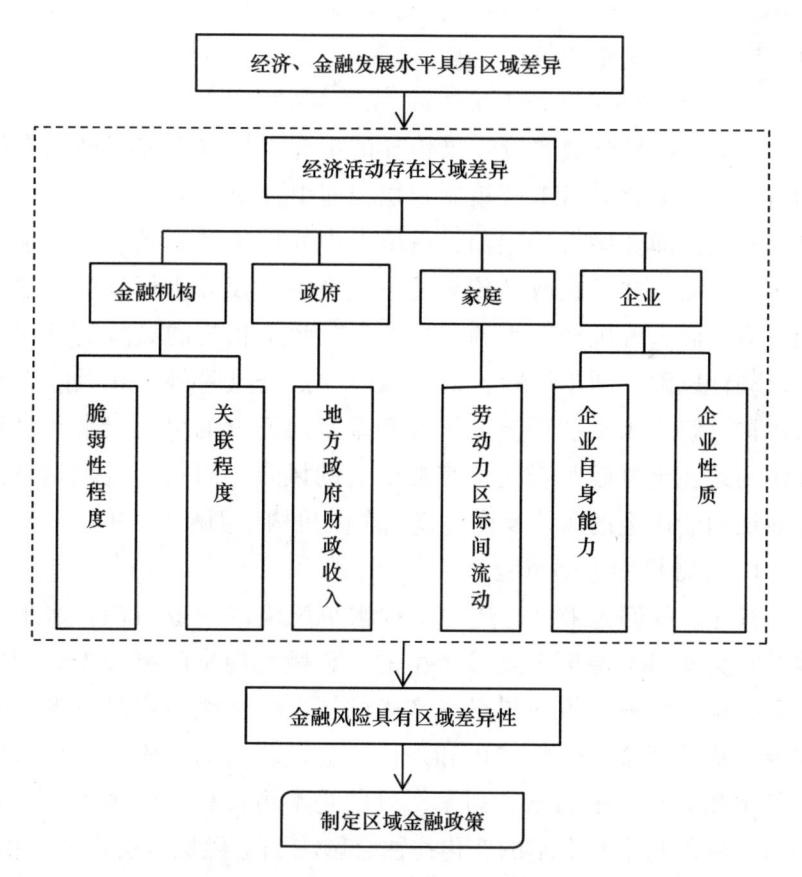

图 6-1 金融风险区域差异形成机制

二 防范化解区域性金融政策风险

区域金融政策执行过程是各种因素共同作用的过程,所达到的政策效果也是各种因素共同作用的结果。在相互作用的过程中,这些因素往往是不稳定的,一直处于变动之中,并且因素之间的关系也极为复杂。因此政策执行过程是一个不确定的过程,政策效果具有不确定性,可能实现预期目标,也可能偏离目标。执行过程中不确定性的存在也容易诱发新的金融风险,需要政策制定者回过头来重新审视现行的区域金融政策,及时对其加以调整来化解新的金融风险。下面我们将具体来讨论金融机构在政策执行过程中金融风险是如何产生的。

(一) 金融政策风险产生机制

金融机构是金融政策效果传导的中介,是政策传导最先作用的对象。政策效果沿着政策制定层,即中央银行等相关机构传递到中间层,即金融机构层面,最后由中间层传递到基础层,也就是企业层面,并且在政策传导的过程当中,政策执行效果被逐层地放大。而金融机构产生的与实施金融政策相关的风险类型主要有流动性风险、利率风险、汇率风险、信贷风险等,其风险大小可以被分解为水平层面上的风险和垂直层面上的风险。水平风险表示的是在金融政策作用下直接引起的风险,而垂直风险则是由企业层面所产生的风险反向传递到金融机构层面上形成的。

1. 金融机构水平风险

首先,我们先来讨论金融机构水平风险的形成机制。水平风险是在金融机构层面上直接产生的,金融机构是政策最先作用的对象,也是金融政策效果最先产生的层次。金融机构经营的产品主要是货币资金,包括本币和外币。金融政策的实施往往会影响到利率和汇率水平高低,利率衡量的是本币价格,汇率衡量的是外币价格,利率和汇率的变化往往会影响到金融机构资产的价值,因而金融资产的收益率面临不确定性。另外,政策的实施也会影响到金融机构的流动性,例如紧缩的政策往往会增加金融机构获取资金的成本，会使金融机构面临着不同程度上的资金短缺问题。以上这些地方容易形成金融风险因子，在政策执行过程中，这些风险因子可能会不断聚合形成风险源，也可能被控制在合理的范围内。

2. 金融机构垂直风险

再来谈谈金融机构垂直风险的形成机制。垂直风险是从企业层面反向传递到金融机构层面形成的，政策在金融机构层面上产生的效果会向下传递到企业层面，引起企业资金流变化。在宽松的政策环境下，金融机构向外释放更多的流动性，企业更容易从金融机构获得信贷资金，用于大规模投资增加收益。而在紧缩的环境下，金融机构会缩紧银根，企业获取资金的成本会增加，影响到企业参与流通的资金量和资本结构，最终会引起企业的经营情况发生改变。单一企业经营情况的变化通过产业供应链向上下游企业传递，进而影响到其他企业的经营状况。而企业的经营好坏关系到信贷资金能否按期偿还，金融政策在企业层面上产生的不确定效果诱发风险因子的形成，风险因子通过信贷资金链条会反向传递到金融机构层面，形成金融机构的垂直风险。

(二) 调整区域金融政策的必要性

金融机构在执行金融政策时，在自身层面上会产生风险因子；金融政策执行过程中企业自身产生的风险因子也会顺着信贷资金链条传递到金融机构层面上，水平方向和垂直方向共同合成金融机构总的金融风险。在区域金融政策实施过程中，如果两个方向上的风险因子都在控制的范围内，没有聚合形成风险源，那么现行的区域金融政策没有偏离正确的方向，能够实现预期目标。相反，如果任意方向上的风险因子突破可控界限，聚合形成风险源，那么政策制定层则需要对现行的金融政策进行调整，要及时化解新出现的金融风险。如果对政策调整不及时，那么这些风险源在特定环境的刺激下、在各种因素的驱动下很可能引发区域性金融危机，危机的出现会使该区域之前所达到的政策效果付诸东流，也会破坏该区域原来的经济、金融根基。关于金融政策风险引发区域金融政策调整的分析过程如图 6-2 所示：

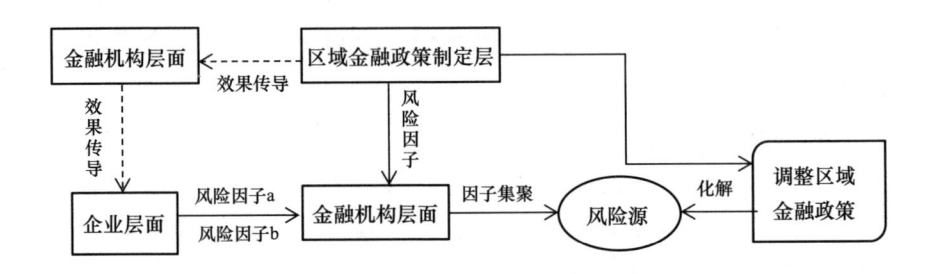

图 6-2 区域金融政策风险产生机制

三 防范化解实施统一宏观金融政策风险

前文已经讨论了引起区域金融风险形成的因素可以归结为宏观因素、中观因素和微观因素，其中实行的统一宏观金融政策则属于宏观因素。本节将进一步分析实施统一宏观金融政策在区域性金融风险形成中的作用。

发达地区的经济在一国经济体系中占据着非常重要的位置，其波动情况反映着一国经济的整体运行情况，因此政策制定层往往更多地去参考发达地区的经济发展情况来制定统一的宏观金融政策。但是由于不同地区经济、金融发展水平存在着差异，对政策的传导力度和速度不同，因此在不同地区产生了不同的政策效应，而这正是宏观金融政策引起的风险源最容易出现的地方。相比欠发达地区，发达地区金融组织体系健全，拥有多样化的金融机构、多样化的金融工具，金融市场发育程度高，企业融资渠道广，面对紧缩的金融政策，运用多元化的融资工具来分散金融风险。而欠发达地区融资工具较为单一、金融市场发育程度低，当发达地区在紧缩政策的作用下，经济从过热状态冷却下来，而欠发达地区却出现了资金短缺问题，无法有效化解紧缩政策带来的影响，从而导致金融风险因子在欠发达地区形成并累积起来。而当面对宽松的金融政策时，由于发达地区开放程度高，资金回报率高，因而发达地区的经济最先被启动，最先走出冷却状态。随着政策逐步放松，发达地区又会出现经济再度趋热问题，引发的通胀风险会进一步向欠发达地区蔓延。

总之，实施统一宏观金融政策给发达地区和欠发达地区带来的影响是不同的，由单一金融政策引起的风险因子容易在欠发达地区产生和累积。因此政策制定层在坚持统一宏观政策目标不变的情况下，需要将统一宏观金融政策进行差别化处理，再落实到具体的区域上，真正实现政策与地区金融风险特点相匹配。

第三节 中国发达地区和发达国家区域金融政策的经验借鉴

本节主要从实践角度来论证"为什么"的问题，通过研究我国发达地区和发达国家是如何根据区域风险特征，来制定区域金融政策并针对出现的政策风险调整现行区域金融政策，化解风险源。我国发达地区选择的是浙江的温州，温州的民间借贷金融风险是我国最主要的区域金融风险表现形式，主要研究温州2011年所发生的民间借贷风险和针对风险所实施的配套金融政策；发达国家选择的是美国，主要围绕着自2008年国际金融危机以来，对于金融风险的防控，美联储如何实施金融政策，针对政策实施引起的金融风险又是如何进行政策调整的。

一 温州民间金融风险与金融政策制定

区域金融风险的形成包括三个方面：第一个方面是整个宏观金融风险在某个区域内的具体表现，金融风险落实到具体的地区并结合该地区经济发展呈现出相应的区域性特征；第二个方面是个别或者部分金融机构产生的微观金融风险在区域内进一步蔓延而形成的区域性金融风险；第三个方面是区域内产生的金融风险沿着区域之间的传导机制向其他地区进行扩散而形成的。我国是发展中国家，"二元融资结构"是我国金融结构的典型特征，正规金融机构与民间金融机构一直并存发展，由民间金融引发的金融风险在全国范围内普遍存在，而温州民间金融风险只不过是民间金融风险结合温州当地发展特点的具体表现，在延续民间金融风险主要特点之外，更体现了本身的区域性特点。

温州的民间金融全国有名，历史悠久。尤其是改革开放以后，民间金融伴随着民营企业的兴起而不断发展，数量庞大的民间资本带动温州经济实现增长的同时，也暗藏着金融风险，催生诸多风险隐患，而2011年的温州民间金融风险就是近年来所爆发的一次区域性金融风险，也是我国区域金融风险暴露的一个典型案例。由于温州经济具有较强的早发特征，因此总结温州化解民间金融风险所实施的金融政策可以为我国其他地区在处置民间金融风险上提供一定的经验借鉴。这部分，我们主要围绕着2011年温州民间金融风险产生的背景、风险特点以及相关部门针对风险所实施的金融政策这几个方面来展开讨论。

（一）温州民间金融风险产生背景

温州自古以来做生意观念根深蒂固。民营经济是温州经济一大特点，改革开放后温州涌现出大量个体工商户、家庭工业企业，随着这些小型企业发展规模的扩张，也增加了对资金的需求。而在当时，这些小企业由于在资信、担保等方面存在着劣势，因而很难从正规金融机构进行融资，获得资金的支持，由此温州的民间金融开始迅速发展。根据中国人民银行数据统计，温州民间金融融资规模从1980年4.5亿元增加到1990年50亿元，民间金融规模与银行贷款比值在10年内提高了15个百分点，在2010年底达到了8000亿元。这足以说明民间金融对温州经济发展的重要性。

1. 温州民间金融发展的主要时期

最初温州民间金融的形式只是一对一的互助会，之后伴随着民营企业的迅速成长，开始出现了新的民间借贷形式。

从1984年开始，温州出现了大量的地方性金融机构"两社一会"。"两社一会"是对当时温州地区出现的"城市信用社""农村金融服务社"和"农村合作基金会"构成的民间金融机构的简称。这些金融机构大部分是介于正规机构与非正规机构之间的地方性微小民营企业，性质上属于私人企业。它们广泛分布于温州市各大乡镇，在一定程度上满足了当时民营企业的资金需求。但随着政府对国有企业的改革和对民间金融机构的整顿，再加上受到1997年亚洲金融危机的影响，企业"逃废债"风波出现，危及金融机构的信用。之后，当地政府对"两社一会"进行改革，除了部分机构合并到温州市商业银行、农村信用社以外，其余的民间机构全部关闭。至2001年"两社一会"已全部退出市场，但是民间金融在温州仍然存在，依旧很活跃，只是存在的形式发生了变化而已。

2. 温州企业"跑路"风波

2011年温州发生的企业"跑路"风波既与整个国内和国际宏观环境变化有关，也与温州民间金融自身发展特点有关。为了应对2008年金融危机，国家出台了4万亿元投资计划来刺激经济，极度宽松的政策导致金融机构过度授信、多头授信，民营企业的贷款量不断攀升。之后随着国内通货膨胀率的不断上涨，为了抑制通胀、稳定物价，央行又开始缩紧银根，回收流动性。这样导致很多正规金融机构抽贷或者不再续贷，于是温州越来越多的民营企业开始转向民间金融来进行融资，资金的供给关系推动着民间借贷利率不断攀升，资金成本的提高使得很多民营企业的利润越来越薄，最终在2011年，随着资金链和担保链的断裂，引发了很多企业老板"跑路"，金融机构不良信贷资产出现反弹，温州民间金融风险集中暴露出来。

（二）温州金融风险特点和实施的金融政策

2011年温州发生的金融风波暴露出民间金融暗藏着巨大的金融风险，也为我国区域金融风险的防范敲响了警钟。不过这次与之前发生的金融风险不同，这次风险既存在于正规金融机构也存在于非正规金融机构中，具有隐蔽性强、持续时间长、暴露规模大、涉及范围广、处置难度大等特点。它不仅对温州的经济产生影响，同时也破坏了温州的信用体系，破坏了民营企业与金融机构之间的信任。

面对温州出现的民间金融风险，国务院成立工作小组并责令相关部门迅速制定出金融政策来处置风险。出台的政策主要包括以下几个方面：一是建立风险处置调节机制，为陷入危机的企业注入流动性。针对此次企业恶意转移资产、出现"跑路"等现象，温州市政府迅速成立了不良贷款处置小组和帮扶工作小组。运用担保置换、外部收购、资产重组等风险化解方法来处置不良贷款，有效解决债务涉及范围广、处置难等问题；成立应急转贷专项基金，给处于困境的企业注入流动性。二是完善征信体系，重构民营企业与金融机构之间的信任。温州政府成立了征信中心，建立了企业信用评级信息数据库，以降低金融机构对企业的信息不对称和收集信息的成本，增强防范风险的能力；此外，开展打击恶意转移资产、"逃废债"专项行动，对银行随意抽贷行为给予批评和惩罚。三是放宽民间融资机构准入标准，发展新兴融资渠道。允许民间资本进入银行业，放宽进入门槛，简化审批流程，缓解民营企业融资困难问题；同时发展新兴融资渠道，拓宽民间资本进入民营企业渠道，降低融资成本，为民营企业的发展提供更加便捷的融资渠道。四是推动民间金融阳光化、规范化。设立民间借贷服务中心，它是一个登记借贷双方信息的平台，通过设立有助于民间金融信息透明，有利于政府监管机构的监管，同时也有助于解决借贷双方之间的纠纷案件。

二　美国次贷危机与金融政策调整

美国拥有非常发达的经济、金融体系。但 2008 年的次贷危机使美国的实体经济、金融组织体系遭受到了沉重的打击，同时也暴露出美国在次贷危机前实行的金融政策的弊端。我国作为发展中国家，金融市场体系正在不断地完善。

2008 年次贷危机后美国制定的金融政策以及对政策的调整逻辑和思路，可以作为我国防控金融风险的借鉴经验。虽然我国与美国的国情不同，经济、金融发展水平不同，但在实施政策的逻辑和思路、对金融风险的防控、处置方法等方面有相通之处，可为我国以后在防控金融风险问题上提供经验借鉴。下面我们主要阐述美国在危机前后金融政策的实施情况。

(一) 次贷危机前金融政策实施情况分析

2001年的资产价格泡沫破灭给美国的实体经济带来了一定的冲击，为了刺激经济复苏，美联储开始实施宽松的货币政策，降低联邦基准利率。在宽松的政策环境下，在长期低利率政策的刺激下，被释放出来的资金更多地流向了美国的房地产行业，进而引起了房地产行业的繁荣。在利益的驱使下，各大银行开始放宽对房贷的放贷标准，为了吸引更多的顾客，银行推出了 ARMs 方式（可调利率抵押贷款），减轻了房贷客户的初期还贷负担，这样宽松的房贷政策使得大量不合格的贷款人进入。同时，银行为了分散金融风险，又将房贷进行证券化处理，将抵押贷款打包出售给其他金融机构，这些金融机构又再次打包进行出售，风险沿着资金链条逐渐地聚集。这样的资金链条能够顺利进行的条件是房地产行业保持繁荣，房价不断上涨，贷款人能偿还银行的本金和利息。在宽松货币政策下，实体经济逐渐回升，而通货膨胀的压力也不断增大。因此，美联储开始多次调高基准利率来遏制经济过热，而政策的变动使得贷款人的借贷成本增加，房价呈断崖式下降，资金链条由此断裂，金融危机爆发。

这次危机暴露出美国金融政策体系存在问题，货币政策、产业政策、监管政策等之间没有实现有效地配合。正如我们在金融政策体系中谈到的那样，政策的实施过程中需要对每个环节进行监督管理以防金融风险集聚形成危机。而在危机之前，美联储一直采取的是放松的监管政策，次贷危机的爆发很明显地暴露了美国各监管机构监管不力，对风险源存在的地方——银行向大量不具备贷款资格的贷款人提供了住房抵押贷款——未能有效识别和防控。

(二) 次贷危机后金融政策的实施情况分析

次贷危机后，针对金融风险的防控，美国对金融政策的调整分为两个阶段：第一阶段是从 2010 年到 2018 年，以 DFA（华尔街改革与消费者保护法案）为核心的政策实施阶段；第二阶段是从 2018 年 5 月至今，以 EGRRCPA（经济增长、监管放松和消费者保护法案）为核心的政策实施阶段，是对 DFA 多项政策措施进行了调整。DFA 是在次贷危机爆发下制定的自"大萧条"以来最为严格的金融政策，主要从防范系统性金融风险和保护金融消费者两个方面展开。EGRRCPA 是根据被监管机构资产规模、复杂性、风险大小和对系统重要性等方面的差异对 DFA 进行的温和调整。EGRRCPA 对 DFA 的修改体现了美联储对 DFA 政策实施效果的反思和纠正，关于美联储怎么评价 DFA 政策效果，对于政策实施引发的风险又如何进行调整，下面我们将重点来讨论。

1. 美联储对 DFA 政策评价

DFA 政策是在次贷危机发生背景下，在美国金融体系、经济体系遭到严重打击下所实施的防控金融风险的政策，目标是通过改善金融体系的问责制度与透明度来促进金融稳定，防范系统性金融风险，终结"大而不能倒"现象，结束紧急救助以保护纳税人，防止金融业务滥用以保护消费者，并实现其他目标[①]。DFA 金融政策被称为自"大萧条"以来最严格的金融政策，针对银行金融机构，美联储制定了一系列更加严格的监管标准和指标，其中包括资本充足率、资产流动性、杠杆率和风险管理等。并且 DFA 政策采用的是"一刀切"的管理方式，即对不同地区、不同发展水平的金融机构全盘使用同一的约束标准来防控金融风险的发生。虽然 DFA 政策在金融风险防控上起到了非常重要的作用，但是在实施过程中，政策本身固有的特征也逐渐暴露出一些弊端。政策所涉及的内容庞大并且复杂，从政策制定到实际落实进程缓慢，有些约束规则具体操作难度大，可行性不强。关于美联储对 DFA 政策效果的评价是从多方面进行的，在这里我们只从引起金融风险角度出发来阐述美联储对 DFA 政策的评价。

---

① 田彪：《次贷危机后美国金融监管改革研究》，转引自多德 – 弗兰克《华尔街改革与消费者保护法案》，董裕平等译，中国金融出版社 2010 年版。

一方面，实施统一宏观金融政策本身会产生风险源。长期以来，美国主要是通过金融政策来防控银行业风险，此次金融危机也是从银行业中发生的，因此 DFA 主要用来约束银行业经营行为。而美国属于联邦银行和州银行并存的双重银行体系，联邦银行一般资产规模大，分支机构多，分布广泛，监管较为严格。而州银行资产规模较小，分支机构少且分布范围较小，监管较宽松。美国的每个州拥有的联邦银行和州银行数量是不同的，因此美国不同州之间银行业的发展水平是存在着一定差距的。美联储为防控金融风险，采用"一刀切"方式，不考虑不同地区不同金融机构的资产规模、风险大小、对金融系统的重要程度等方面的差距，而是对所有金融机构全部适用同一约束标准，而不同的金融机构对政策执行程度不同，金融风险源累积程度也不同。另一方面，政策执行过程本身就是一个不确定的过程，由于 DFA 政策涵盖的内容庞大复杂，约束条件多，因此在政策具体落实到每个金融机构过程当中，政策的复杂性很容易引起金融机构在操作上的失误，导致金融风险产生。

2. 美联储对 DFA 政策的调整

针对 DFA 政策弊端，着眼于金融危机以来的趋势，美联储开始对 DFA 进行调整。从 2018 年 4 月开始，美联储发布的许多规定都涉及对现有规定的进一步调整和 EGRRCPA 条款的实施。一方面，为了避免"一刀切"诱发产生的金融风险源，美联储开始对不同金融机构的约束条件进行调整，实行差别化金融政策，将金融机构分类细化，根据金融机构的规模、复杂性、风险和系统重要性等方面进行调整，对于发展水平不同的金融机构使用不同的标准来进行约束。对于资产规模大（2500 亿美元）、对金融系统重要的金融机构，约束条件没有改变，监管标准没有降低，原来 DFA 政策的要求依然适用，包括非常严格的沃尔克规则。而对于规模较小的金融机构则放松了约束。相对于规模大的金融机构，这些小型金融机构在日常经营中参与的投机活动较少，风险敞口小，它们的破产对于整个金融体系的影响有限，不应该施加过重的政策监管强度。因此美联储降低之前 DFA 政策中设置的监管标准，削减一些相对严格的约束规则；另一方面，过于复杂的法规带来的混乱和不必要的合规负担，并不能推进建立一个安全、健康、高效的金融体系。针对 DFA 政策内容庞大复杂、操作难度大等弊端，美联储调整 DFA 中的制度设计，致力于让当前的政策环境变得更加简单、高效，在不增加不必要的复杂性的情况下制定规章制度和监管框架，并以清晰简洁的方式加以表述。

从 DFA 到 EGRRCPA 反映的是美联储对现行金融政策的反思。此次实施的金融政策是量身定做的，新的政策框架与金融机构对美国金融体系构成的风险更加匹配。对最具系统重要性的金融机构实施最严格的标准，将重点放在规模最大、最具系统重要性的金融机构上，这些标准将使适用于大型银行机构的监管要求与其风险状况更加紧密地结合起来，同时保持金融体系的弹性；减轻规模较小、不太复杂的金融机构的负担，在不损害机构安全和稳健的前提下降低合规成本。

三 经验借鉴

温州化解地区性金融风险的经验以及美国在次贷危机后对于金融风险的防控都为我们研究区域金融政策提供了素材。我国内部不同地区之间经济、金融发展水平存在着差距，某个地区所实施的金融政策不可能适用于其他所有地区，但是不管每个地区金融风险源存在于什么地方，也不管风险传播速度如何、累积程度存在多大的差异，实施金融政策控制风险的原理和机制是相通的。我们在构建区域金融风险防控政策体系时可以借鉴以上案例中的政策逻辑，突出金融政策的区域性特点。

第四节 构建中国区域金融政策的思路

本节我们主要解决"怎么做"的问题。这一节是本章的核心部分，依托第二节实施区域金融政策必要性的理论分析和第三节对我国发达地区和发达国家经验借鉴的实例分析，并结合我国区域金融风险具体表现形式、金融风险区域差异性特点以及我国目前金融政策体系存在的问题，提出构建我国区域金融政策的整体思路。

在本章第二节中，我们已经从金融风险的角度讨论了实施区域金融政策的必要性。在第三节中，通过分析我国温州地区民间金融风险以及美国次贷危机两个案例，已经了解了在防控金融风险上可以采取的具体措施以及政策实施背后的逻辑。这一节我们要完成我国区域金融政策体系的构建，包括政策设计的逻辑思考和金融政策具体制度设计。但是在构建政策体系之前，首先必须清楚我国金融风险区域差异性特点以及现行金融政策体系存在什么问题，什么地区存在改进的空间，什么地方政策还需要进行调整。只有在清楚地把握我国区域金融风险主要的表现形式、金融风险区域性差异特点以及我国现行政策存在问题的基础上阐述构建政策思路才更加有针对性，所实施的金融政策在防控化解风险上才更加有效。

一　中国区域金融风险主要表现形式及区域差异性分析

根据经济发展水平，可将我国分为东部、中部和西部地区。近年来国内部分学者通过模型测度了我国东部、中部和西部地区金融风险大小及波动情况，实证表明我国金融风险存在显著的区域性差异。当前我国区域金融风险形式主要表现为产业结构调整风险、地方政府债务风险、金融机构经营风险以及新型金融业态催生的诸多风险隐患等。而在我国不同地区，这些金融风险的分布情况不同，每种类型的风险大小也不相同。下面，我们将通过当前我国区域金融风险主要表现形式来分析我国金融风险的区域差异性特点。

一是部分行业下行压力大引发的信贷违约风险。20世纪90年代我国进入工业化中期，大力发展重工业。在产业政策的驱动下，我国很多产业如钢铁、煤炭、水泥、制造业等均得到了快速发展。而这些产业本身发展粗放，资源产出效率低下，产品质量较差，附加值较低，随着一轮又一轮的投资，最终导致产业的生产能力超过市场的有效需求，供过于求从而出现产能过剩。这种情况的存在导致很多产品卖不出去，很多相关企业处于停产或者半停产状态，经营困难，效益出现了明显的下滑，企业偿债能力下降，从而造成了银行的不良贷款率上升。而我国不同地区的产业结构是不同的，主导产业存在着差异，淘汰落后产能对每个地区的影响也是不同的，因此部分行业下行压力大引发的信贷违约风险也具有区域差异性特点，那些过剩产能分布比较集中的地区，在去产能过程中更容易发生信贷违约风险。

二是地方政府债务沉重引发的债务偿还风险。在1994年我国实行新的预算法，地方政府的财权与事权相分离。地方政府需要大量资金搞地方建设，追求业绩，推进城镇化和城市现代化发展。尤其是在2008年为了应对金融危机，为防止经济下滑，国家出台了4万亿元投资计划来刺激经济。而各地方政府收入来源单一，税收渠道狭窄，因此各地方政府纷纷组建地方融资平台，借取大量债务来完成规定的经济计划。一旦地方政府债务偿还负担过重并且超过可控范围，则可能引发严重的地方政府债务危机。而在我国，不同地区的经济基础不同，地方政府完成经济计划的负担不同，借债规模以及偿还负担也不同，因而由地方政府债务引发的偿债风险也存在区域差异性。

三是金融机构之间激烈竞争引发的经营性风险。在我国金融体系中，相比其他金融机构，银行占据着举足轻重的地位，因而银行之间的竞争引发的金融风险往往受到越来越多的人的关注。近年来随着我国利率市场化进程的推进，银行业之间的竞争程度也越来越激烈。银行也是企业，必然追求利润最大化。于是很多大型银行开始持续开展综合性业务，以传统的借贷业务作为主线，同时积极开拓信托、保险、资产管理、委托贷款以及金融衍生品交易等其他高风险业务。再加上目前有些机构缺乏有效的内部控制制度，内控监督制衡机制不健全，导致更多的资金流向高风险高收益领域，从而很可能诱发银行业产生经营性风险。在我国，由于不同地区银行的资产规模、数量、从事的业务种类、对金融体系的重要程度等方面均存在着差异，因此银行之间的竞争程度也不同，因而由银行业之间激烈竞争引发的经营性风险也具有明显的区域差异性。

四是"影子银行"逃避监管引发的支付风险。20世纪60—70年代随着金融行业的发展，"影子银行"作为一种区别于正规金融机构，不受监管机构的严格监管、经济活动开展相对独立的金融机构开始出现并迅速发展。在美国，"影子银行"运作机制的核心是资产证券化，即将资产打包成证券卖给机构投资者，机构投资者再卖给其他投资者的一系列不断进行的过程。"影子银行"开展金融活动所涉及的金融产品本身具有较大的杠杆率，再加上缺乏必要的监管，一旦资金链条某一环节出现问题，最终会造成很多"影子银行"无法支付本金和利息，引发支付风险。由于我国资产证券化和金融衍生产品发展缓慢，因此在我国"影子银行"大体分为两类：一类是正规金融机构从事的不受监管部门监管的证券化活动；另一类是非正规的民间金融公司从事的一些放贷收益活动，比如小额贷款公司、担保公司、信托公司等一些业务。由于"影子银行"业务游离于监管体系之外，一旦资金链条断裂往往会引发支付风险。在我国不同地区"影子银行"的发展情况不同，因而由"影子银行"所引发的金融风险也具有区域差异性特点。

五是互联网金融监管不到位引发的金融诈骗风险。近年来伴随着我国金融改革深化和互联网、大数据、云计算等技术的发展，以P2P为代表的互联网金融成为一种新兴金融营运模式。在我国，互联网金融运作模式主要包括三种类型：一是作为融资平台，为企业提供资金服务；二是作为中介，微观主体可以通过网络进行支付、转账等交易活动；三是作为渠道，为企业办理各种业务提供服务。互联网金融是金融发展的新模式，是传统金融与互联网技术相结合的产物，它的发展在丰富传统金融业态的同时，也逐渐暴露出很多弊端。它既具备传统银行的共性风险，本身也具备一些新的特殊风险。由于目前我国对互联网金融的监管体系不完善，监管政策更新滞后，监管机制、监管秩序难以跟上金融创新步伐，很多领域监管空白，常常出现非法集资、失联跑路、歇业停业等现象，因而容易引发金融诈骗风险。我国各地区对资金、人才、技术等要素的吸引力存在着差距，互联网金融整体发展水平也存在地区差异，因而由互联网金融监管不到位引发的金融诈骗风险也具有区域差异性。

二 中国区域金融政策体系的构建思路

这部分，在清楚我国区域金融风险的具体表现形式以及存在区域差异性的基础之上，来构建我国区域金融政策体系。政策体系构建主要包括两部分，一是政策设计的整体逻辑思路，二是关于具体的制度设计。下面首先阐述政策制定层实施金融政策的一般流程，之后针对我国目前现行区域金融政策存在的问题提出具体的制度设计。

(一) 区域金融政策设计逻辑

区域金融政策的设计逻辑即为政策制定层实施金融政策的流程。无论是对每个地区经济进行调控还是对金融进行监管，在政策制定之前，相关部门必须准确把握我国不同地区的发展情况，准确把握区域内金融风险源隐藏的位置、金融风险的具体表现形式、金融风险累积的程度等方面；明确政策预期实现目标，明确的目标有助于提高金融政策的实施效率；根据每个地区的实际发展特点和目标，制定配套的区域金融政策；在政策执行过程中，进行实时监控和动态跟踪，根据区域内经济、金融各项指标的实际变化，及时调整政策出现的偏差，及时化解金融风险。

(二) 区域金融政策具体制度设计

目前我国区域金融政策体系不完善，有些地方还存在漏洞。中央相关部门在防控化解金融风险上更关注全局性金融风险，即便关注区域性金融风险，也是将重心放在我国东部发达地区，而欠发达地区潜在的金融风险往往被忽视。因此在这一部分中,将针对我国目前区域金融政策体系存在的问题,提出一些具体的措施来完善我国目前现行的区域金融政策体系。

1. 精准实施区域性金融政策

金融风险防控需要实施差别化区域金融管理政策,对不同地区精准施策。我国的东部、中部和西部地区经济基础、金融基础不一样,东部地区最发达,经济波动情况往往反映宏观经济的运行情况,因此中央银行经常参考东部地区的运行情况来制定金融政策。为了减少因实行统一宏观金融政策所引起的金融风险,需要实行配套的区域金融管理政策来防范和治理。中央相关部门要根据我国各地区的地理条件、经济增长情况、产业结构、金融业发展以及区域金融风险表现形式等方面,在保持宏观总体目标不变的前提下,将统一的宏观金融政策进行差别化处理,使政策与该地区的发展特点相适应,通过安排差别化的金融政策,充分发挥每个地区的比较优势,逐步减少统一宏观金融政策所引起的区域金融风险的发生。另外,我国各地区金融风险具有显著性差异,金融风险具有不同的表现形式,中央金融监管部门需要加强对区域金融监管的重视,密切跟踪辖区内经济金融形势变化,摸清风险底数,根据每个地区金融风险的特点实施配套的金融监管政策,采取有针对性的措施,才能有效防范和化解区域性金融风险。

防控金融风险不仅要站在中观层面关注我国不同地区之间的差异,更要站在微观层面密切关注我国各地区内部金融机构之间的差异,对不同的金融机构实行不同的金融政策来防控和处置金融风险,根据资产规模、对金融系统的重要性等内容对金融机构实行差别化政策监管。差别化监管政策包括两个方面:系统重要的大型金融机构往往是引起系统性金融风险的主要源头,因此要强化监管,实行更为严格的标准,以减少发生风险时对整个宏观经济的冲击;小型金融机构虽然也是金融风险产生的源头,但是这类机构本身产生的风险对一国的经济体系、金融体系产生的影响较小,因此对小型金融机构进行合理的监管即可,放松监管标准，降低监管成本，提高运行效率。

2. 继续推进区域金融监管组织体系的改革

健全的监管组织体系是金融监管的基础，我国的金融监管组织体系正在不断地进行完善。2017年，我国成立了金融稳定发展委员会，在2018年银监会与保监会合并为银保监会，中国的金融监管体系开始由原来的"一行三会"转变为"一行一委两会"，有助于解决中央各方金融监管机构之间监管协调问题。同时近年来我国也在稳步地推进宏观审慎监管，在2016年央行将原有的差别准备金动态调整和合意贷款管理机制调整为宏观审慎评估（MPA）。在宏观审慎监管推进过程中，监管对象覆盖范围越来越大，考察指标也更加全面，并开始根据对系统重要性程度实施不同的监管政策。但是我国的监管组织体系还不够完善，有些地方还存在问题，还需要继续推进我国金融监管组织体系的改革。

一方面是要统筹我国中央和地方金融监管工作，形成监管合力。区域金融监管部门一般包括中央监管机构在区域内下设的分支机构和各地方相关监管部门。分支机构主要执行中央监管机构下达的总的监管任务，缺乏管理权限，一般没有太多的自由权。地方监管部门主要是金融办公室，规模小、金融专业人才有限，因而造成有些地区金融风险累积、风险发生后不能及时处理的情况。中央分支机构缺乏独立性，地方机构的监管能力有限，中央和地方无法形成监管合力，因此我国需要继续推进中央和地方金融监管统筹工作，增强监管的协调性与一致性。中央监管机构要逐步放宽在各地方下设的分支机构的监管权限，给予更多的灵活性，在坚持统一监管目标的前提下，针对该地区金融风险特点安排配套的监管政策；而地方监管机构相比中央分支机构更加熟悉该地区金融风险的特点，因此地方的金融办公室在监管问题上更要发挥直接作用，增加资金、技术、人员等要素的投入，增加地方监管的配置和权限，提高对区域金融风险的监管能力。

另一方面是要进一步推进重点监管和全面监管的改革措施。

重点监管是识别系统重要性金融机构，对其进行强化监管，防止其产生的金融风险给实体经济造成严重的冲击；全面监管是扩大监管范围，将可能产生金融风险源的地方全覆盖，填补监管空白。目前我国关于重点监管和全面监管的工作已经开始起步，但是有些地方不够完善，还需要进一步改进。首先是关于对系统重要性金融机构的识别和筛选的问题上，分类标准比较简单粗糙，只是将五大商业银行划为全国性系统重要机构，各省最大城商行划为区域性系统重要机构，而其他的金融机构则归为普通金融机构。但实际上，我国的保险机构、证券机构等其他非银行类金融机构，有些也同样具有一定的系统重要性，不仅仅只包括部分银行。因此下一步工作需要进一步细化识别标准，对这些非银行类金融机构进行筛选和强化监管。其次是关于系统重要性金融机构的退出机制，还没有达到完善的地步。我国在2015年开始建立存款保险制度，为金融机构破产退出奠定了基础，有助于化解倒闭破产带来的金融风险。但是存款保险制度的建立只是完善金融机构退出机制的一个方面，目前我国关于金融机构退出机制还没有一套系统性的制度，有些相关法律在处理破产问题上实操性不强，因此在退出机制问题上要完善相关法律制度的安排。还有就是在全面监管问题上，虽然我国目前的监管体系"一行一委两会"有助于解决监管空白问题，但是随着新型金融业态的出现和迅速发展，监管政策跟不上金融创新的发展，往往存在着滞后，只有当这些新型领域发生风险时，监管工作才开始跟进。因此对新型金融业态的监管，要加快建立中央和地方监管机构更加通畅的沟通渠道和及时的反应程序，在新型业态出现时尽快将其纳入监管的范围内，做好风险预警，未雨绸缪，防患于未然。而不是任其累积风险，等到风险溢出时再亡羊补牢，处置风险。

3. 构建完善的区域金融风险预警机制

区域性金融风险预警机制在一定程度上可以有效防范和化解区域金融政策风险的发生，及时纠正和调整金融政策，确保预期目标的实现。区域金融风险预警机制主要是针对该区域内部金融行业运行过程中可能产生的风险进行分析和判断，从而在发生风险时能够提供化解风险的对应方案。本书在"化解区域性金融政策风险"那部分中，已经谈到金融政策通过两个路径对金融机构产生影响，一是政策作用于金融机构所产生的直接影响；二是政策效果通过金融机构传递到企业层面再反作用于金融机构所产生的间接影响。因此要在政策制定层面和金融机构层面之间、企业层面和金融机构层面之间两个地方构建区域金融风险预警机制，目的是能够及时反映风险状况，有利于加强对金融风险的有效管理。风险预警机制应该包含如下几个子系统：区域内相关信息收集系统、信息分析和判断系统、风险跟踪监控系统和风险及时处理系统。风险预警机制的设计流程是这样的，收集通过两个路径传导风险的完整信息，进入分析系统对其进行分析和判断，将分析结果与指标的标准范围进行比较。如果计算结果在标准范围内，分析判断出风险尚未形成，则进入风险跟踪监控系统，对其进行实时监控，这样可以提前预防风险的发生，提高监管效率。如果计算结果超过正常标准范围并且判断出风险已经产生，则进入风险及时处理系统，及时报警，启动风险处理系统之前储备的相应的解决方案，及时化解金融风险，纠正金融政策的偏差，避免风险累积爆发时对经济体系、金融体系造成的冲击。

由于我国不同地区发展情况不同，区域金融风险大小、具体表现形式等方面不同，因此金融风险预警机制具体应用到不同地区时要进行差别化处理。根据每个地区发展的实际情况、金融风险的区域性特点，收集不同的信息，构建不同的指标体系，设置不同的指标权重，指标设置不同的标准范围，储备有差别的风险处理应急方案等，做到构建的风险预警机制与各地区发展特点相匹配。

4. 建立金融风险管理区域合作机制

区域金融风险可以通过区域间的联合监管化解一部分。区域金融风险具有外部传导特点，在国内，区域与区域之间没有天然保护屏障，金融风险可以通过资金链条、担保链条等关系链条向其他地区扩散传递，进而诱发其他地区产生金融风险。区域间经济关系联系得越紧密，风险在区域间传播的速度越快，影响的范围越广泛。

  监管机制的建立需要大量的资金、技术和专业性人才，而在我国不同地区，由于金融监管体系的完善程度不同，因此各地区对区域内产生的金融风险的防控化解能力存在着差异。同时我国当前对区域金融风险传导的整体认识还很缺乏，还没有建立关于金融风险传导的预警机制，缺乏基于区域金融风险传导机制基础上的区域性风险监控、评估和处置机制的建设。因此为了更好地解决风险传递引发的风险问题，不仅要完善每个地区的金融风险监管体系，也需要区域间构建金融风险管理合作机制，加强地区间金融监管协作，拓宽数据采集范围，建立信息共享数据库，可以及时准确获得对方的完整信息，实现区域间信息一体化、透明化，通过区域间相互监管、相互制约、相互协作，形成维护各地区金融稳定发展的合力，强化对每个地区风险源的防控，阻碍风险跨区域、跨行业、跨市场进行交叉传递，防止系统性金融风险爆发。

第七章

区域金融集聚与产业发展中的风险

当前我国经济发展进入新常态，经济增长速度放缓，产业发展进入优化升级的调整阶段。引起区域金融风险形成的因素有很多，本章选择其中一个角度，以区域金融集聚与区域产业发展之间存在的关系为切入点，重点研究在产业结构调整过程中所引发的区域金融风险问题。在当前产业结构调整背景下，金融风险正在逐步形成和暴露，产业结构调整由此引发的区域金融风险，将会是困扰我国经济复苏最大的风险。因此，在当前产业结构调整背景下研究区域金融风险问题具有重要意义。

本章共分为四节内容来对这一问题进行阐述。第一节是本章的理论依据，主要是围绕着区域金融集聚的含义、特征和动因来介绍区域金融集聚理论；第二节是本章所要研究问题的基础，主要厘清区域金融集聚与区域产业发展之间到底是一种什么样的关系；第三节是本章的核心部分，在第一节和第二节的基础上，重点阐述在当前产业结构调整过程中区域金融风险形成的一般机理，并以我国东部地区为研究对象，分析在当前产业结构调整背景下有关区域金融风险问题；最后一节主要针对在产业结构调整下所引发的区域金融风险提出相应的优化对策。

第一节 区域金融集聚理论

区域金融集聚理论是本章的理论依据，是厘清第二节区域金融集聚与区域产业发展之间关系的理论基础。本节主要从区域金融集聚含义、区域金融集聚特征以及区域金融集聚形成原因三个方面来对区域金融集聚理论进行阐述。

一 区域金融集聚含义

区域金融集聚外在表现为金融产业在某一特定地区不断汇集、集中的动态过程或者在该地区所呈现的一种静态结果。在经济学的研究中，学者们最早的关注点在于对制造业等传统产业集聚的研究。"产业集聚"这一概念是由新古典经济学家马歇尔在其著作《经济学原理》中提出来的，并将其定义为劳动、资本等要素在某地区不断集聚、产业不断集中的过程。之后不同学派的经济学家从不同维度出发对产业集聚问题进行深入的研究。其中阿尔弗雷德·韦伯在其著作《工业区位论》中，从企业选择区位的角度出发来研究，他指出集聚会减少企业的运输成本，正是由于微观企业追求集聚所带来的利益，产业集聚现象便出现了。迈克尔·波特在其著作《国家竞争优势》中，从企业竞争角度出发进行研究，他提出了企业竞争优势理论，并用该理论对产业集聚问题进行分析。之后随着金融地理学相关理论的兴起以及金融资源在空间维度上不断集聚的现实表现，不同流派的学者们开始展开对金融集聚问题的研究。

关于区域金融集聚的含义是非常丰富和深刻的，可以从动态和静态两个角度来进行理解。从动态来讲，区域金融集聚是指金融产业在某个特定空间内不断聚合的趋势或过程，在扩张的过程中既是金融产业在经营规模、业务种类等方面量上的增加，也是金融效率不断提高的过程。从静态来讲，是指各种金融资源经过上述动态过程在该区域内所呈现出来的一种集聚状态,是在空间上有序演变的结果,既表现为金融系统内部资源在地域空间上有机组合,也表现出金融产业与人文地理环境、其他产业所达到的一种和谐状态。而这种集聚所呈现的静态状态并不是一蹴而就的,而是经过不同的阶段逐渐演化的结果。以动态视角来看,可以将金融集聚整个过程分为初级前期阶段、初级阶段、中级阶段、高级阶段和终极阶段五个阶段。在前期阶段,各地区经济发展普遍落后,对资金需求小,地区间资金流动性较差,此时金融业分布相对分散;到了初级阶段,一些经济发展较快的地区对周围地区的虹吸效应不断增强,各种金融资源开始向该地区靠拢,金融集聚初步形成;在中级阶段,金融业成为该地区经济发展的动力,金融资源的流动速度加快,金融集聚速度加快;到了高级阶段,当该地区金融集聚达到一种饱和状态时,金融资源加速向周围地区扩散和转移;终极阶段是集聚发展的最高级阶段,反哺效应逐渐缩小地区与地区的差异,最终金融资源在空间上实现了均衡发展。对于区域金融集聚内涵可以用图7-1和图7-2来说明。

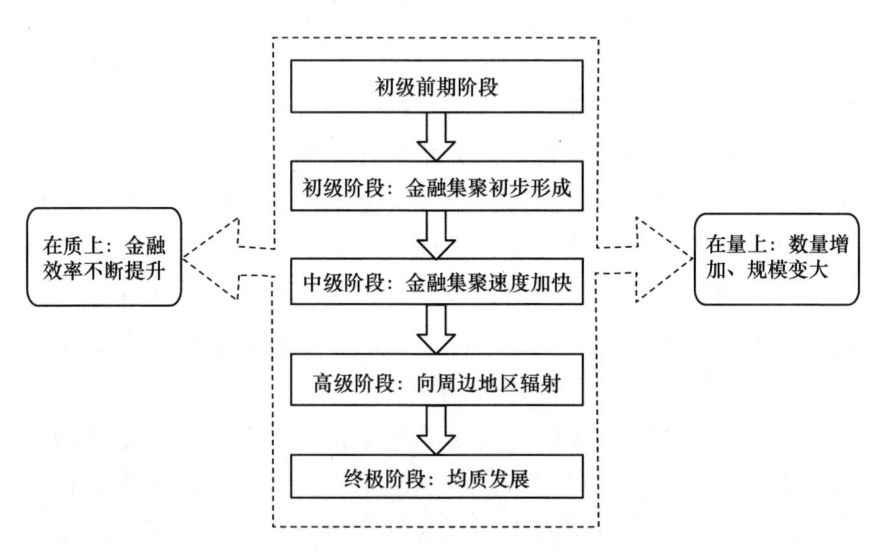

图7-1 区域金融集聚成长过程

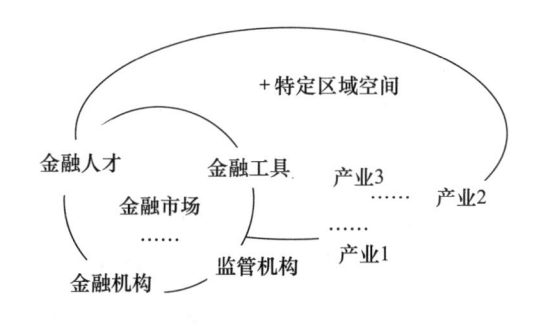

图 7-2 区域金融集聚静态结果

二 区域金融集聚特征

金融业集聚是在一般产业集聚的基础上而产生的,金融产业作为众多产业中的一员,在集聚过程中既具有其他产业的共性特征,同时金融业又是特殊的产业,金融集聚又具有其自身的特点。把握金融集聚的特征有助于更加深入地理解区域金融集聚的内涵。

（一）地域性

区域金融集聚第一大特征——地域性。在对内涵的理解上,区域金融集聚和金融集聚本质上没有区别,金融集聚本身就蕴含着地域性这一特点,金融集聚发生离不开空间这个载体,我们讨论金融集聚问题也是以某个地区为着眼点来进行的,而区域金融集聚只不过是更加突出金融集聚地域性这一特征。

一定的地域空间在吸纳、动员、引导、传输、配置、开发金融资源上具有不同的能力和初始条件,在适宜的地域或空间内,金融资源通过与地域情况相结合参与地域运动凝结成金融产业,进而形成金融集聚,这一过程,归根结底是一种金融空间地域运动规律的实质反映。[①] 由于区域与区域之间自然禀赋存在一定的差异,包括自然资源、地理环境、制度、政策等,从而形成了区域间的梯度差。同时金融产业自身没有达到帕累托最优,存在帕累托改进空间。因此在内外两种作用力下,金融资源在追求效益的

---

① 黄解宇、杨再斌:《金融集聚论——金融中心形成的理论与实践解析》,中国社会科学出版社 2006 年版,第 5 页。

驱使下，顺着梯度差从周边地区不断地向优势区域集聚。

(二) 层次性

由于不同区域存在自然禀赋的差异，对周边地区存在不同强度的吸引力，这会导致金融资源在汇集过程中在流动速度、数量、规模、方向等方面存在差异，随着时间推移，金融资源不断集中，最终导致整个金融集聚出现明显的地区差异性，也就是说不同地区金融业的发展出现了明显的分层现象，具有一定的层次性，这种层次性特征的出现正是因为不同地区非均衡发展引起的。综观全球金融集聚，在相同的时间不同的空间上，有的地区金融集聚所形成的规模较小，发展成为该地区的金融增长极，影响范围有限；有些地区突破该地区限制，金融集聚水平具有了国家影响力，成为一国金融中心；有些地区突破国界，金融集聚规模发展到了具有国际影响力的层面，最终成长为国际金融中心。

(三) 复合性

金融集聚复合性是指金融集聚结果、金融集聚形成动因以及金融集聚与其他产业的关系是复杂多样的。首先，从金融集聚表现结果来看，是金融工具、金融人才、金融信息、金融机构、金融市场、金融监管机构等要素在空间维度上的集合，但是金融集聚并不是这些金融资源在某一地域上的简单组合，毫无联系的堆积，而是在发生集聚的过程中，这些资源相互融合，相互促进，相互联系，最终发展为一个完整的有机整体。其次，关于金融集聚的成因也是复杂多样的，集聚现象的出现不是单一因素所促成的，而是多种力量共同作用的结果。目前对于金融集聚动因还没有形成一个完整的理论体系，历史上许多学者都是在借鉴产业集聚形成动因的基础上对金融集聚动因进行概括，包括产业集群理论、信息不对称理论、内部和外部规模经济理论等。最后，金融集聚是伴随着其他产业集聚而出现的，金融业出现初衷是服务实体经济，因而在集聚过程中，金融产业不是孤立成长的，而是与其他产业产生相互影响，共同成长。

(四) 双向性

金融资源在区域内自由流动包括两个方向：一是不断向区域

内部集中,二是不断向区域外部扩散。在政府等多重主体的推动下,一方面,高端优质的金融资源不断向区域内流动;另一方面,在竞争机制下,区域内落后劣质的金融资源被淘汰出局。大体上金融集聚沿着集聚初步形成—快速集聚—向周边辐射这样一个成长过程,但是并不是说前两个阶段,金融资源只向中心集聚而没有扩散,实际上从集聚现象出现便开始有局部的扩散,只不过前两个阶段的中心区域对周边引力作用大,而在第三个阶段,金融集聚达到饱和,向周围扩散的效应开始增强。

(五)高流动性

金融集聚是在其他产业不断成长的基础上出现的,但和其他产业集聚相比,金融资源在集聚过程中具有更高的流动性,这很大一部分原因是因为成本问题,金融机构无论是进入一个地区的启动成本还是退出成本相对于一般产业来讲较低。同时金融业具有很强的正的外部经济性,金融机构之间可以共享基础设施,从而可以减少投资,降低运营成本。这种较高的集聚的速度尤其在现代信息技术的推动下变得更快。

三 区域金融集聚动因理论基础

关于区域金融集聚动因,即研究什么因素导致集聚现象发生和发展。综观各地区金融集聚的形成,很难用单一经济理论加以解释,同时在集聚发生的不同阶段驱动因素也不一样。也就是说,区域金融集聚是多种因素共同驱使下的结果,有外部因素也有金融产业本身因素。历史上很多学者从不同经济学科角度出发,借鉴经济学上相关理论对区域金融集聚进行解释,这些视角包括产业经济学、区域经济学、金融地理学、制度经济学等。下面将从这些视角出发来对区域金融集聚动因进行简要的阐述。

(一)产业经济学视角

很多学者借鉴产业经济学中的"产业集聚"理论来对金融集聚进行解释。产业集聚是指在产业的发展过程中,企业由于具有利益关系而紧密联系在一起,而后通过专业化的分工,使不同企业各自所拥有的资源得到充分利用，最终使得这一产业链上的企业获得规模经济效应的集聚现象。伴随着产业不断向某个特定区域内汇集，该区域内的整个产业实现了规模经济，而规模经济带来的效应是产业内的企业经营成本降低。在利益的驱使下，会有更多的资源向该区域内靠拢，规模经济反过来又促进了产业集聚的进行。同样的道理，金融业也是产业家族中的一员，在集聚过程中也会实现规模经济，而规模经济效应又会加速金融资源向某一区域内集聚。

（二）区域经济学视角

区域经济学是一门经济学与地理学的交叉学科。学者们通常利用"区位选择"理论对金融集聚进行解释说明。该理论认为不同地域存在差异，金融资源往往会选择有利于自身经营的地域。最初每个地区的自然禀赋不一样，包括地理环境、资源规模、气候等。之后伴随着人类经济活动的产生和发展，地域差异又包括人文环境、制度政策等差异。正是因为不同地域之间存在差异，不是同质化的，拥有有利因素的地域会形成一个强大的磁场，不断吸引周围的金融资源向中心汇集，由此金融集聚便产生了。假设所有的因素都是一样的，所有地区都是同质的，没有差异性，那么区位将失去优势，金融资源也不会对区域进行选择，由此区域金融集聚也不会发生。

（三）金融地理学视角

金融地理学是一门新兴学科，是在地理学、经济学和金融学的基础上发展起来的。金融地理学把地理因素（不仅包括距离、空间因素等自然形成的差异，还包括因地理差异所造成的人文因素的差异）引入对金融的研究中。学者们认为与距离相关的信息成本是造成金融集聚的重要推动力，因此借鉴信息论来解释集聚现象。信息论包括信息不对称理论、信息外部性理论、信息腹地理论和路径依赖理论。其中在信息不对称理论中，信息分为标准信息和非标准信息，标准信息是指在传递过程中没有损失，获取没有成本；非标准信息是指在传递中会发生损失，并且会随着距离的增加而扩大。因此正是因为大量非标准信息的存在，推动金融集聚的出现，金融企业通过集聚，缩短之间的距离，以此来降低成本。当初步形成金融集聚时，该地区变成信息腹地，同时存在信息外部性，大量金融企业不断向该区域聚集，由此形成良性循环，产生路径依赖效应。

（四）制度经济学视角

运用制度经济学中的"交易成本"理论也可以解释金融集聚的发生。交易成本泛指在交易过程中发生的一切成本。金融集聚发生是因为集聚可以降低金融机构、金融市场的交易成本。当企业不断进行横向、纵向并购向外进行扩张时，企业内部的管理费用也会增加，如果通过企业内部进行交易的成本大于通过市场进行交易时，这种并购扩张往往对企业不利。而金融集聚可以解决这种规模扩张导致的交易成本上升的问题。通过金融集聚，整个区域可以形成一个大型的金融企业，同时由于地理位置靠近，可以降低企业与企业之间的交易成本。所以说，成本降低是金融集聚又一大驱动因素。

第二节　区域金融集聚与产业发展

本节主要讨论区域金融集聚与区域产业发展之间存在怎样的关系。为了更深入地揭示二者之间的关系，我们有必要先从产业概念和产业发展过程说起，在了解了基础理论和基本概念之后，更有助于厘清区域金融集聚与产业发展之间到底是一种什么关系。

一　产业概念界定

理解产业含义是研究产业发展过程、区域金融集聚与产业发展之间关系的起点和关键，因此在讨论产业发展以及区域金融集聚与产业发展关系之前，首先需要对产业概念进行界定。而金融产业作为特殊的产业，具有产业的共性特征的同时也具有自身特征，为了更深入地讨论区域金融集聚与产业发展之间存在的关系，有必要将金融产业单独拿出来进行阐述。

（一）产业的一般含义

产业概念是介于微观经济细胞（家庭和企业）与宏观经济单位（国民经济）之间的一个集合概念，在产业经济学中将产业定义为具有某种同一属性企业（如从事同类物质生产或服务）的集合，是国民经济以某一标准划分的部分[①]。产业的内涵是随着社会生产力的发展不断丰富的。在新古典学派及其以前，经济学家们主要研究微观和宏观两个层面，对于产业的内涵也仅仅理解为宏观层面上的"国民经济的各行各业"或者微观层面上的"代表性企业"，直到产业经济学出现才开始深入研究产业问题。关于产业的形成，亚当·斯密在其《国富论》的开篇就谈到了生产力的进步促进了分工，社会微观主体根据各自的比较优势进行专业化生产，当具有共同特征比如生产相同产品或者提供相似服务的企业不断在特定区域内集聚并达到一定规模时，产业便形成了，并且随着生产方式专业化程度的不断深化，产业划分越来越细化，产业与产业之间的差异更加明显，产业家族逐渐壮大。但是产业系统并不是由这些产业简单地线性加总，而是一个相互联系、相互依赖、相互促进的有机体。

（二）金融产业的含义

金融产业是产业大家族中的一员，可以套用产业一般含义来理解金融产业，即金融产业是指经营货币资金，通过提供金融工具和服务来获取利益的金融组织的集合，其中金融组织包括金融机构、金融市场。金融产业和整个产业系统的关系如同哲学上所说的整体与部分关系问题，毫无疑问金融产业是其中一个部分，它和其他产业共同构成了一个完整的有机体。金融产业具有整体的共性特征，和其他普通产业一样，金融产业发展过程也需要投入劳动、资本、技术等生产要素，通过提供产品和服务来创造价

---

① 孙伟祖：《金融产业演进与金融发展——基础理论的构建及延伸》，中国金融出版社2006年版，第118页。

值，实现自身的发展。但是作为特殊的产业，它又具有自己独特的属性，在整个产业系统中起到其他产业无法替代的作用。金融产业与其他普通产业最大的不同在于金融产业的初衷是要服务于其他产业的发展。

二 产业发展过程概述

在理解产业一般含义及金融产业含义的基础上，这部分我们主要来讨论一下产业发展一般过程和金融产业发展过程。

（一）产业发展一般过程

怎么去认识产业发展过程的内涵，产业发展过程又包括几个阶段？我们可以从经济增长过程和经济发展过程之间的辨析来对产业发展过程加以理解。一般来讲，经济增长是从量上去衡量经济体运行情况，常常用 GDP 的增速、GNP 增速等速度指标来反映，而经济发展则是从质的角度去衡量，主要讨论的是经济结构优化升级、经济运行效率等问题。产业发展也要围绕着产业在质上的变化来进行讨论，而产业在质上的变化过程也是产业结构在空间上的演进过程，因此对产业发展过程的讨论就变成了对产业结构演进过程的讨论。但是仅仅关注产业在结构上质的变化是不严谨的，从哲学角度来讲，一个事物能够发生质变，不是一蹴而成的，它是经过时间的累积不断发生量变的结果，没有在数量上的变化，不可能有质上的变化，没有产业在量上的变化，产业也不可能有质上的飞跃，产业结构也不可能优化升级。所以对于产业发展这一概念的理解，单纯只考虑在质上的变化是不合适的，量上的变化也要考虑，只不过说"发展"这一词更偏重于产业在质上的变化。因此为了能够更清晰地理解产业发展的整个过程，在重点阐述产业在质上的变化之前，简单地来讨论一下产业在数量上的变化。

1. 生产能力增强

不同类型的产业在量上的扩张所呈现出来的现象是不同的。有些类型的产业在发展过程中，产业内部微观企业的规模会越来越大，市场份额越来越大，竞争实力越来越强，从而形成了很高的进入门槛，在不断发展的过程中，企业数量不会增加甚至可能会减少；而有些类型的产业在发展过程中，内部企业的数量会越来越多，市场集中度越来越低，难以形成垄断。但是不管什么类型的产业，微观企业数量怎么变化，个体规模怎么变化，在量上都表现为整个产业规模向外扩大，产业整体竞争水平提升，经营效率提高，即随着产业不断发展变化，整体生产能力在不断增强。

2. 产业结构优化升级

产业发展的过程即是产业结构优化升级的过程。何为产业结构，一般来讲，结构是指组成事物的各个部分之间的比例以及相互关系，简单来说，产业结构是指不同产业所构成的比例以及之间的相互关系。产业结构优化升级通常涉及两个方面——产业结构合理化和高级化，产业结构调整的目标是在每个发展阶段实现产业结构的合理化，进而推动整个产业向高级化方向收敛。产业结构高级化与合理化是相辅相成的，合理化是在高级化过程中实现的合理化，高级化的实现也需要每个产业结构调整阶段实现结构的合理化，高级化是每个阶段合理化实现的累积结果，脱离合理化而实现的高级化是一种虚假的高级化。

产业结构高级化是从纵向维度来衡量产业结构的变化，高级化内涵不是一成不变的，而是随技术进步不断丰富的，实现产业结构的高级化是一个长期目标，它是每个发展阶段产业结构调整为合理化的累积结果。所谓产业结构高级化大体上是指产业结构从低层次向高层次逐渐进化的动态过程，是资源配置效率不断提高的过程，在整个演进过程中至少表现为三个方面[①]：一是第一产业在整个产业中的占比逐渐下降，二、三产业占比逐渐上升，最终第三产业在三个产业中的占比最大，成为主导产业；二是最初主要依靠劳动要素的产业会逐渐向依靠资本、技术等要素方向演进，即劳动密集型产业会演变为资本密集型、技术密集型产业；

---

① 支大林、于尚艳：《区域金融理论与实证研究》，转引自刘伟、杨云龙《中国产业经济分析》，中国国际广播出版社1987年版，第28页。

三是产品形态由最初低端产品供给逐渐向中高端产品供给演进，产品附加值逐步由低到高进行转变。当然随着产业的发展，实现产业结构高级化所涵盖的范围会更广泛，所包含的内容会更加深刻。

产业结构合理化是从横向维度来衡量产业结构的变化，实现合理化意味着各个产业组合在一起所产生的经济效益大于每个产业单独运行所产生的效益之和。产业结构合理化包含三个相互联系的内容[①]：从静态方面看，三次产业的比重以及每个产业内部的比例要相互适应，在该发展阶段实现协调发展；从动态方面看，各产业及各产业之间增长与发展的速度要相互协调；各产业部门的联系、变动和流向要符合经济发展过程的一般规律。也就是说，三次产业所达到的静态比例和动态增长速度以及产业之间的要素流动等都要顺应每个阶段经济发展规律，符合产业结构调整、升级目标的要求，即每个阶段产业结构要实现合理化发展。另外，伴随着产业结构高级化的进程，每个阶段主导产业都在变化，每个阶段对主导产业的选择都是不同的，主导产业需要符合特定发展阶段的要求，这也是产业结构实现合理化的表现。

（二）金融产业发展过程

同样地，衡量金融产业发展也是从量和质两个方面来讨论。在量上，改革开放40多年来，中国金融产业不断增强，具体表现为金融业整体规模不断扩大，对经济的贡献度逐渐增加，金融机构数量逐渐增多，尤其是在实行利率市场化改革以后，金融业的竞争程度加强，经营效率提高，同时风险控制能力也在不断增强。在质上，我国金融产业的发展主要体现为金融结构的演进。关于金融结构的内涵，国内外学者有不同的表述，但是在本质上是一样的，目前比较流行的是二分法金融结构理论，即将金融结构分为以银行为主导的融资结构和以市场为主导的融资结构。这部分主要采用二分法理论来讨论金融结构的变化，即用融资结构的变

---

① 宋泓明：《中国产业结构高级化分析》，中国社会科学出版社2004年版，第17页。

化来反映金融产业发展情况。另外本章其他地方所涉及的金融结构问题,都围绕着融资结构转变来进行讨论。

三 区域金融集聚与产业发展之间的关系

这部分主要来讨论区域金融集聚与产业发展之间存在着怎样的逻辑关系。金融产业作为产业家族的成员,和其他普通产业一样。但是金融产业又不同于其他产业,金融产业形成的初衷是服务于其他产业。区域金融集聚与金融产业、其他普通产业发展之间存在什么样的联系是不同的,不能一概而论。因此,在讨论区域金融集聚与产业发展之间的关系时,有必要分别讨论区域金融集聚与金融产业、普通产业发展之间的关系。

(一) 区域金融集聚与金融产业发展

金融资源的时空运动,使金融资源在地域上形成凝聚状态,即产生金融产业,并逐渐形成金融产业梯度位差[1]。关于区域金融集聚过程和金融产业发展之间的关系可以归为哲学中现象和本质问题。在现实中,我们看到的是金融组织在特定地区不断演化发展,这就是所谓的现象。而在金融产业发展过程的背后正是金融资源不断向核心区域汇集、集中,也就是说金融产业演进的本质是区域金融集聚。金融集聚从初级阶段到中级阶段到高级阶段再到终级阶段的发展过程,外在表现为金融产业规模向外扩张、集中度提高、竞争力增强以及金融产业结构不断调整走向高级化、合理化的过程。目前在金融产业发展的研究上,学者们没有对金融集聚和金融产业集聚概念加以区别,而是混合使用,默认二者之间没有区别,表达的是同一层意思,并且很多文献把金融集聚理论作为金融产业发展实证研究的理论依托。金融集聚无论发展到什么阶段,最后形成什么层次的金融中心,其外在表现的金融产业发展情况都是最根本的标志,金融产业在某一地区集聚的过程也是区域金融产业形成、发展的过程。

---

[1] 支大林、于尚艳:《区域金融理论与实证研究》,商务印书馆2008年版,第151页。

在第一节"区域金融集聚理论"研究中,已经提到了区域金融集聚发展阶段:初级前期阶段、初级阶段、中级阶段、高级阶段和终极阶段五个阶段。在初级前期阶段,经济发展非常落后,各地区对资金的需求小,资金在区域之间的流动性差,金融集聚没有开始,作为金融产业的主体——金融组织刚刚出现或初步发展,金融没有以产业形态呈现出来,而是表现为金融组织在各地区零散分布,这一阶段是金融产业孕育阶段。到了初级阶段,随着经济的发展,地区与地区之间形成了梯度差,一些经济发展较快的地区对周围地区的虹吸效应不断增强,金融集聚初步形成。伴随着金融资源在特定地区的不断集聚,金融产业初步形成。这一阶段,金融产业在发展中也出现了局部上的质变,产业结构在调整,但主要发生的是在数量上的扩张,金融产业规模不断向外延扩张,整体经营效率不断提高,生产能力增强。到了中级阶段,由于集聚产生了外部经济效应,在利益的驱使下,金融资源集聚加速,金融产业进入快速发展阶段。在这一阶段,既有在量上的扩张,又有在质上面的改进。加速集聚的结果外在表现为金融产业在规模上达到一个极值,达到了饱和状态,而当量的积累达到一定程度就会引起质的飞跃,金融产业服务于实体经济的效率不断提高,产业结构不断向高级化、合理化方面调整。到了高级阶段,集聚达到了饱和,金融资源开始大规模向周围地区扩散和转移,中心地域与周围差距逐渐缩小,此时中心地区金融产业处于成熟阶段。在这一阶段,经过激烈的内部竞争,创新能力强的金融企业被保留下来,而一些落后的企业被淘汰出局,开始向周围扩散。此时中心地区的金融产业规模达到稳定的状态,主要表现为在质上的调整,金融产业结构不断向高级化、合理化收敛,金融效率不断向帕累托最优点靠近。而周围地区的金融产业开始进入了下一个发展阶段。最后是金融集聚的终极阶段,地域与地域之间的差距将会消失,各地区的金融产业将会实现均衡发展。关于区域金融集聚与金融产业发展过程之间的联系可以通过图 7-3 更直观地表示:

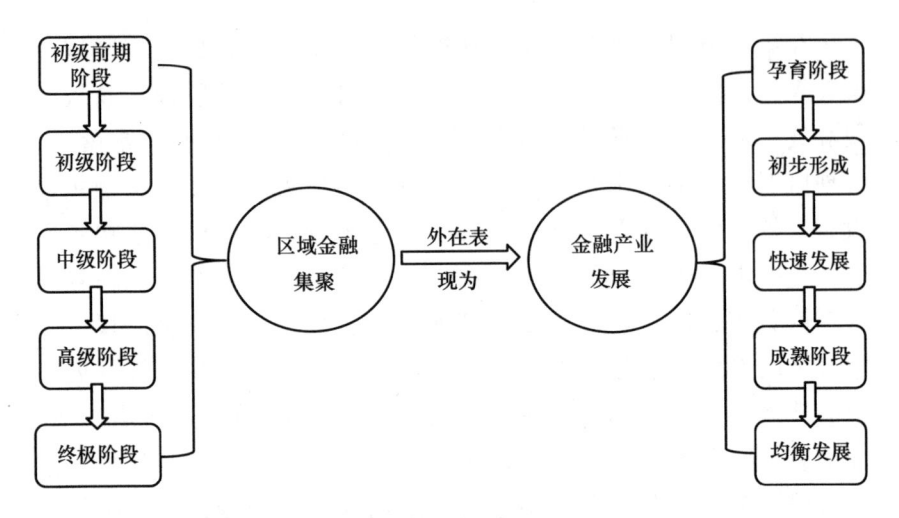

图 7-3　区域金融集聚与金融产业发展关系

(二) 区域金融集聚与产业发展

在讨论区域金融集聚与产业发展之间的关系时，我们可以转换一下逻辑思维，不直接从区域金融集聚切入来研究其与产业发展之间存在着怎样的关系。我们在"区域金融集聚与金融产业发展"这部分已经提到区域金融集聚过程也是某一地区金融产业发展过程，而金融产业发展过程主要是该地区金融结构在空间上的演化过程。产业发展过程是产业结构不断调整，实现高级化、合理化的过程。这样一来，讨论区域金融集聚与产业发展之间的关系也就变成了讨论某一地区金融结构转变与产业结构升级之间的关系。

金融结构转变与产业结构升级之间的影响是相互的。产业结构实现优化升级通过产业结构调整来实现，在产业结构调整政策的引导下，会通过两种途径来改变当前的金融结构即改变资金存量和资金增量。在产业结构调整过程中，之前主导产业会逐渐被淘汰，新的产业被鼓励发展，一方面原来存在于落后产业中的资金会被抽离出来，另一方面新增的资金会改变原来的流向，更多地流向新的产业中，从而改变资金流入不同产业的比例，形成新的金融结构；反过来，资金流向的转变会进一步促进新产业的发展和主导产业的形成,落后产业萎缩变小,从而推动产业结构的调整与升级。可以说在这一过程中,金融结构转变与产业结构升级之间形成了良性循环,互相促进,难以辨别出谁是根因谁是结果。但是本章的重点是研究在区域产业结构调整的过程中所暴露出来的区域金融风险问题,是从产业结构调整和金融结构转变的视角下来看金融风险的形成,因此我们并不关心产业结构升级与金融结构转变二者之间到底存在怎样的关系,这并不是我们讨论的重点,我们关心的是区域产业结构在调整过程中,上一阶段遗留下来的金融问题不能得到及时解决、金融结构不能得到及时调整时所暴露出来的区域金融风险问题。回归到金融产业的功能上去,金融产业是特殊的产业,特殊之处在于金融产业从形成之日起就承担着艰巨的任务,而不是像其他产业一样只是单纯地实现自身价值,这个特殊的任务从宏观层面上来看是金融服务于实体经济,在中观层面上表现为金融产业服务于其他产业,在微观层面上表现为通过银行、金融市场为实体企业提供资金的问题。产业结构合理化要求在每个发展阶段,产业之间要达到一个合理的比例以满足该阶段的发展要求,这也就要求金融产业要与其他产业之间达到一个最合理的比例,换句话来讲就是要求在每个发展阶段,金融结构都要与其他产业结构相匹配。

林毅夫等人在《产业结构、风险特征与最优金融结构》一文中研究发现,当产业所使用的技术和提供的产品较为成熟时,资金回报较稳健,蕴含的风险相对较低,银行是更加有效的融资渠道;而在技术前沿的产业中,创新和研发是企业发展的关键,技术风险和市场风险都较高,金融市场能够提供更加有力的支持。随着经济发展,产业结构不断升级,金融结构也必将随产业结构的变化而变迁,并且产业结构越高级,对金融结构的要求也越高[1]。综观世界各国发展过程,有个明显的事实是发达国家的金融结构属于市场主导型,而发展中国家形成了以银行为主导的融资

---

[1] 龚强、张一林、林毅夫:《产业结构、风险特征与最优金融结构》,《经济研究》2014年第4期。

结构。形成什么层次的金融结构不是随意偶然的，而是符合一国产业发展规律的，是由一国所处的产业发展阶段决定的。发展中国家往往处于产业发展的较低阶段，其支柱产业往往承接的是发达国家已经发展成熟的产业，该产业所生产的产品、所采用的技术在转移到发展中国家时已经成熟，蕴含的风险较小。风险小，一方面企业融资成本低，另一方面银行更青睐于向风险较低的产业贷款，同时在产业发展初期，各种金融市场发展条件还不具备，因此在这个发展阶段以银行为主导的融资结构对资源配置更加有效。而发达国家主要是发展技术密集型产业，需要大量的研发资金，不确定性也非常大。如果在这个阶段仍然依靠银行来进行融资，一方面风险增加，银行的贷款利率提高，导致企业的融资成本增加；而另一方面由于在整个研发过程中存在大量的不确定性，银行可能在投资过程中断贷、抽贷，从而不利于产业结构优化升级。因此在这个阶段银行主导的融资结构是没有效率的。而随着产业的发展以及金融市场各方面的不断完善，金融市场的投资者为企业研发提供资金支持，与企业共同承担风险。因此，在这个阶段，以市场为主导的融资结构更加有效率。

  总之，每个发展阶段金融结构都要与产业结构相匹配，才能实现该阶段的合理化。一个国家经济发展是要经历不同的发展阶段，在每个阶段都需要形成最优的产业结构与金融结构，选择合适的主导产业来带动该阶段经济的增长。随着该阶段经济增长达到饱和，依靠旧的产业结构不能走出制约经济增长的瓶颈，需要进行产业结构调整来形成下一个发展阶段与之相匹配的产业结构，这也就要求在每个阶段产业结构进行调整的同时，金融结构要及时进行调整，跟上产业结构调整的步伐。相反如果金融结构不能及时得到调节，其调整速度慢于产业结构调整速度，就会影响新阶段主导产业的形成。另外，新一轮的产业结构调整是在上一轮的基础上进行的，如果调整速度过快、调整范围过大，上一阶段遗留下来的金融问题就不能被充分解决，这样伴随区域产业结构升级会形成区域金融风险，稍有不慎，该区域所暴露出来的金融风险会进一步向其他地区蔓延，从而形成整个宏观经济层面上的金融风险。关于在区域产业结构调整过程中如何产生金融风险问题，正是我们在下一节中主要探讨的内容。

第三节　中国区域金融集聚与产业发展中的风险分析

本节是这一章的核心内容，在上一节厘清区域金融集聚与产业发展之间关系，即区域金融结构与产业结构关系的基础上，重点来讨论我国在区域产业结构升级与金融结构转变过程中所暴露出来的区域金融风险问题。在这一节中，选择我国东部地区作为区域金融风险的研究对象，着重分析在当前产业结构调整下所形成的区域金融风险问题。不过在重点分析之前，我们首先来介绍中国产业结构和金融结构整体发展情况以及在当前产业结构调整过程中区域金融风险形成的一般机理，以便能够更好地把握我国当前产业结构调整形势，更清楚地阐述东部地区金融风险问题。

一　中国的产业结构

这部分我们主要从产业结构升级一般规律、我国产业结构变迁历程以及当前我国产业结构存在的问题来进行阐述。

（一）产业结构升级的一般规律

产业结构实现合理化和高级化是产业结构在每个发展阶段不断优化升级的结果。产业结构优化升级过程是一个有规律、有顺序的调整过程，不可能一蹴而就，一下子从前期工业阶段跳跃到后工业化阶段。上一个阶段的发展情况是进入下一个发展阶段的基础，如果没有经过上一个阶段或者上一个阶段的基础不牢固，那么即使表面上进入新的发展阶段，实际上没有达到新的阶段发展所需要的前提条件。纵观世界各国产业演变过程，大体上产业结构升级的过程可以分为五个阶段。

第一阶段是前期工业化阶段，该阶段是"一、二、三"产业结构。在这个阶段主导产业是第一产业——农业，而第二和第三产业发展缓慢，在国民经济中的占比很低，经济的发展主要依靠农业来拉动，而农业的发展主要依靠自然资源的投入。第二阶段是工业化初期阶段，产业结构开始由"一、二、三"过渡到"二、一、三"结构。在这一阶段，第二产业——工业中的轻工业开始迅速发展并首次超过农业成为新的主导产业，轻工业的发展主要依靠劳动力的大量投入，而第三产业发展仍然缓慢。第三阶段是工业化中期阶段，产业结构由"二、一、三"过渡到"二、三、一"。在这一阶段，第二产业继续保持快速发展的步伐，在国民经济中稳居主导地位，主导产业由轻工业变为重工业，主要依靠资本的投入，同时第三产业开始加快速度，并在国民经济中的占比不断上升。第四阶段是工业化后期阶段，产业结构由"二、三、一"逐渐过渡到"三、二、一"，此阶段第二产业增速放缓，而第三产业快速增长并首次超过第二产业成为新的主导产业，主要依靠技术要素投入。第五阶段是后工业化阶段，产业结构继续保持"三、二、一"。在这一阶段，第三产业稳居主导产业地位，主要依靠知识要素的投入。同时在这个阶段产业与产业之间、每个产业的内部不断进行调整，逐渐向最优化产业结构方向收敛。

产业结构演进经历前期工业化阶段—工业化初期阶段—工业化中期阶段—工业化后期阶段—后工业化阶段五个阶段，而这五个阶段的先后顺序不是随意的。为什么会按照这样的顺序发展是有内在发展逻辑的。一般来讲，在前期工业化阶段，由于国民经济尚处于发展的初期，第二、第三产业发展所需要的资本、技术要素达不到要求，因此主要依靠劳动力生产要素发展第一产业，较高的生产效率吸纳了大量的劳动力，这个阶段第一产业的发展为进入工业化阶段提供了工业原料。后来随着资本的累积，达到了第二产业发展的条件，第二产业逐步发展为主导产业，劳动力逐渐从第一产业向第二产业汇集，这个阶段，在第二产业的带动下，第三产业的低端服务业开始兴起，第一产业开始由劳动密集型转向资本密集型。伴随着技术进步，第三产业中的高端部分占据主导地位，劳动力开始由第一、第二产业逐渐向第三产业转移。在这个阶段，技术的变革也推动着一、二产业转为技术密集型。在整个过程中，虽然三次产业在国民经济中的地位发生了变化，但是每个产业都实现了发展。

(二) 中国产业结构变迁历程

从新中国成立至今，我国产业结构演变大体上经历了三个阶段：第一个阶段是从新中国成立到改革开放之前。在新中国成立初我国的产业结构主要以第一产业为主，第二产业和第三产业占比较小，之后开始优先发展重工业，为进入下一个阶段建立了较为完整的工业体系。第二个阶段是从改革开放后到20世纪90年代初，这个阶段主要发展轻工业。随着轻工业的发展，轻工业部门产能过剩，重工业和轻工业之间失衡；随后国家进行了产业结构的调整，重工业取代轻工业成为主导产业，从90年代中期开始，我国产业结构进入第三个阶段，即进入了工业化的中期阶段。在该阶段末期，以重工业为主导的产业结构开始制约中国经济的发展，需要形成新的产业结构以进入下一个阶段。2013年在召开的党的十八届三中全会上提出当前产业结构要转型升级，由此产业结构进入工业化后期的调整阶段。以下将从三次产业在GDP中的占比、三次产业对GDP的贡献和三次产业就业人员占比来展现我国产业的变革历程。

1. 三次产业总体变动情况

图7-4展现的是1949年以来，我国产业结构的变化情况。近70年来，三次产业占GDP比重的变动趋势逐渐清晰，从长期来看，我国三次产业之间的变化情况基本上符合产业发展一般规律。第一产业占GDP的比重大体上不断下降并在近年来呈现出一种稳定的状态，第二产业在GDP中的占比在2008年之前大体上呈现上升的趋势，从金融危机之后比重稍微有所下降，第三产业在GDP中占比大体上处于上升的趋势，并在2012年首次超过第二产业。到2018年末第一产业占比已降到7%，第二产业占比为39.7%，

而第三产业已上升到53.3%。

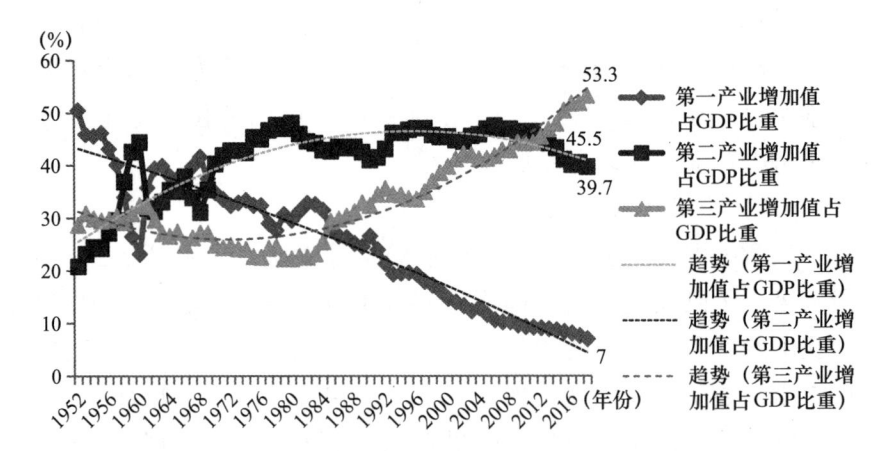

图7-4 1952—2018年三次产业在GDP中的占比变动情况

资料来源：中经网。

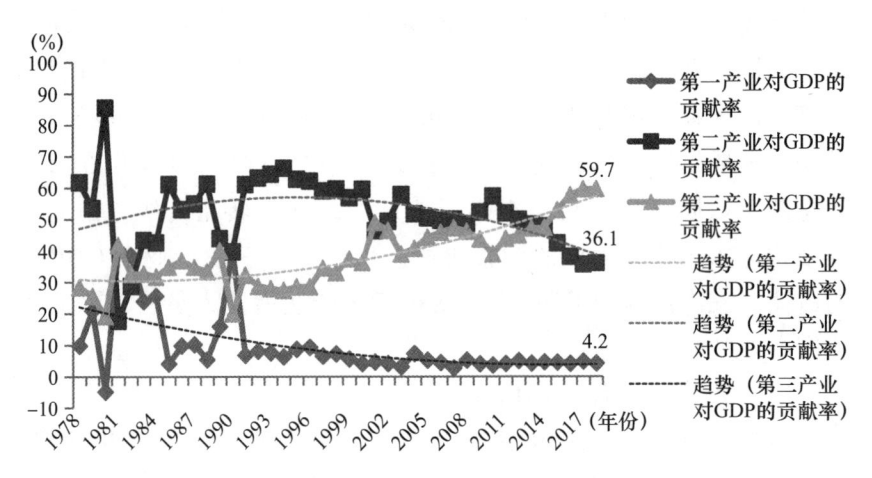

图7-5 1978—2018年三次产业对GDP的贡献率变动情况

资料来源：中经网。

2. 三次产业对GDP贡献率

图7-5展示了我国自改革开放至今三次产业对经济的贡献情况。从总体来看三次产业对GDP的贡献的变动趋势与三次产业在GDP中的占比变动趋势大体上一致，其中第一产业对GDP的贡献

逐渐下降并趋于稳定，第二产业对 GDP 的贡献率从 2010 年开始下降，到 2018 年末对 GDP 的贡献率为 36.1%，第三产业对 GDP 的贡献率呈现的是一个增加的趋势，在 2015 年贡献率首次超过第二产业，到 2018 年末对经济的拉动达到 59.7%。

3. 劳动力要素流动

图 7-6 和图 7-7 分别展现的是改革开放至今劳动力在三次产业中的变动和增长情况。从总体来看在这 40 年间，第一产业就业人员占比处于下降趋势，从 1978 年 70.53% 下降到 2018 年 26.11%，这也是劳动力由第一产业向二、三产业转移的结果；第二产业就业人员占比大体呈现上升的趋势，但增长幅度较小，并且从 2013 年以后，我国产业结构开始进行调整，增长率为负值；第三产业就业占比呈现上升的趋势，从 1978 年 12.18% 上升到 2018 年 27.57%，增长率在这 40 年间一直为正。伴随着第三产业的发展，不仅承接着从第一产业转移的劳动力，也有从第二产业转移的劳动力。

（三）当前中国产业结构存在的问题

产能过剩问题的出现往往是原产业结构需要进行调整的信号。虽然在不同发展阶段的末期，产业结构存在的具体问题不同，但都存在着一个共同的问题——产能过剩，只不过每个阶段都有每个阶段自身的特点，围绕着产能过剩外在表现出来的问题的复杂程度不同，这也使得每个阶段产业结构调整方向、速度、内容等有所不同。我国自改革开放以来主要经历了两次产业结构调整，目前正处于新一轮产业结构调整过程当中，由工业化中期向工业化后期过渡。改革开放后，我国重点发展轻工业。随着轻工业高速发展，在 20 世纪 90 年代初期，轻工业出现产能过剩，很多企业处于停产或者半停产状态，不景气通过产业链向上下游传递，造成整个实体经济下行。与此同时，国家开始调整产业结构，重点发展重工业，培养下一阶段拉动经济增长的支柱产业。在 20 世纪 90 年代中期，我国产业结构升级成功，顺利进入新的发展阶段。从 90 年代中期到 2008 年前后，在重工业作为主导产业的产

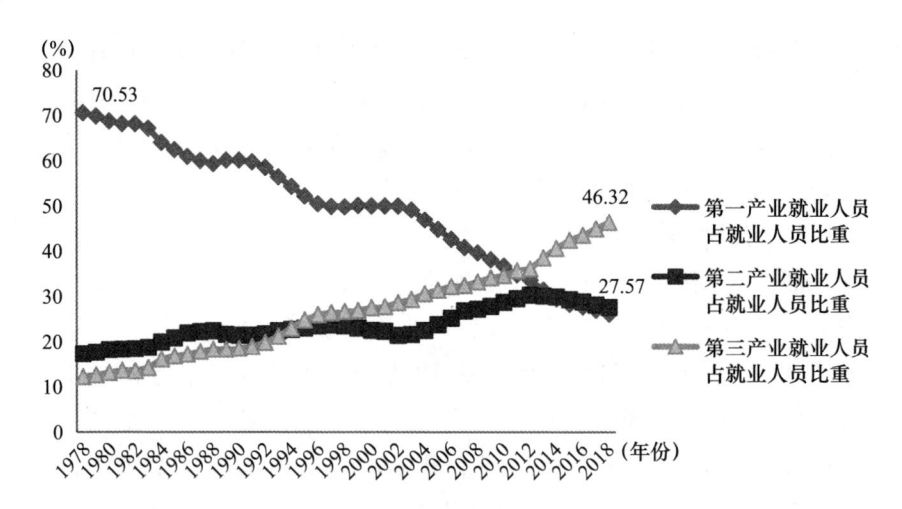

图 7-6　1978—2018 年三次产业就业人员占比变动情况

资料来源：中经网。

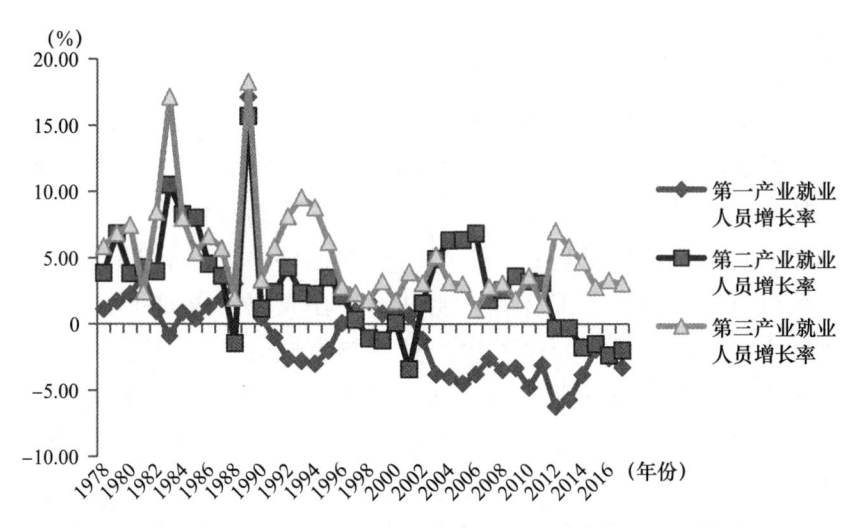

图 7-7　1978—2018 年三次产业就业人员增长率

资料来源：中经网。

结构下，我国经济实现了高速增长。在经济繁荣的背后，周期性的产能过剩问题逐渐暴露出来，这也预示着该阶段的产业结构完成了历史任务，产业结构需要进行调整，支柱产业需要更替，以满足进入下一个阶段的产业结构要求。2008年金融危机爆发，为了缓解产能过剩、扩大总需求，政府释放流动性4万亿元以维持原有的经济增长速度。这种做法在短期内可以维持经济增速，但从长期看会推迟产业结构的调整。因此2013年在党的十八届三中全会上提出产业结构要转型升级，要从长远利益出发，宁可牺牲当前GDP增长速度，也要实现产业结构优化升级，以进入下一个发展阶段。上一阶段以重工业为主导产业的产业结构在阶段末所暴露出来的问题具体表现为以下几个方面[①]。

（1）工业产能过剩问题：过去我国主要依靠投资和出口两驾马车来拉动经济增长，导致我国很多主导产业如钢铁、煤炭、水泥、制造业等出现产能过剩。这些产业发展粗放，资源产出效率低下，产品质量较差，附加值较低，属于生产链中的低端产品。我国并不是消费需求不足，而是当前的产品供给不能达到目前消费结构的要求。

（2）新兴产业发展问题：新兴产业包括高新技术产业和传统落后产业被改造后的产业。我国的产业普遍存在的问题是研发能力弱，没有掌握关键的核心技术，提供的产品往往是科技产量低的产品和服务。

（3）第三产业内部比例问题：尽管我国的第三产业产值在GDP中的占比以及对经济增长的贡献率已经超过第二产业，但是从第三产业内部来看，主要依靠的是零售、餐饮等传统的服务业。而知识、技术含量高的行业发展滞后。

二 中国的金融结构

金融结构主要围绕着金融融资结构即以银行为主导和以金融市场为主导来展开讨论。以银行为主导也就是间接融资方式，主要包括银行的表内业务和表外业务。表内业务包括人民币贷款、外币贷款等，表外业务包括委托贷款、信托贷款和未贴现银行承

---

① 郭克莎：《中国产业结构调整升级趋势与"十四五"时期政策思路》，《中国工业经济》2019年第7期。

兑票据等。以金融市场为主导即直接融资方式，主要包括企业债券和非金融企业境内股票融资。另外也有一些其他融资方式，但是相对前两者来讲，所占比重较小可以不予考虑。

首先来看看我国近年来金融融资结构总体变化情况，如图7-8所示：图7-8表示的是我国从2002年末到2018年末直接融资和间接融资占比的变动情况。从这张图上可以明显看到我国目前属于以银行为主导的金融融资结构，到2018年末我国间接融资占比是63.97%，仍然占到一半以上，而直接融资占比仅仅只有14.73%，这也符合我国产业结构所处在的发展阶段。不过从发展趋势来看，我国的金融结构正在发生变化，整体上间接融资占比呈现出下降的趋势，从2002年末的92.91%下降到2018年末的63.97%，而直接融资则呈现出上升趋势，从4.94%上升到14.73%。当然也有极个别年份出现了逆整体发展趋势，其中2017年最为突出，间接融资从2016年末的72.78%突然上升到2017年末的89.56%，有些学者认为在2017年，监管机构将银行借道资产管理计划参与企业债券购买部分进行压缩，从而造成了直接融资比重下降。

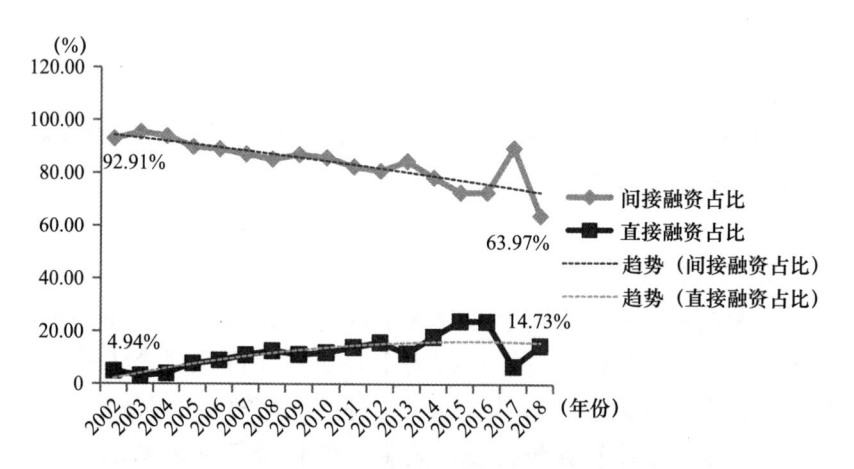

图7-8 2002—2018年我国直接融资与间接融资比重变动

资料来源：中经网。

下面我们再来看看直接融资和间接融资内部各项的变动情况，如图 7-9 和图 7-10 所示：从图 7-9 我们可以看到直接融资内部企业通过债券进行融资的占比比通过股票融资的占比波动幅度

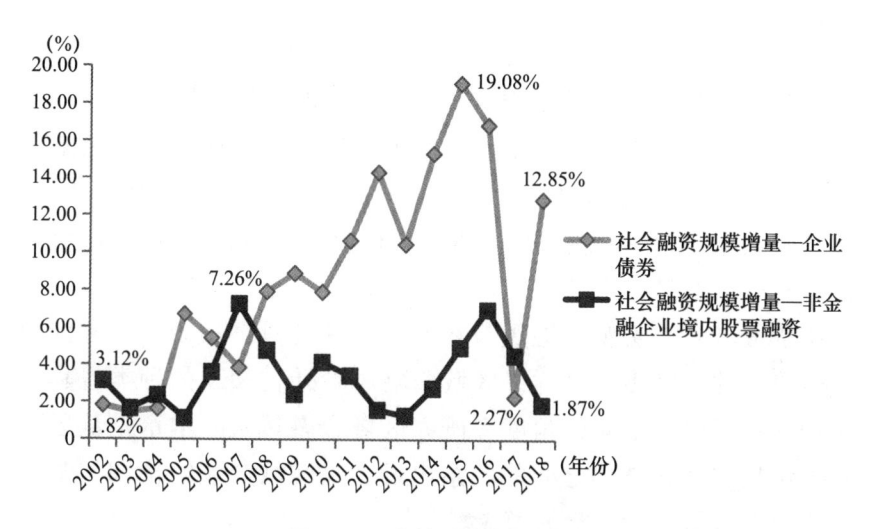

图 7-9　直接融资内部占比

资料来源：中经网。

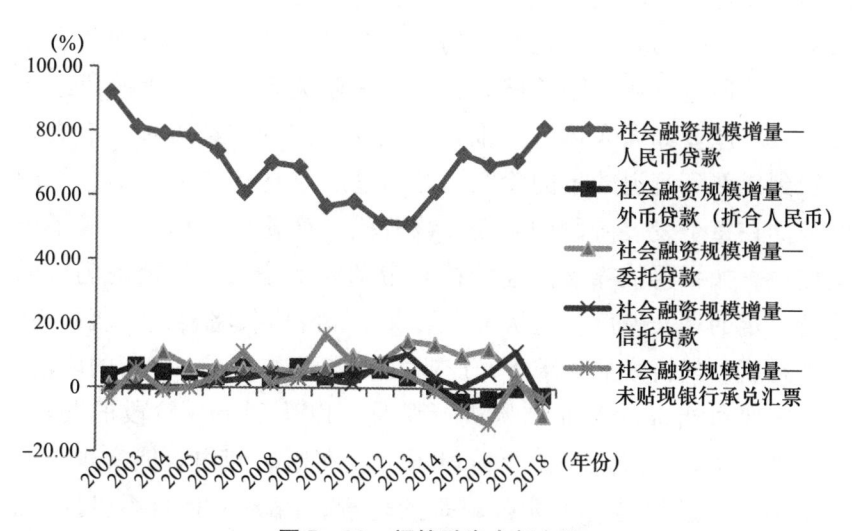

图 7-10　间接融资内部占比

资料来源：中经网。

大,并且发行股票进行融资的比重非常小,在 2018 年只占到 1.87%;间接融资内部,通过人民币贷款进行融资的比重最大,从 2002 年至今所占比重都在 50% 以上,而其他的融资方式所占比重较小。

三 当前中国产业结构调整背景下区域金融风险的形成

区域金融是从中观层面上来刻画金融活动,那么区域金融风险则属于中观层面上的金融风险。金融风险是指由于经济环境、经济政策等因素的变化,金融机构获得收益或者损失的不确定性。区域金融风险是指个别金融机构产生的微观金融风险在区域内进行扩散或者整个宏观金融风险在不同地区的具体表现。引起区域金融风险的原因多种多样,区域金融风险外在表现的种类也具有多样性,可以从不同的角度来研究区域金融风险。本章是从区域产业结构与金融结构之间的关系出发、以区域产业结构调整为背景来研究区域金融风险的形成。

正如在第二节已经谈到的,产业的发展是有规律的,在产业走向高级化方向的过程当中,必然要经历每个发展阶段,每个阶段对产业结构的要求都是不同的,每个阶段都要选择不同的主导产业,并通过产业之间的横向和纵向关联关系来带动该阶段经济的发展。产业如同人体一样也是有生命周期的,经历着从形成到成长到成熟到衰退的不同阶段,只不过产业具有"衰而不亡"的特征。在每个发展阶段的末期,该阶段的产业结构已经完成了历史使命,如果再依靠该产业结构来带动经济增长,短期内仍可以维持一定的增长速度,但从长远来看,经济增长将会进入瓶颈期。因此在新的经济发展要求下,产业发展需要进入下一个新的阶段,这就需要对当前的产业结构进行调整,以达到下一阶段的要求。而从上一个阶段进入下一个阶段不可能在短时间内就能实现,产业结构调整过程是一个非常艰难的过程,需要长时间逐步推进。由于金融结构是在上一阶段产业结构的基础上形成的,如果产业结构调整速度过快、调整范围过大,金融结构在上一个阶段遗留下的问题得不到及时解决，那么很有可能演变为产业结构调整过程中的金融风险。在本节开头我们已经谈到了我国金融结构整体变化情况，虽然间接融资的比重在下降，但当前我国仍是以银行为主导的金融结构，并且这种高度集中的以银行为主导的金融结构在短期内不会发生质上的变化，银行在我国经济发展过程中占据非常重要的位置，对实体经济的影响远远超过金融市场。因此，当前产业结构调整过程中，对金融结构进行调整的范围可以缩小到对银行信贷结构的调整，在上一阶段遗留下来的金融问题主要集中在银行的信贷结构上，金融风险的形成和暴露很大程度上是来自银行的信贷部分。而在我国，银行的信贷资金主要集中在各个产业中的微观企业和地方政府上，无论是微观企业出现的破产风险还是地方政府出现的债务危机，最终都会归结为银行的信贷风险。产业更替所产生的产业风险会通过微观企业和地方政府债务传递到银行的信贷部门，形成信贷风险。下面我们将从企业债务和地方政府债务出发，具体来讨论在产业结构调整背景下是如何引起银行信贷风险的。

一方面，在每个阶段的繁荣时期，产业快速扩张，主导产业高速发展。由于对未来保持乐观的预期，加上受到繁荣时期利益的驱使，企业会加大杠杆进行融资，用来扩大再生产。而这种成熟的产业，效益好，违约风险小，更加受到银行的青睐，银行大量信贷资金集中在这些成熟的产业上。随着一轮又一轮的投资，最终导致产业的生产能力超过市场的有效需求，供过于求从而出现产能过剩，很多产品卖不出去，很多企业处于停产或者半停产状态，整体效益出现了明显下滑的趋势。当然这时候政府可以通过宽松的货币政策或者积极的财政政策来挽救这些企业，继续保持这样的产业结构来拉动经济增长，如我国在2008年金融危机之后实行4万亿元投资计划来遏制经济下滑。虽然金融危机爆发之后我国经济增速并没有大幅度下降，但从2010年开始我国经济增速开始下降，真正的经济问题逐渐暴露出来。这种做法如同用西药治疗疾病所达到的效果，短期内疼痛解决掉了，但是病并没有根除，宽松的政策会进一步刺激这些产业规模的扩大，产能过剩问题会进一步被放大，企业生产经营又一次陷入困境。这种做法只会拖延实质问题的显现，短期内经济问题被掩盖住，但从长远看不会真正解决问题。为了彻底铲除病根，这就需要进行产业结构的调整，发展新的产业作为下一阶段的支柱产业。那问题就来了，这些落后的产业在扩张阶段形成了大量的债务，因为在发展后期产业出现大量亏损，有些甚至已经资不抵债，根本无法支付巨额本金和利息，违约风险增加。伴随着产业结构的调整，这些产业进行停顿整改，短时间内不可能产生足够的利润来支付前期用于扩张所欠下的巨额债务，巨额债务无法偿还进而造成了银行的不良贷款余额和不良贷款率上升。因此，在启动产业结构调整时，如果处理不好上一阶段所遗留下来的问题，那么在调整过程中，金融风险就会暴露出来，稍有不慎很有可能造成产业结构达不到下一个发展阶段的要求。关于产业结构升级与风险形成的机理可以用图7-11来解释。

另一方面，在1994年我国实行新的预算法，地方政府的财权与事权相分离。地方政府需要大量资金搞地方建设，追求业绩，推进城镇化和城市现代化发展，而各地方政府收入来源单一，税收渠道狭窄，并且地方政府的财政收入很大比例来源于当地产能过剩企业的税收，而这些企业所在的产业正是当前整改的主要对象。资金不足还要办事情，这就需要有新的收入来源来支撑地方建设。在我国，土地归国家所有，而涉及土地具体的管理工作则是由地方政府负责，地方政府是土地的供应者，可以对土地进行拍卖、设置抵押权，因此，"土地财政"模式应运而生。"土地财政"是指地方政府利用所有权和管理权进行的财政收支活动和利益分配关系，它的兴起与房地产的发展有很大关系。一方面政府可以出让土地获取收入，用来搞地方建设，也可以用来偿还地方政府在银行中的借款；另一方面，地方政府可以将土地进行抵押，以获得银行的资金支持。政府是土地的唯一供应者，掌握土地的定价权，土地拍卖的价格越高，对开发商来讲开发成

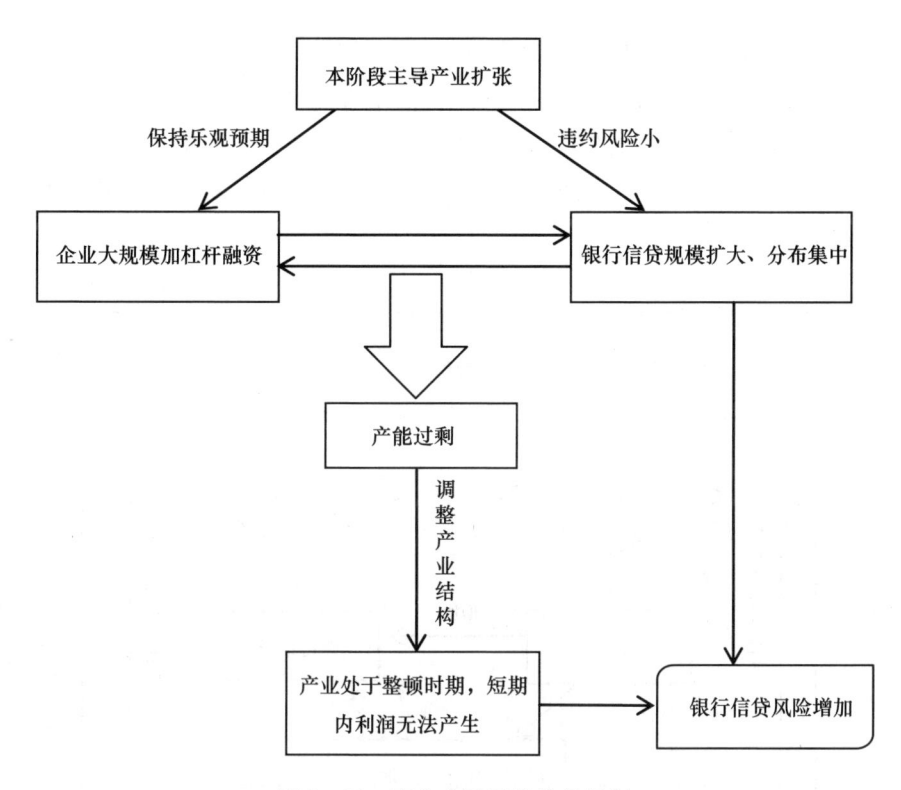

```
                    ┌─────────────────┐
                    │ 本阶段主导产业扩张 │
                    └─────────────────┘
           保持乐观预期 ╱                ╲ 违约风险小
    ┌──────────────────┐        ┌──────────────────────┐
    │ 企业大规模加杠杆融资 │◄──────►│ 银行信贷规模扩大、分布集中 │
    └──────────────────┘        └──────────────────────┘
              │                              │
              ▼                              │
         ┌────────┐                          │
         │ 产能过剩 │                         │
         └────────┘                          │
              │ 调整产业结构                   │
              ▼                              ▼
    ┌──────────────────────┐        ┌──────────────┐
    │ 产业处于整顿时期，短期   │───────►│ 银行信贷风险增加 │
    │ 内利润无法产生         │        └──────────────┘
    └──────────────────────┘
```

图 7-11　产业金融风险传导机制

本越大，也就意味着房地产价格越高。这样政府可以从土地拍卖中获得高额收入，也可以从房地产和上下游产业中获得大量的税收，用来搞地方建设，推动城镇化发展，偿还银行债务。伴随着城镇化深入和城市现代化程度加深，土地的价格越来越高，房地产的价格也相应增加，政府偿还银行贷款的能力也在提高，这样一来，政府从银行的借款额度也会增加，由此形成了一个封闭式的循环。而这个循环能够顺利进行的前提是土地供应量充足，房地产价格可以持续上升。但是在现实中，土地资源是有限的，并且在这一轮产业结构调整过程中，受到上游产业如钢铁等产业不景气的影响以及国家出台的宏观调控政策，使房地产市场陷入低迷，土地成交价格、成交量均受到影响，那么地方政府的财政收入来源就会受到影响。如果地方政府长期过度依赖于土地财政，则会恶化地方政府债务，债务危机显现出来，最终会传导到银行的信贷资产上，引发信贷风险。这就是在当前产业结构调整背景下，通过房地产产业的变动，引起地方债务危机问题，从而导致金融风险形成的理论逻辑。关于这一传导过程可以用图 7-12 来说明：

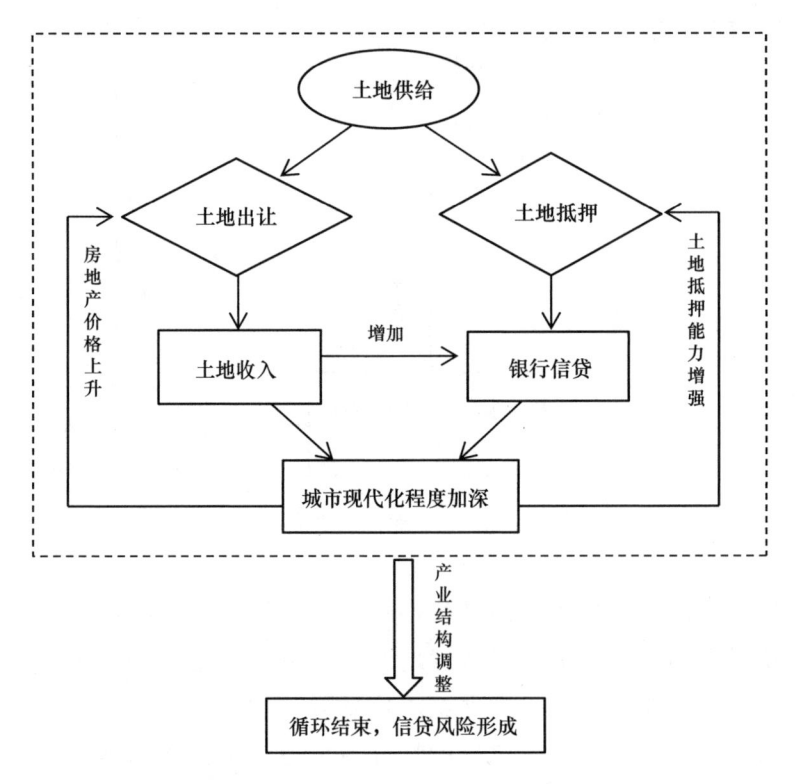

```
                        土地供给
                       ↙      ↘
    ┌──房地产价格上升──土地出让    土地抵押──土地抵押能力增强──┐
    │                   ↓          ↓                          │
    │                土地收入─增加→银行信贷                    │
    │                       ↘    ↙                            │
    └──────────────城市现代化程度加深──────────────────────────┘
                           ↓ 产业结构调整
                      循环结束，信贷风险形成
```

图 7-12　区域房地产金融风险传导机制

四　当前中国东部地区产业结构升级中的风险分析

改革开放后，我国实行非均衡发展战略，优先发展东部沿海区域。非均衡战略带动我国经济总量快速增加的同时也使东部、中部和西部地区之间经济发展差距越来越大。一个地区经济的发展情况也影响着该地区金融的发展情况，因而各区域之间金融发展水平的差距也越来越大。

一直以来，东部地区都是中国经济发展最有活力的地区，三大产业生产总值占据全国一半以上，同时金融产业发展迅速，无论是金融机构还是金融市场，其发展水平远远超过中部地区和西部地区。尽管我国正在推动的"中部崛起"和"西部大开发"战略，使中西部地区的经济发展以及金融发展与东部地区的差距不断缩小，但是东部地区在全国地位的重要性没有改变，可以说控制住了东部地区金融风险也就控制住了全局金融风险。另外，我国所实行的宏观经济政策往往是从全国经济发展整体水平出发来制定的，甚至更多的是以东部地区为参考系，依据东部地区所出现的问题提出来的。依据宏观上的统计数据，我国正处在由工业化中期向工业化后期过渡调整阶段，但从中观层面上看，实际上我国东部、中部和西部地区产业结构和金融结构处在不同的发展阶段，当前产业结构的调整方向更符合东部地区所在的产业发展阶段。基于以上原因，我们选择东部地区作为当前产业结构调整背景下区域金融风险形成的研究对象。

在研究区域问题上，一般是将我国分为东部、中部和西部地区，其中东部地区包括北京、天津、辽宁、河北、山东、江苏、上海、浙江、福建、广州和海南11个省市。由于本次产业结构转型升级是在2013年党的十八届三中全会上正式提出来的，因此在下面的分析当中，我们主要围绕着2013年前后近十年的数据来进行分析。下面我们将从企业债务风险和地方政府债务风险两个方面来分析在当前产业结构调整背景下东部地区金融风险问题。

（一）企业债务风险

产业结构调整引发的银行信贷风险主要是通过落后产业企业所出现的债务风险传递的。当前产业结构调整主要是对"两高一剩"产业进行整改，即高污染、高耗能、产能过剩的产业，而这些产业正是我国上一阶段的主导产业，银行的信贷资金也主要集中分布在这些被调整的产业上，这些产业都是潜在风险很大的领域，产业结构调整所引发的金融风险也主要集中在这些产业上。随着经济转型、产业结构调整力度的增大，这些领域中的风险将会被大量释放出来，如果不能及时进行控制，那么大部分贷款将会变成银行的不良资产，因此我们需要更加关注这些领域在产业结构调整中的调整效果和经营变化情况。在这部分中，本书选择"两高一剩"行业中最具代表性的钢铁产业作为研究对象。钢铁产业是我国去产能的产业当中资产规模最大、涉及面最广、承担化解产能过剩任务和加快技术进步最典型的产业，而钢铁行业的分布主要集中于我国东部沿海地区，河北、江苏、山东、辽宁是我国钢铁产业分布的重点地区，在2018年，仅这四省的粗钢产量合计占比就达到50%以上，因此研究东部地区钢铁产业的变化情况具有一定的代表性。

在这部分，主要从钢铁产业的去产能效果、经营效益和偿债能力这三个大的方面来进行分析。其中，去产能效果主要通过产能变化来分析；经营效益主要通过产量、利润总额指标分析。从图7-13中可以看到2007—2018年我国东部地区粗钢和钢材绝对产量及同比增速的变动趋势大体一致，除了2017年绝对量有所下降以外，其他年份绝对产量与上年相比都在增加，增速却逐年降

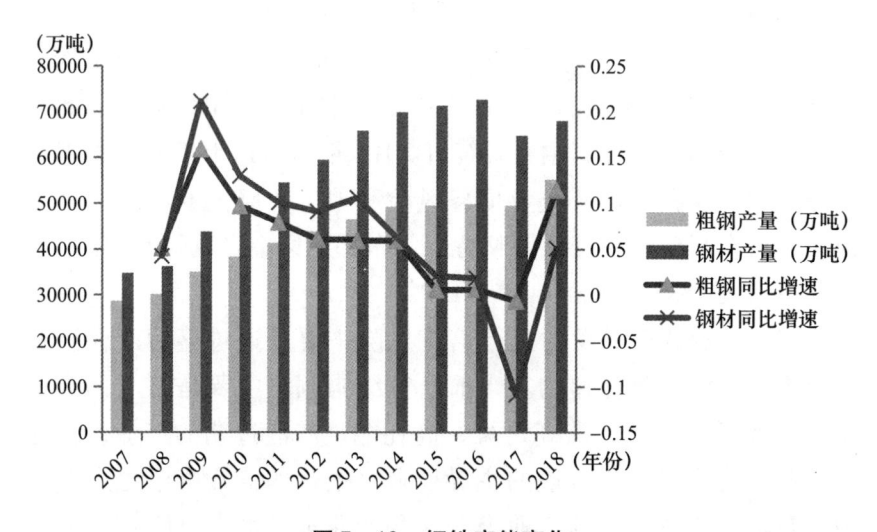

图7-13 钢铁产能变化

注：由于北京和海南在个别年份数据缺失，所以在统计时不包含北京和海南。
资料来源：国家统计局整理所得。

低,但是在 2018 年增速开始出现了反弹,这其中既有国内市场需求增长又有产能过快释放因素;图 7-14 反映的是 2017 年东部地区各省份钢铁行业的利润总额与 2016 年同比增速情况,可以看到在 2017 年天津和海南出现了亏损,且天津亏损较为严重达到了 272681 万元,其他省份利润总额为正。从增速上看不同省份之间利润变化存在较大的差异,除了天津和海南之外,上海和浙江的利润总额出现小幅度下降,其他省份利润总额出现了增长,其中河北、山东、辽宁和福建增长幅度较大。

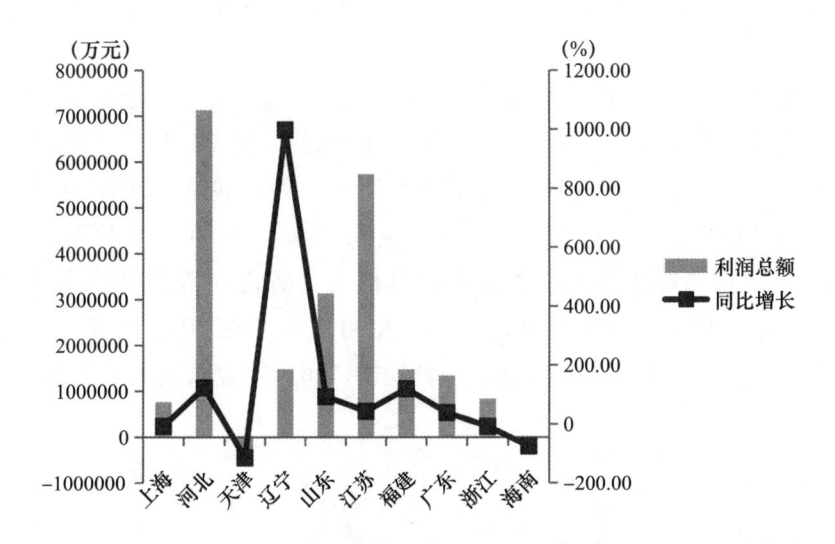

图 7-14　2017 年东部地区钢铁行业经营情况

注:由于 2016 年和 2017 年北京数据缺失,因此只统计了其他 10 个省数据。
资料来源:Wind 数据库。

(二) 地方政府债务风险

地方政府债务风险是引发银行信贷风险的另一个方面。这部分主要从土地财政收入情况、政府债务情况以及房地产发展情况三个方面来进行分析。

1. 地方政府土地财政收入情况

地方政府性基金收入是我国地方财政收入的重要补充来源,依照现行法律,土地出让收入被纳入地方政府性基金管理中,一直以来，土地出让收入都是政府性基金收入的重要组成部分，而在土地出让收入构成中主要是国有土地使用权出让金收入。根据2018年中央和地方预算执行情况，全国政府性基金收入是75404.5亿元，占一般公共预算收入、基金预算收入和国资预算收入之和的比重达到28.82%，地方政府性基金收入71371.85亿元，其中土地出让收入为65095.85亿元。在当前产业结构调整政策的约束下，土地财政的变化情况很大程度上影响着地方政府的债务风险。我们主要选取土地出让收入、土地出让收入增速、地方政府性基金收入和一般公共预算收入这几个指标综合来反映东部地区地方政府土地财政收入情况。图7-15反映的是东部地区土地出让收入情况，我们看到从2013年到2015年，土地出让收入逐年下降，其中2014年同比下降幅度达到22.25%，之后从2015年开始土地出让收入又出现了反弹，逐年递增，2016年同比增速20.45%，2017年同比增速达到44%。图7-16反映的是2018年东部地区除山东省以外的其他十个省份一般预算收入和政府性基金预算收入对比情况，从图中可以看到在2018年浙江省的基金预算收入超过了一般公共预算规模，超过的金额达到了2138.48

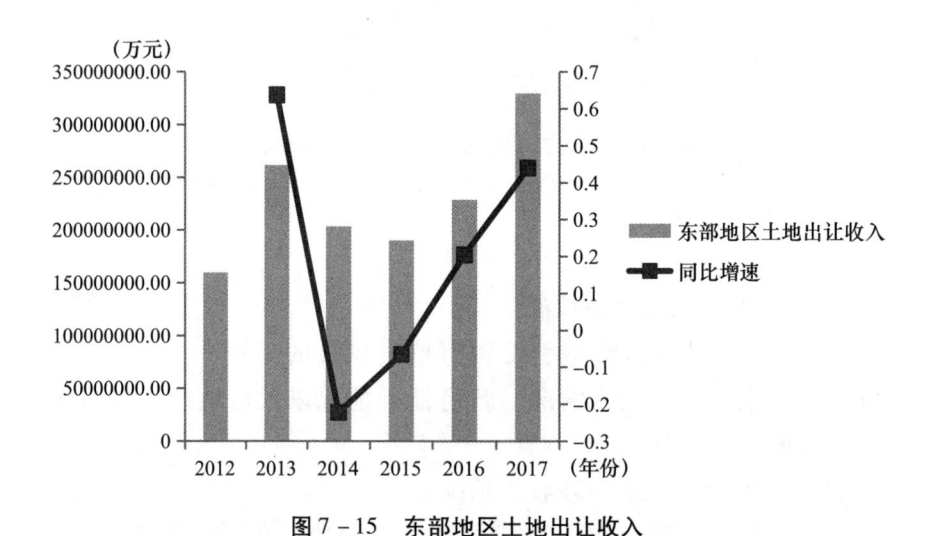

图7-15 东部地区土地出让收入

资料来源：《中国国土资源统计年鉴》。

亿元，这也说明浙江省对土地财政依赖程度高，而上海、广东和北京，其基金预算收入规模远低于一般公共预算收入。综合图7-15和图7-16，虽然依靠土地取得的收入在增长，但是大多数省份的一般公共预算收入规模大于基金收入规模。因此从总体来讲，东部地区对土地财政的依赖程度在可控范围内。

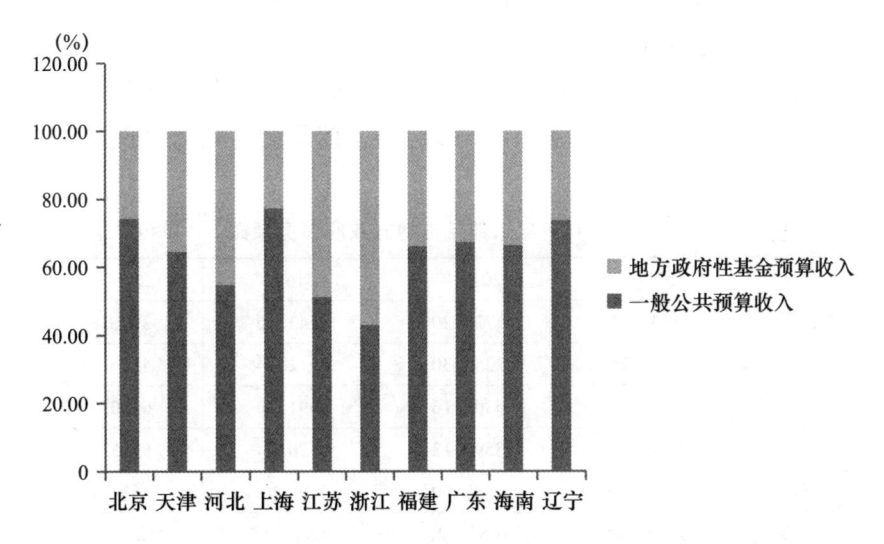

图7-16　2018年东部地区一般预算收入和政府性基金预算收入占比情况

资料来源：各省份2018年预算执行情况报告。

2. 地方政府债务情况

土地财政的兴起带动着各地方政府债务规模扩大。全国地方政府举债主体主要以地方融资平台、政府部门和机构以及国有独资或控股企业为主。由于部分省份地方政府债务资金来源于银行信贷数据缺失，因此我们用总的债务来分析，主要选取债务余额和债务偿债期限分布两个指标来反映东部地区各省地方政府债务情况，表7-1反映的是2014年底到2017年底地方政府债务余额，在2014年底东部地区债务超过10000亿元的省份有辽宁、江苏、浙江、山东和广东，其中江苏省债务规模最大，高达17736.66亿元。由于在2015年我国对地方政府债务实行限额管理，相比2014

年,东部十一省的债务规模均在2015年末有所回落,其中天津降幅超过50%。相比2015年,2016年除了北京、辽宁和上海之外,其他省份开始出现小幅度的上涨。而在2017年,东部地区十一省债务规模相比2016年均出现了增长。从总体来看,东部地区政府债务规模与上一年相比有所增长。表7-2反映的是在2017年底东部部分省份债务余额未来偿还情况,其中在2021年及以后需要偿还债务占比超过60%的省份有天津、河北、江苏、浙江、上海、福建、广东和海南,仅仅辽宁和山东这两省短期偿债压力大,不过从整体上来看,东部地区各省政府债务期限结构较为合理。

表7-1　　2014—2017年东部各省地方政府债务余额　　(单位:亿元)

地区	2014年	2015年	2016年	2017年
北京	7630.22	5729.20	3743.46	3876.88
天津	6178.76	2254.30	2912.74	4323.98
河北	9922.16	5309.16	5691.30	6150.97
辽宁	10562.51	8592.12	8526.24	8455.24
上海	9336.80	4880.00	4485.48	4694.18
江苏	17736.66	10556.26	10915.35	12026.28
浙江	15704.30	7930.20	8389.90	9239.09
福建	6729.26	4592.65	4966.25	5467.86
山东	11710.60	9059.50	9444.38	10196.85
广东	10881.60	8188.00	8530.78	9023.37
海南	1697.30	1491.30	1560.00	1719.26

资料来源:杨婷婷:《我国地方政府债务风险管理研究》,第45页。

表7-2　2017年底部分省份地方政府债务偿债期限分布情况　　(单位:%)

地区	2018年	2019年	2020年	2021年	2022年	2023年及以后
天津	1.69	7.96	10.38	79.97		
河北	8.87	12.87	12.86	14.71	46.08	
辽宁	12.93	17.51	60.09			
上海	6.10	11.70	13.60	68.60		

续表

地区	2018年	2019年	2020年	2021年	2022年	2023年及以后
福建	4.00	4.72	12.64	16.85	61.79	
江苏	9.00	10.40	16.40	12.10	52.10	
浙江	5.45	8.08	11.28	75.19		
山东	11.10	13.50	11.00	16.80	7.70	31.60
广东	5.40	5.65	10.87	18.56	16.05	43.48
海南	4.27	9.02	11.78	12.08	62.85	

资料来源：杨婷婷，《我国地方政府债务风险管理研究》，第64页。

3. 房地产发展情况

土地价格一轮一轮地上涨使房地产成本增加，最终推动着房价不断上涨。近年来国家出台了一些宏观调控政策，影响了房地产行业的发展。我们选择全社会固定资产投资总额、房地产开发投资总额、房地产开发投资总额占全社会固定资产投资总额比重、商品房平均价格以及商品房销售额和环比增速这些指标来衡量东部地区房地产近年来发展变化。图7-17反映的是东部地区2007—2018年全社会固定资产投资和房地产开发投资变化情况，从图中

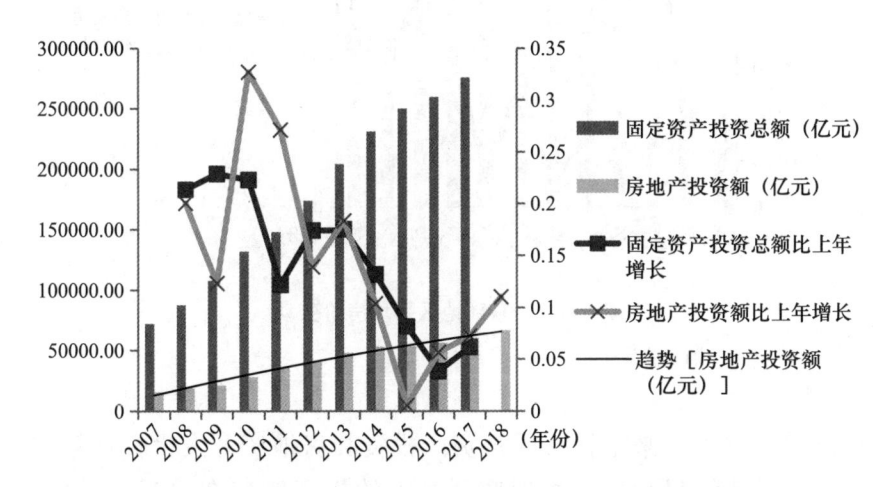

图7-17　全社会固定资产投资和房地产开发投资变化

资料来源：国家统计局。

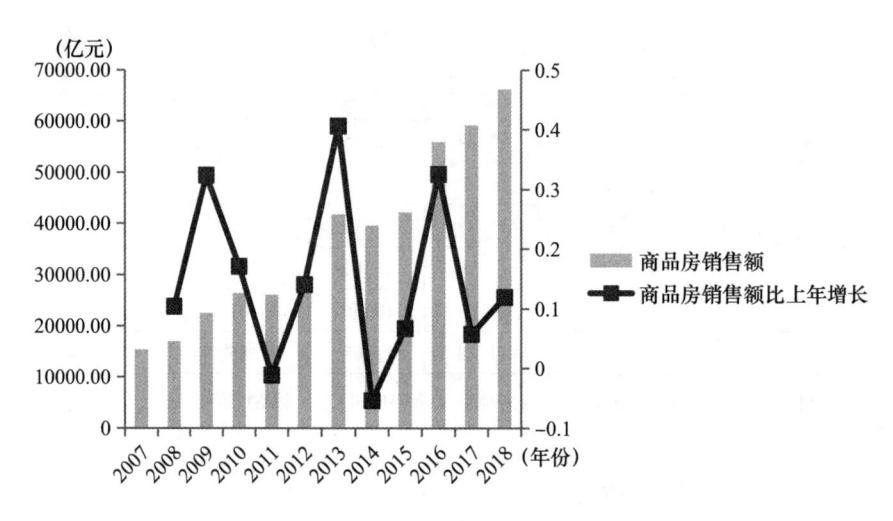

图 7-18　东部地区商品房销售额

资料来源：国家统计局。

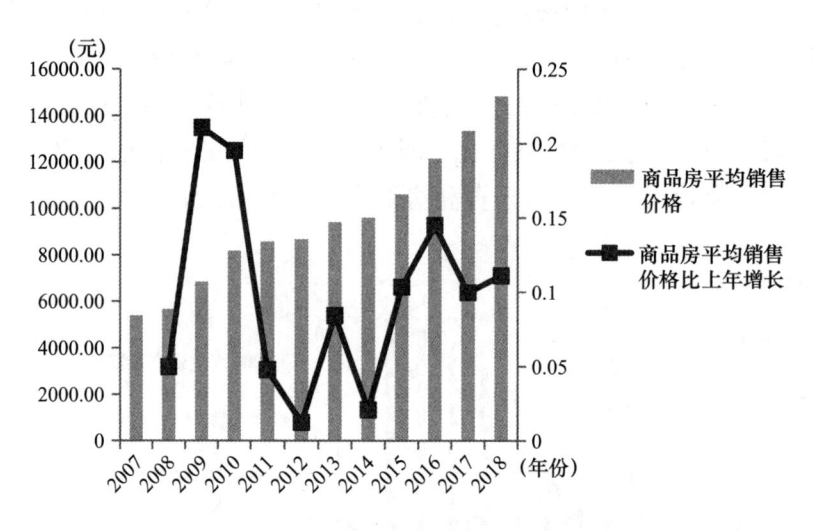

图 7-19　东部地区平均房价变动

资料来源：国家统计局。

可以看到近十年来全社会固定资产投资和房地产开发投资逐年增加，但趋势线显示用于房地产开发上的投资增速在递减。另外，无论是固定资产投资比上年增长率还是房地产开发都呈现大幅波动情况，这反映出目前东部地区房地产行业经营状况是不稳定的。图7-18和7-19分别反映的是东部地区商品房销售额和平均房价变动情况，我们看到商品房销售额和平均房价比上一年增速波动剧烈，其中商品房销售额比上年增速在个别年份甚至出现了负值情况，这也说明目前房地产行业经营不稳定，行业景气指数低。

（三）结论

从上述分析中我们看到，目前东部地区债务结构较为合理，短期偿债压力较小，并且根据一般公共预算收入和基金预算规模相对比重，绝大部分省份对土地财政的依赖程度在可控的范围内，因此目前与地方政府债务有关的金融风险在可控的范围内。但是从长远来说，由于宏观经济政策的调控，房地产行业不景气局面还会持续相当一段时间，那么依靠土地出让收入来弥补一般公共预算收入缺口是不可持续的，而东部地区地方政府债务还呈现递增的趋势。所以，尽管目前金融风险在可控范围内，但依照目前的趋势看，东部地区各省份地方债务存在风险隐患，因此需要加强对该领域金融风险的密切关注，控制住债务规模的扩张幅度。

第四节 区域金融集聚与产业发展优化对策

本节是这一章的最后一部分，针对产业结构调整引发的区域金融风险提出一些相应的对策，以免金融风险不断累积而引发区域性金融危机，影响本阶段产业结构优化升级。正如我们在第三节中谈到的，产业结构的调整是引发区域金融风险的一个方面，并且主要集中在银行的信贷风险上。在产业结构调节过程中要对容易发生风险的主要环节进行动态监测，要从根源上控制金融风险的发生，而不是只追求产业结构优化结果，等到风险已暴露时再来应对。因此本节从防范风险源头出发，主要围绕着产业结构调整政策制定和实行、金融机构对产业结构调整政策反应和应对这两个方面展开。

一 注意产业结构调整政策实施范围、力度和节奏

本次产业结构调整的总体方向是将一些高污染、高耗能、技术含量低的落后产业淘汰，对传统优势产业进行技术改造，积极发展新型产业。而这些被淘汰、被改造的产业则是我国在上一个经济发展阶段——工业化中期的主导产业，银行的信贷资金主要集中分布在这些产业上，本金和利息能否按期归还取决于这些产业每年所产生的利润。如果产业结构调整政策在实施过程中，从一开始所涉及的范围过大、速度过快，则会造成银行的信贷结构来不及调整，跟不上产业结构调整的步伐，很多资金不能及时从这些产业中退出，那么对于银行来讲，将会形成大量的不良资产，信贷风险形成，并且随着产业调整这一过程的进行，信贷风险逐渐积累，最终会通过银行的信贷风险引发区域性金融危机。

从一个产业发展阶段进入下一个新的发展阶段，不是短期内就可以实现的，而是需要长期内逐步地过渡、逐步实现的，不能为了尽快实现产业结构的优化升级而在政策实施开始时便大范围、大面积地禁止落后企业的生产，否则过去银行集中投放在这些产业上的信贷资产整体退出的风险就会增加。因此，在实施产业结构调整政策时，相关部门要注意政策实施的范围、力度和节奏，保持调控政策的稳定性，逐步地对传统产业加以改造，逐步地淘汰落后产能，不能一下子关掉所有的落后企业。同时要定期通报产业政策，及时公布要淘汰的落后产业企业的名单，要给银行信贷结构的调整留出足够的时间，减少因产业结构调整给银行带来的信贷风险，从政策的制定和实施上来控制金融风险。

二 前瞻性地把握产业结构演进趋势，及时调整信贷结构

进行风险管理是银行的生存之道。在产业结构进行调整时期，银行将进入高风险与低收益并存阶段，面对产业结构调整所引发

的金融风险问题，银行的根本原则是既要严格控制金融风险又要帮助产业结构优化升级，这是银行在产业结构调整背景下防范和化解金融风险所采取的最根本性的措施。

产业结构调整所引发的金融风险主要来自银行的信贷风险。因此，银行应该更加积极主动关注自身信贷资产的质量，密切关注信贷风险的形成和积累。银行要建立多种渠道，掌握经济运行、企业经营、市场变化等方面的信息，科学预测经济发展趋势，前瞻性地把握产业结构演进趋势，及时调整信贷结构，使信贷结构的变动方向与产业结构的变动方向一致。通常，银行调整信贷结构主要是通过改变存量信贷比例和增量信贷比例两种方式。存量信贷反映的是银行过去在不同的产业上投放的部分，而增量信贷反映的是银行在存量信贷的基础上向不同产业上新投放的部分。一方面，银行要前瞻性地调节存量信贷比例，及时保全资产，收回信贷资金。前瞻性地把握产业结构演进方向，在风险苗头出现之前要调节信贷存量结构，及时收回投放在被淘汰产业上的信贷资金，对不符合产业政策支持的产业整体退出，防止不良资产总量进一步扩大。另一方面，银行要进行增量信贷比例的调整，要正确选择新增贷款的投向，要向符合国家产业政策支持、市场空间大、发展潜力大的新型产业投入信贷资金。要注意，银行并不是对产能过剩、落后的产业简单地实行"一刀切"，存量比例调整不是每个被调整的产业的信贷资金都要及时抽回，退出这些产业，同样增量比例调整也不是将信贷资金只投向那些新兴产业，而对于这些被调整的产业一点也不投入。银行要做的是对这些企业的技术、市场需求、管理等指标进行深入的分析，来决定信贷资金要不要抽回，新的资金要不要进入。要始终坚持"有保有压、有扶有控"的原则，平稳地退出，而不只是消极地压缩在这些产业中投放的信贷资金。另外，银行也不能因为贷款人是政府而轻易将资金贷出，要谨慎地评估政府的偿还能力。银行也只有经过科学的预测和评估之后才能做到在防范金融风险的同时又促进了产业结构的调整。

总之，面对复杂的经济环境，银行必须主动适应经营环境的变化，前瞻性地把握产业结构的演进趋势，调节信贷结构，及时防范和化解由信贷风险而引发的金融风险。如果金融风险发生之后，银行再去采取一定的补救措施，已是于事无补，只有在风险爆发前，提前做好金融风险防范工作才是最好的阻止方式。

三　不断完善金融市场，提高直接融资比例

相比银行所提供的信贷资金，金融市场对于促进产业结构的优化升级往往起到更重要的作用。产业结构调整过程本身就是高风险和高收益并存的过程。对传统产业进行技术改进、支持新型产业的发展往往需要大量的资金支持。同时与成熟产业相比，这些产业技术开发成本高，产品生命周期短，市场收益存在更多的不确定性。如果将银行的信贷资金集中在这些产业上，则银行面临的信贷风险过大。因此，在产业结构调整这一过渡阶段，过度依赖于银行的信贷资金是不合适的，这些产业更适合从金融市场上进行融资。从目前我国企业融资方式来看，通过金融市场进行融资的比重偏小，金融市场需要进一步扩大发展。所以，在产业结构调整背景下，应该发展多种融资渠道，创新开发新型金融产品，提高直接融资的比例，扩大企业从金融市场融资规模，不断完善金融市场，充分发挥风险投资资金对企业研发的支持作用，严格控制募集用于新增过剩产能，引导资金流向新兴产业，更好地发挥金融市场在促进产业结构转型升级、降低金融风险方面的作用。

当然，要想让金融市场更好地支持产业结构转型升级，需要营造良好的投资环境。和银行相比，目前我国的金融市场往往在保护中小投资者权益上相对不足。中小投资者的相关利益得不到保护很大程度上与金融市场法律建设不完善有关。我国金融市场上的投资者主要是机构投资者，闲散资金缺乏完善的法律保护制度，比如停牌制度不合理、上市公司股权结构不合理、对违法违规行为惩罚的力度不够等，因而造成中小投资者缺乏在金融市场

上进行投资的动力,这样那些技术创新型的企业将很难从金融市场上融到资金。因此,在产业结构调整下,立法相关部门更要加强对金融市场投资环境的管理,不断地去完善相关法律制度,完善投资者保护机制,提高投资者诉求处理效率,提升热线服务质量,通过法制建设把对投资者的合法权益保护落实到位。

第八章

区域金融风险测度与区域金融风险实证

第一节 商业银行风险测度及管理方法

一 商业银行信用风险的内涵

银行是金融活动的主体,并且一直处于金融的核心地位,传统的金融风险测度和监管方法长久以来都是以商业银行的信用风险为主体,因此,研究区域金融风险的测度首先需要了解商业银行信用风险的度量。信用风险对于银行来说,是最重要的也是最难处理的风险形式,在授信业务的任何流程环节中都有可能产生而且无法去除,同时信用风险也是造成商业银行各种损失的主要原因。

信用风险也就是违约风险,是金融风险的主要类型,指借贷者或市场交易对手因为不能履行约定而使债权人承担因此带来的损失的风险。一般来说信用风险分为两种,即狭义与广义之分,信用风险的狭义概念特指信贷风险,而信用风险的广义概念除信贷风险以外,还包括各种各样潜在的信用风险。银行业的信用风险主要由预期损失、非预期损失、意外损失三部分组成,至于商业银行的信用风险主体由前两者构成,即由预期损失和非预期损失构成。信用风险的特点有突发性、传递性以及一些其他特有的风险表现形式。第一,商业银行的信用风险具有收益和损失的不对称性，外在通常表现为客户信用等级的下降。在信用交易借贷过程中，由于信息不对称原因的存在，针对大客户来说，银行对其进行信用评级的依据是客户资本市场的数据或者外部评级的结果；但是对于普通客户来说，由于缺乏这些可以作为依据参考的数据，就要求银行必须自己开发出内部评级系统，来对普通客户进行信用评级，再根据客户的信用评级结果决定是否发放贷款以及发放贷款的数额等。第二，有两个方面原因导致商业银行获取关于信用风险的数据比较困难。其一是因为目前为止商业银行的贷款还没有公开交易的二级市场，这直接导致无法获取信用风险评级需要的关键数据；其二是因为企业在违约之前通常使用账面价值，不足以表明信用风险的变化趋势，另外信用贷款通常期限较长，这些因素都加大了数据获取的难度。第三，银行业的经营避不开信用风险，且信用风险具有显著的非系统性特征。贷款者还款能力不仅与自身非线性因素有关，如自身财务状况、投资水平、经营能力等，还与市场大环境宏观因素有关，如经济周期、大规模突发事件、政治局势等。

商业银行信用风险根据信贷资产类别的不同可以分成信贷风险、投资风险、信用价差风险三种类型。在传统商业银行的信用风险里最主要的部分是信贷风险，那是由于传统的信贷业务是商业银行主要业务的原因。信贷风险来自借贷者不能履行约定如期偿还贷款，更有甚者，会给商业银行带来大量不良贷款，损害商业银行资产质量，比如2008年美国的次级贷款，因为借贷者还不上贷款，而引发一系列金融危机，最终爆发，影响全球。投资风险指商业银行进行投资活动时由于未来的不确定性导致本金和预期的收益存在损失的风险，也是商业银行信用风险的重要组成部分。另外，对银行业而言，投资风险在一些方面中还发挥不可替代的作用，比如创造效益、降低其他风险、保障流动性等。信用价差风险有两层含义，一层含义指因为客户不能履行约定，银行为其垫款而导致的信用风险，另一层含义指因为借贷者的信用品质发生改变从而导致信用价差的改变，进而可能给商业银行带来损失的风险。弄清楚商业银行信用风险的类别，对于我们使用与之对应的测度模型有直接影响。以上介绍了商业银行信用的含义，包括其概念、特点、类型，接下来让我们了解下商业银行关于信用风险管理的内涵。

随着世界经济形势的变化和非银行金融机构的兴起，如今关于信用风险管理的含义被重新加以定义，其包含的内容更加宽泛，信用风险的识别、测度、控制以及转移成了主要内容。

首先，商业银行信用风险的识别指在客户发生违约行为以前，商业银行就根据客户的基本情况、企业财务信息等信用风险影响因素进行分析提前识别出可能违约的概率，信用风险的识别是后续测度以及控制的前提和基础。识别的方法主要包含风险树收集法、财务报表分析法等。如果想全面且准确地对风险进行判别分析，还需将与之相关的风险因素考虑在内，实际操作中风险因素一般与收益负相关，与成本正相关，这就意味着商业银行对风险识别的收益和成本的调整需要根据实际情况来进行。其次，信用风险测度的含义是对潜在的、可能出现的信用风险影响因素进行量化分析，以此估算出借贷者的可能违约率，这是银行决定是否借贷的主要依据，也是如今信用风险管理的关键一步。通常来讲，有两个原因会影响信用风险测度的准确性，其一是用来计量信用风险模型的选择，其二是数据来源的真实保障，因此这两个关键要素已成为银行业彼此竞争的核心竞争力，为了提升自身竞争力，国际各大银行也正积极探索关于加强信用风险管理控制的计量模型和测度方法。最后，信用风险的控制指对于识别出来且有效量化的信用风险通过一些技术手段如分散、对冲、转移等方法进行有效管理控制的过程。信用风险的控制通常来说具有风险与收益保持动态平衡的特征，因此商业银行应参考自由资本和资本充足率不断调整银行资产组合使收益与风险达到最优的配比。

二　商业银行风险测度及管理方法介绍

银行一直处于金融活动中的核心位置，所以，多数传统的对于金融风险测度与管理的方法都无法规避商业银行的信用风险。接下来介绍几种商业银行关于风险测度与管理的常用方法。

(一) 古典分析法

此方法虽然从早期就已存在，但直到如今依旧是人们研究以及使用的热门方法。那么下面来介绍一下这个方法，它先设计出风险控制的标的，比如一定的环境比率指标或财务比率指标，之后采用单比率与多比率的组合的应用来实现商业银行风险识别的量化管理，其中对于指标的选择主要是由专家的主观意愿来考量，所以认为这是较为传统的商业银行风险管理办法。如 5C、LAPP、CAMEL 等这些具体的指标方法较为典型。其中，信贷管理法较早的 5C 法包含品格、资本、偿付能力、抵押品及同期环境五个指标；借款人信用综合评分模型 LAPP 又有流动性、活动性、营利性及潜力四个指标；在被中国金融机构当作主要参考模型和风险管理策略的 CAMEL 模型中，C 为收入，A 为资产质量，M 为管理质量，E 为收入潜力，L 为流动性；和前两个方法相比，CAMEL 模型的应用更加广泛。

古典分析法之所以至今都有着重要的作用，与它的产生和发展有着密不可分的联系，首先，该方法之所以在金融业发展早期的风险管理中被应用起来主要由于它简洁、直观的特点，能够轻易被大家接受和理解；其次，由于金融业涉及范围比较广泛、客户行业种类的复杂、企业性质的多样化和发展周期的差异性等特征，让商业银行在自身风险管理的道路上寸步难行，屡屡碰壁，而古典分析法的统一性和可比性刚好解决了这一大难题，让商业银行可以得到统一的指标来筛选和管理；最后，该方法的计算过程灵活也让它更加被大众应用。但此方法也有一定弊端，如上述文章中提到过的指标选择是由专家的主观意愿来考量，在风险要素研究需求的总量和结构上容易产生矛盾，同时也容易导致管理风险。

(二) 信用评分法

这个方法是以借款人的特征指标为解释变量，在古典分析法的基础上，进一步根据历史累计样本建立的数学模型。该方法主要的分析模型有 Logit 模型、Probit 模型、多元线性概率模型、线性区别分析模型，在信用风险评价中它通过判别分值来确定的临界值从而对研究对象进行风险定位，Z 计分模型及其衍生产品是它的典型代表。下面向大家介绍一下 Z 计分模型，1968 年 Altman 通过对美国的破产企业和非破产企业对比观察，他发现企业在破产前要经历三个阶段，失败阶段、无力偿债阶段和破产阶段，其中每个阶段都有自身的特点，所以他采用了 22 个财务比率通过数理统计的筛选建立了金融客户风险管理模型，将每个阶段不同的特点通过财务指标来反映，根据这个多变量模型银行就能很好地区分破产公司和非破产公司，从而判断出贷款申请者的评分临界点，如果贷款申请人的评分接近临界值时，银行就可以拒绝其申请或者对该申请者进行更加详细的审查，其主要变量为：营运资本与总资产比值、留存收益与总资产比值、EBIT 与总资产比值、权益与总负债的账面值比值、销售收入与总资产比值。计算方法为：（1）观察函数的统计指标的显著性，并且确定每个独立变量的对应贡献；（2）评估变量之间的相互关系；（3）观察每个变量预测值；（4）由专家分析判别。

在 1977 年，Altman、Haldeman 以及 Narayanan 又建立了第二代模型，ZETA 信用风险模型。这个模型是对原始的 Z 计分模型进行了延伸，所以思路也与 Z 计分模型的思路相同，而这个模型与 Z 计分模型的不同之处主要表现在几个方面：这个模型主要针对的是破产 2 年资产规模在 1 亿美元以上的大型公司；同时它将适用有效范围扩大，不仅制造业适用，零售业也同样适用；并且这个模型的预测精准度也更高，可以在公司破产前 5 年就做出预判，其中破产前 1 年的精准度高达 90%，破产前 5 年的精准度也在 70% 以上；该模型还对公司的财务报表数据在计算过程中做了调整，其中租赁资本数据的调整起到了举足轻重的作用；该模型将之前的 5 个变量增加到 7 个，具体包括资产报酬率、债务偿还指标、积累盈利指标、收入稳定性、资本化率、流动比率以及规模。

在随后的实践中，Altman 等人考虑到临界点的问题，又提出了 ZETA 模型最理想临界点计算公式：ZETA $= \ln(q_1 c_1 / q_2 c_2)$，其中，q_1 为预先估计的破产概率，q_2 为预先估计的非破产概率，c_1 为接受高风险借款人而遭受的贷款损失，c_2 为因模型拒绝低风险借款人而导致收入损失。

Z 计分模型与古典分析法不同的是它分析的要素和权重是经过严格的计算证明得出的，能更加清晰地反映商业银行在经营管理中的借款者信用状况，对借款人的风险情况也更加具有操作性。但是该模型也存在理论与实际结果不完全相同的情况，同时该方法在部分指标的确定上仍需专家主观推测，因为在权重分析上存在难以用经济进行完美解释的部分，因此该方法的应用仍有存在误差的可能。

(三) 资产负债比率的缺口分析法

该方法主要为了实现利润最大化，根据对未来资产价格波动趋势的预测，从而对资产负债配置结构进行及时的调整。其中资产价格包括利率、商品价格和股票指数等。同时根据缺口的计算方法不同，还可分为市场价值法、敏感性分析法、当前收益法以及利率风险计量法等。以利率为例，此方法中敏感性缺口 (ISG) 指在一定时期内银行利率敏感性资产 (ISAs) 和利率敏感性负债 (ISLs) 之间的差额，银行可以将资产和负债按考察期内不同到期日，计算累积的利率敏感性缺口，即：

$$累积缺口 = \sum_{i=1}^{n} LSAsi - LSLsi$$

其中，i 为到期级距。确定缺口后，商业银行可以通过零缺口策略，尽可能缩小各个档次的缺口，也就是累积缺口的绝对值，使其接近于零，以抵消利率变动对利息收支的影响。也可以通过计划缺口策略，根据对利率走势的预测有意识地留下正或负的缺口进行风险管理。该方法不同之处主要在于具有主动性和直接性，它是针对商业银行自身开展的，即商业银行自身的资产负债情况，而不是通过借款客户间接管理。同时该方法的计算和监控体系具有灵活性和准确性，能更好地把控存款和非存款负债的成本结构，操作性较强。并且此方法可以区分开商业银行经营管理中的汇率风险与利率风险，进而减少分析风险成因和解决方案的成本。但该方法也存在不足之处，商业银行仅能在各风险负债单独分析的情况下，通过缺口等衡量利率风险，因为某一类资产负债适用的缺口具有单一性，并不能适用于另一类资产。除此以外在资产负债缺口测算精准度方面还存在一定难度，在各险种各时期的缺口规则性方面尤为突出。同时因为资产负债管理主要针对的是利率、汇率等资产价格，所以诸如价格成因较为复杂的衍生工具的风险管理部分的商业银行的表外业务还需要改进才能更好地配合使用该方法。

（四）以 VaR 方法思路为代表的现代风险测度法

除了以上几种方法之外，还有不同的风险管理方法在不断更新变革，除了各类资产组合以及衍生产品风险管理业的银行风险管理模型以外，还包括以基于期权理论的 KMV 模型、以麦肯锡模型为代表的宏观模拟方法、以 KPMG 借款分析系统模型为代表的风险中性估值方法和以 Creditmetrics 模型为代表的现代信用度量术等。由于每种方法都有它们独特的算法和涉及的领域，因此这些方法都在现代商业银行风险管理方法中占有一席之地，其中信用风险是全面衡量风险的重要部分，而 VaR 就是信用度量等许多风险量化测度模型的关键，KMV 模型目前已经成为国际上商业银行风险管理领域内最重要的工具之一。

（五）收益资本管理法

该方法的风险管理问题研究主要是从商业银行自身的整体实力着手，细分为资本和收益两方面来考虑，这是与之前所提到的现代风险量化度量方法不同的。其中 20 世纪 80 年代末研发出来的 RAROC 模型，是目前的主要模型，它是为了把机构的融资功能计算出来的风险成本分配到产品、业务单元、客户和对个人的贷款上而被研发出来的一种 Sharpe 比率，目前世界上的主要银行和金融机构为评估各业务品种都开发了 RAROC 模型。该方法的计算公式为：

RAROC = 调整后的收入 / 在险资本

调整后的收入 = 净收益 – 预期信用损失

在险资本 = 非预期信用损失 + 市场风险（VaR）+ 操作风险损失

RAROC 指标可以用来与反映银行资金成本的某种指标相比较，可以是银行股东的股权收益率，也可以是加权平均资本成本。当 RAROC 指标大于所被规定的最低收益率时，那么此商业银行相应的业务领域风险状况可被认为良好，其他银行和业务领域的银行资本在可以流动的情况下就应该配置到该银行业务领域中，此商业银行的经营管理可以被认为是有价值型增加。但是不同银行业务 RAROC 值是不同的，所以也就需要将各 RAROC 值组合起来，发生第二轮资本配置。该方法可以将银行不同的业务部分和产品采取统一的指标进行测算，根据测算的结果可以合理地将经济资本由较差的部门转向较好的部门，达到资源合理配置的目的，拥有较好的资源调度能力和协调能力；同时由于该方法的本质是将未来的风险损失量化到当期，通过计算利润比率来控制风险，所以使得商业银行的风险管理不是被监控和管制，而是利润逐渐提高和风险逐渐降低的相互融合的过程，这更满足了商业银行风险管理最根本的理论要求；并且该方法可以通过计算机和人工相结合实现最终结果，十分具有直接性和客观性。但是在该方法的使用中，模型的计算容易歧视低收益活动，致使商业银行缺乏远期行为；而且该方法的计算需要银行的内部收益率数据，这在基础数据的提取上存在一定难度；同时每个商业银行业务都是被独立计算出来的，使得结果缺乏相关性，这些都是该方法还需进一步加强的方面。

（六）BIS 模型方法

该方法与巴塞尔委员会的资本充足率计算思路比较相似，主要是针对银行的表外业务提出来的，具有方法研究的代表性。目前国际上虽在具体的银行衍生品业务的要求上还存在差异，但对银行的表外业务已经给予了一定的重视。由于大多数远期和互换都有资本要求，大多数表外期货和期权头寸没有这一要求，所以 BIS 模型就尤为重要了，尤其是一些发达国家。该方法的计算主要由两部分组成，首先，计算每一合约的信用等价数量，即将合约的名义值转换为信用等价数量，其中又可分为"潜在的风险暴露数量"以及"现行的风险暴露数量"。前者的计算主要考虑的是衍生交易合约的交易对手未来违约的信用风险，也就是利率/汇率未来的波动性；相对而言后者的计算一般是用类似合约的现行利率或者价格重新计算全部的现行与未来的现金流量，以给出当前现值度量的该合约的更换成本。当 NPV > 0 时，更换价值就等于现行的风险暴露数量；当 NPV < 0 时，就设现行风险暴露为 0。其次，将信用等价数量乘以一个合适的风险权重。也就是将前面算出的等价数量金额乘以一个风险权重得到的表外市场合约的按照风险调整之后得出资产数量，一般的风险权重设为 0.5。但是，风险权重的计算方法也会随着情况的不同而改变。该模型主要是由国际清算银行提出的，虽然该方法在对不同的金融衍生产品合约的资本要求计算方面存在一定的争议和难度，但该模型对各商业银行的表外业务风险进行的管理对于衍生品交易多的银行是有益的。

第二节 区域金融风险预警指标体系构建

一 国际金融风险监测方法介绍

到目前为止，在国际现存已有的关于金融风险监测方法的研究成果中，有三种影响范围广泛同时可操作性较强，受到业界广泛认可的模型方法。其一是 Frankel 与 Rose 于 1996 年提出的 FR 概率模型；其二是由 Sachs、Tornel 以及 Velasco 同样也是在 1996 年建立的横截面回归模型，即 STV 模型；其三是由 Kaminsky、Lizondo 和 Reinhart 创立并完善的"信号法"，KLR 模型。下面让我们具体了解一下每种方法。

首先，Frankel 和 Rose 两个人在 1996 年以 1971—1992 年 105 个发展中国家的季度数据为样本，通过利用 FR 概率回归模型对金融风险进行了实证研究。该模型有几个假设条件，首先假定金融时间是离散的、有限的，其次假定投机性冲击而导致的货币危机是由众多因素共同起作用综合引起的。当时两个人选取了一些具有代表性的指标，具体包括 GDP 的增长率、经济开放程度、外国利率、国内信贷增长率、国际储备与进口比例、政府预算与 GDP 比例、经常项目与 GDP 比例以及实际汇率高估程度等，他们通过对历史的数据采用最大似然法估计出引发因素的参数变量，同时将金融危机的触发因素当年取值代到模型中，根据设定好的模型计算出当年发生金融危机的可能概率。

其次，横截面回归模型是由 Sachs、Tornel 以及 Velasco 三个人利用线性回归于 1996 年建立的，该模型使用面板数据，运用线性回归方法进行建模，此方法即使不能提前准确预测出金融危机发生的时间，但是对在危机发生后，会对哪些国家造成较大影响作出了预测。根据该模型，实际汇率贬值的程度与国内私人贷款增长率同向变化，国际储备与 M_2 比例越低则表示金融危机发生的概率就越高。

最后，"信号法"即 KLR 模型是由 Kaminsky、Lizondo 和 Reinhart 三个人在 1998 创立的，1999 年 Kaminsky 又对模型进行了完善，使这个模型成为重要的预警模型之一。此方法的步骤是先对导致货币危机的原因进行深度研究分析，从而确定出可用于危机预警的指标。然后是通过历史数据的研究分析明确哪些变量与货币危机的发生有较为显著的关系，并且以此作为先行指标计算出该指标对危机进行预测的临界值，其中一旦有对应指标变动超过临界值，就发出危机预警信号。

下面让我们对三种方法的优缺点进行一下详细比较，具体见表 8-1。

表 8 – 1　　　　　国际金融风险监测方法优缺点比较

监测方法	优点	缺点
FR 模型	假定金融事件是离散的、有限的，具有较强的经济意义，易理解	多重估计导致误差增大，客观层面上制约了模型的精准性；金融危机发生与否的定义方面，忽略了国家之间的差异性；FR 模型多数使用年度或者季度数据，数据量不足，很难满足"大数定律"的使用要求，客观层面上制约了模型的实用性
STV 模型	指标容易获取，模型构建简单，操作便捷；采用面板数据对参数进行估计，弥补了 FR 模型忽略国家差异，重视了国家之间的横向比较；模型的主要应用是判别国家发生货币危机的可能性，并非判断具体何时会发生	找到一系列相似的样本国作为模型的前提要求是很难以实现的，客观层面限制了模型的广泛应用；模型指标体系不够全面，仅考虑了国际储备与广义货币供应量的比率、汇率、国内私人贷款等因素，没有涵盖所有可能的风险指标；线性回归方法过于简单，不满足现实情况的需要；模型对危机指数的定义不够明确
KLR 模型	此方法提供了完整的危机预警的指标体系和相对应的临界值；找出危机发生的根本因素，进而为监测防控危机提供了参考方向	样本依赖的临界值存在内在缺陷，那就是未来的数据可以对曾经危机识别产生影响，人们甚至可以观察到过去危机的消失。由于临界值的设定是根据样本的标准差，所以一个新的更大的危机发生会导致识别不出曾经识别过的危机；KLR 的标准方法之一是使用"排斥窗口（Exclusion Window）"，如果在上一次危机的"排斥窗口"中出现新的危机，则会忽略该危机；双元信号替代了复合指标的解释变量，因此由其动态性产生的许多有用信息将被丢弃

　　基于对以上方法进行分析比较，我们会在金融风险的度量和预警指标体系的构建上发现一些共同之处。首先，表现在识别危机的方法上。危机的识别主要有两种。其一是根据国际权威机构认定的发生时期或者标志事件来判断，但此种方法现实中偶然因素比较大，而且还存在权威机构不够权威的可能性，缺少判断标准，实际中不可取。其二是根据指标走势进行判断，可以依据单一指标或系统指标，指标安全系数超过阈值就存在危机发生的风险，此方法在现实中比较实用且常见。其次，表现在预警指标体系的确定。Blison 是最早提出此概念的学者，他利用 16 个与货币危机有关的指标构建成最初的预警指标体系，Kaminsky 等学者也在金融部门、宏观经济、公共财产、国际贸易等领域提出了 103

个先行指标，并根据这些指标归纳出 15 个敏感性指标。最后，表现为对金融风险爆发可能性的估计，也就是模型是否实用。目前学者对预警模型的选择大致分两种。其一是参数模型，更加重视经济指标在金融危机前后的变化情况，具体通过识别出的指标数值是否超过事前设定好的阈值进行判断。其二是非参数模型，KLR 信号分析法就是此类模型的典型代表，指对金融风险的现行指标进行综合评价，构建出与之对应的模型确定危机发生的统一标准。总之，自从经历过东南亚金融危机、美国次贷危机后，学者们都加深了对金融风险预警体系的研究，由以前的单一方法逐渐转变成综合方法，线性回归也逐渐转变为多元非线性回归分析，等等。

二 金融风险预警指标体系的规范标准

国际货币基金组织（IMF）把有关金融风险预警指标体系的指标分为核心指标集和鼓励指标集。其中，根据《巴塞尔资本协议》的要求选取出核心指标集，主要的作用是监测银行系统存在的风险，但是区域金融的稳定不仅依靠银行系统的支撑，除此以外还需要非银行金融机构、证券市场、保险市场、房地产市场、政府企业等共同稳定，所以单纯依靠核心指标集并不能全面、完整地反映出金融业的稳定状况，对此国际货币基金组织（IMF）又相应制定了鼓励指标集，目的是对非银行金融机构与相关经济部门带来的金融风险进行监测防控。具体见表 8-2 和表 8-3。

表 8-2 核心指标集

一级指标	二级指标	三级指标
核心指标	资本充足性	调整的资本对风险加权资产的比率
		调整的一级资本对风险加权资产的比率
	资本质量	呆账占全部贷款的比率
		呆账占全部资本的比率
		贷款在各经济部门的分布比率

续表

一级指标	二级指标	三级指标
核心指标	盈利能力	资产利润率
		资本利润率
		利息收入占总收入的比率
		非利息支出占总收入的比率
	流动性	流动资产占总资产的比率
		流动资产对短期负债的比率
	市场风险的敏感度	资产平均期限
		负债平均期限
		外汇净头寸对资本的比率

表8-3　　　　　　　　　　　鼓励指标集

一级指标	二级指标	三级指标
鼓励指标	银行部门	资本与资产比率
		各地区贷款分布状况及其占全部贷款的比率
		金融衍生资产余额占资本的比率
		金融衍生负债余额占资本的比率
		交易收入占总收入的比率
		人员开支占非利息开支的比率
		基准存贷款利差
		同行拆借最大利差
		私人储蓄存款占总贷款（不含银行间借贷）的比率
		外汇贷款占总贷款的比率
		外汇负债占总负债的比率
	证券市场	证券净持仓量占资本的比率
		证券市场平均买卖差价
		证券市场日平均换手率
	非银行金融机构	非银行金融机构资产占金融系统资产的比率
		非银行金融机构资产占GDP的比率

续表

一级指标	二级指标	三级指标
鼓励指标	企业	总债务对权益的比率
		资产回报率
		收入占利息和本金支出的比率
		企业外汇净头寸占资产的比率
		侵权人申请破产保护的数量
	家庭	家庭债务占GDP的比率
		家庭还本付息额占收入的比率
	房地产市场	房地产价格指数
		居民房地产贷款占总贷款的比率
		商业性房地产贷款占总贷款的比率

以上是国际货币基金组织（IMF）建立的金融风险预警指标体系，反观我国对于银行业的监测管理所采用的指标之前一直都是参照1996年实施的《资产负债比例管理监控、监测指标和考核办法》，但是其中的一些指标以及指标值都已经不符合现代的要求，无法准确反映出当今银行业存在的风险。于是在2006年1月1日，银监会发布了《商业银行风险监管核心指标（试行）》，用来全面监测我国银行业潜藏的风险。此条令主要包括三个层次，即风险水平、风险迁徙以及风险抵补共20多个指标，在指标的选择上进行了扩充使之更加完善，新增了利率风险敏感度、操作风险损失率、核心负债依存度等13个指标，除此以外，还对不良贷款授信集中度、资本充足率、核心资本充足率等6个指标进行了修改，部分指标值也稍作调整。具体见表8-4。

表8-4　　　　　　　　商业银行核心监管指标

一级指标	二级指标	三级指标
风险水平	流动性风险指标	流动性比例
		核心负债比例
		流动性缺口率

续表

一级指标	二级指标	三级指标
风险水平	信用风险指标	不良贷款率
		单一集团客户授信集中度
		全部关联度
	市场风险指标	累计外汇敞口头寸比例
		利率风险敏感度
	操作风险指标	操作风险损失度
风险迁徙	正常贷款迁徙率	正常类贷款迁徙率
		关注类贷款迁徙率
	不良贷款迁徙率	次级类贷款迁徙率
		可疑类贷款迁徙率
风险抵补	盈利能力	成本收入比
		资产利润率
		资本利润率
	准备金充足程度	资产损失准备充足率
		贷款损失准备充足率
	资本充足程度	资本充足率
		核心资本充足率

三 区域金融风险预警体系指标选取

在现实中的金融风险预警指标体系的设计中，有很多各种各样的变量都可以当作预警指标，至于要选择哪些变量取决于对风险类型的识别、判断以及对会引起金融危机因素的分析。一个设计良好的风险预警指标既可以及时准确识别出金融运行中潜藏的风险，又可以给人们传递正确的指南信号，因此在指标的选择上应坚持以下的一些原则。首先是全面性原则。那就要求指标选择的范围要广泛，层面要完整，既要尽可能覆盖潜藏的可能会发生的各种风险，又要能客观反映区域金融风险的真实状况，并非几个指标和变量简单加权就可以计算出来。必须要在充分掌握区域金融风险的内涵前提下，涵盖多个部门，逐级划分层次选取最具代表性的指标。其次是科学性原则。预警指标体系设计是否科学将直接决定能否反映出区域金融的状况与潜在的风险。指标的选择上应较全面地反映金融与经济之间的内在关联度，方法上应选择受现代学界认可、科学的分析方法，预警指标体系设计不仅要科学合理，还要遵循客观的经济规律。再次是规范性原则。选取的指标要尽可能与国际惯例相符合，与《巴塞尔新资本协议》规定的风险指标内涵基础一致，同时也要体现《有效银行监管的核心原则》的基本要求，尽可能与我国制定的《中国人民银行金融监管工作规程》要求保持一致，便于具体的实施和测度。最后是可操作性原则。具体包括数据的可获得，所选取指标的数据可以通过统计年鉴和与之相关的金融部门查询得到；另外是指标的可度量，对于定性指标应可以通过计算量化分析，定量指标应确保其可信度，鉴于我国经济进入新常态，指标设计应尽量简单明了，抓住核心内容，能突出侧重点。

建立金融安全预警指标体系的目的之一，是使监管部门尽可能全面、完全、具体地了解影响金融安全的各种有关因素，以便有针对性地采取有效的措施。影响金融稳定的因素不胜枚举，而且各种因素的相对重要性及相互作用也因一国的发展水平、开放程度、经济规模、经济结构、经济周期、市场发达程度和政府干预程度的不同而大相径庭。[①] 因此，根据不同的分析角度，应选择不一致的指标。在维护金融稳定的框架下，我国需要从宏观经济、金融机构、金融市场、金融基础设施和生态环境五个方面进行分析和监测。根据区域金融的内涵，区域金融的稳定性应从区域金融自身的内部风险和区域的外部影响因素两个方面综合考虑，而无须过多考虑国外金融经济环境对区域金融造成的影响。其中金融机构包括银行、保险公司、证券公司、信托公司、投资基金公司等。

因此，本书借鉴世界各国关于金融风险防范的经验与案例，

---

① 沈悦：《金融安全预警机制：综述与启示》，《济南金融》2007 年第 7 期。

再结合我国金融业的实际情况，从两个大方面构建区域金融风险预警指标体系，分别是区域经济指标和区域金融指标。区域经济指标和区域金融指标是显现区域发展的特点、衡量区域发展的水平和差异、区域金融结构、人文差异、相关政策的比较特殊的风险体系。其中，区域经济指标有区域经济发展水平指标和区域经济生态环境指标两个方面，区域金融指标有银行业指标、证券业指标、保险业指标三个方面。每个方面是由多个彼此相关联的指标组成，而其中具体每个方面应包含哪些指标，国内外众多学者进行多次讨论后也没能形成一致的指标体系。本书借鉴已有的相关研究和国内外权威机构金融监管框架指标，另外遵循科学性、简洁性、灵敏性、实用性的原则，选择出15个在每方面最具代表性的指标，区域经济指标由6个监测指标构成，其中区域经济发展水平指标4个，区域经济生态环境指标2个；区域金融指标由9个监测指标构成，其中银行业监测指标4个，证券业监测指标3个，保险业监测指标2个。区域金融风险预警体系指标具体构成如表8-5所示。

表8-5　　　　　　　　区域金融风险预警体系指标

一级指标	二级指标	三级指标
区域经济指标	发展水平指标	区域GDP增长率
		区域财政收入/GDP
		失业率
		通货膨胀率
	生态环境指标	企业资产负债率
		企业资金利税率
区域金融指标	银行业指标	资本充足率
		拨备覆盖率
		不良贷款比例
		最大十家客户贷款比例

续表

一级指标	二级指标	三级指标
区域金融指标	证券业指标	净资本与净资产比例
		净资产负债率
		股票市价总值/GDP
	保险业指标	保险深度
		偿付能力充足率

四 区域金融风险预警体系指标临界值设定

预警体系指标的数据变化如果超过了某个水平就表明该指标发出了风险预警信号，此水平就称为指标的临界值，临界值在划分预警界限上起到最基础的作用。实际应用中，临界值的确定应参照国际公认的标准或者经济金融环境背景均相似的国家在稳定时期的经验数据为依据，结合中国自身的经济金融特点综合考量。

（1）区域 GDP 增长率。GDP 是指一个国家或地区的所有常驻单位在一定时期内生产的最终产品和劳务的市场价值，既是国民经济核算的主要指标，又是衡量国家或地区经济状况的重要依据。GDP 的增长率是衡量国家经济发展的四大指标之一。自 2010 年以后我国 GDP 增长率由双位数降为单位数且始终保持稳定，并且随着我国经济进入新常态以后，金融稳定的 GDP 增长率应该在 6.5%—7.5%。伴随着 GDP 总量的不断加大，GDP 增长率也面临下行的压力，发达国家介于 3%—5% 甚至更低，我国目前还尚未达到此水平，所以低于 3% 的增速表示我国经济面临衰退的风险，过高的增速也可能出现通胀的风险。

（2）区域财政收入/GDP。区域财政收入占 GDP 的比例又称财政依存度，此指标是衡量地区经济运行质量的一个重要指标，通常来讲，区域财政收入占 GDP 的比例越大，表明地区财力越充足，财政实力越高。数值的高低不但与地区的产业结构、经济运行质量、所有制结构有关，而且还与国家财税政策、税收征管强度等多个方面有关。

（3）失业率。该指标是衡量一个国家或地区地方经济的四大指标之一，也是市场上最敏感的月度经济指标。综合考虑经济学的相关原理和菲利普斯曲线，得出当指数值在0%—5%时，当地的经济金融状况处于相对安全的阶段，失业率最佳水平是低于3%，而如果超过5%表示地方经济金融水平存在一定的风险。

（4）通货膨胀率。该指标反映各义价格变化的情况。通货膨胀率也是用来衡量国家经济发展的四大指标之一，近些年来我国的通胀率一直处于比较温和的状态，大多数情况下基本低于5%，只有2011年达到了5.4%，综合考量经济学菲利普斯曲线，稳定状态下的通货膨胀率应该介于1%—5%。

（5）企业资产负债率。此指标反映的是地方企业长期负债的偿还债务能力，随着我国经济发展进入新常态，国内企业资产负债率通常介于40%—60%，处于金融稳定阶段的发达国家，如美国的企业资产负债率通常状况维持在50%左右。一些情况的增多会导致企业资产负债率面临下行的压力，比如企业兼并、收购以及破产这些情况，但是过低的企业资产负债率表明资本没有充分利用获取收益，存在资本闲置、低效的状况，由此可能失去投资的机会。

（6）企业资金利税率。此指标通常用来衡量区域企业的经济效益和资金的投入效率，与区域企业发展呈同方向变化的关系。此指标越高表明企业的盈利水平越高，换句话说是实现一定的盈利所占用的资金越少。在财务分析过程中，企业资金利税率的警戒线通常为10%，达到15%以上是更有利于区域金融的稳定发展。

（7）资本充足率。资本充足率指银行资本的总额与风险资本加权平均额的比例，此指标是用来判断银行业抵御风险能力的一个重要指标，资本充足率指标和银行抵御风险的能力呈同方向变化的关系，如果银行资本过少，无法弥补经营过程中造成的亏损，则存在较大的风险。根据《巴塞尔资本协议》的规定，该指标的安全警戒线为8%，各区域商业银行资本充足率均大于10%，半数区域大于 12%。

（8）拨备覆盖率。拨备覆盖率衡量的是银行为可能发生的坏账、呆账所做准备的情况，它是衡量商业银行贷款损失准备金计提是否充足，检验银行财务是否稳健，风险是否可控的重要指标。这一指标目前尚无权威的警戒线，但是根据《股份制商业银行风险评级体系（暂行）》，这一比率的最佳状态为 100%，然而，高于 150% 的拨备覆盖率是保证银行应对损失的基本要求，我国区域商业银行该指标大部分都在 200% 以上，处于相对稳定的金融状态。

（9）不良贷款比例。贷款分为正常贷款、关注贷款、次级贷款、可疑贷款和损失贷款五类，后三类就称为不良贷款。不良贷款比例指金融机构贷款余额中不良贷款的比例。即使近年来我国商业银行加快了业务转型的步伐，但是存贷款业务仍然是我国商业银行的主要业务，所以该指标能够充分反映出区域银行业的资产质量。该指标在区域银行业基本安全的警戒线是 5%，而目前我国各地区商业银行不良贷款比例均低于 2%，只有少数地区在 2%—3%。

（10）最大十家客户贷款比例。贷款的集中程度是用来衡量银行风险的重要指标，如果把银行大部分资产贷给少数几家公司企业，那么企业的经营状况将会直接影响到银行贷出资金的安全，这会增加银行风险的不确定程度。而最大十家客户贷款比例可以反映银行贷款结构与银行贷款质量，根据我国银行业监管要求，最大十家客户贷款比例不得超过 50%，而我国各区域商业银行的此指标值基本上均不超过 40%。

（11）净资本与净资产比例。净资本一般指具有较强流动性的资本，如现金、存款等，净资产不但包括净资本，除此以外还包括厂房、设备等不易变现的资产。所以净资本与净资产的比例是用来衡量证券业流动性的一个重要指标，按照证监会规定该指标不得低于 40%。

（12）净资产负债率。该指标又称债务股权比率，是负债总额与净资产总额的比例,是债权人提供的资本与股东提供的资本之间的相对关系,往往用来反映证券财务机构的基本财务结构的稳定性。净资产负债率高,说明这是一种高风险、高回报的财务结构,反之是一种低风险、低回报的财务结构。根据中国证监会的规定,证券公司该指标值不得高于9,当达到8时必须及时向证监会报告并说明原因。

(13) 股票市价总值/GDP。股票市价总值与GDP的比值用来反映市场投资机会与风险程度,该指标通常不超过80%,但同时也不能低于40%,如果达到120%,将会产生泡沫经济。

(14) 保险深度。保险深度是指某地的保险收入占该地区GDP的比例,通常是反映区域保险业的发展水平以及该地保险业在整个国民经济中的地位的一个主要指标。保险深度由一国经济整体发展水平和保险业发展进程共同决定,保险业的发展有利于金融体系的稳定运行,但是过度发展又与总体经济发展水平不匹配,易对区域金融产生风险,故该指标属于中性指标,过高过低均属不正常范围。按照保险业监管规定,该指标的合理范围应该在2%—5%。

(15) 偿付能力充足率。偿付能力充足率是用于衡量保险公司偿还债务能力的关键指标,它是指保险公司的实际资本与最低资本的比率。根据中国银保监会的规定,保险公司的综合偿付能力充足率不得低于100%。

综合考量银保监会、证监会监管规定和巴塞尔协议相关内容,同时结合我国近年来区域经济、区域金融数据现状,可以设定出预警体系指标的临界值,具体如表8-6所示。

第三节 区域金融风险预警体系指标权重确定

一 赋权法的介绍

目前确定权重的方法有很多,主要可以分为两大类,主观赋

表 8-6　区域金融风险预警体系指标临界值

一级指标	二级指标	三级指标	金融风险基本态势			
			高风险	低风险	基本安全	安全
区域经济指标 A1	区域经济发展水平指标 B1	区域 GDP 增长率 C1	(-∞, 3) U [11, ∞)	[3, 5) U [9, 11)	[5, 6.5) U [7.5, 9)	[6.5, 7.5)
		区域财政收入/GDP C2	(0, 10)	[10, 20)	[20, 25)	[25, 40)
		失业率 C3	[7, ∞)	[5, 7)	[3, 5)	[0, 3)
		价格消费上涨率 C4	(-∞, -5) U [10, ∞)	[-5, -2) U [7, 10)	[-2, 1) U [5, 7)	[1, 5)
	区域经济生态环境指标 B2	企业资产负债率 C5	[70, 80)	[60, 70)	[50, 60)	[30, 50)
		企业资金利润率 C6	(0, 5)	[5, 10)	[10, 15)	[15, 20)
区域金融指标 A2	银行业指标 B3	资本充足率 C7	(0, 4)	[4, 8)	[8, 12)	[12, ∞)
		拨备覆盖率 C8	(0, 100)	[100, 150)	[150, 200)	[200, ∞)
		不良贷款比例 C9	[10, ∞)	[5, 10)	[2, 5)	[0, 2)
		最大十家客户贷款比例 C10	[60, 100)	[40, 60)	[20, 40)	[0, 20)
	证券业指标 B4	净资本与净资产比例 C11	(-∞, 30)	[30, 40)	[40, 50)	[50, ∞)
		净资产负债率 C12	[12, ∞)	[9, 12)	[7, 9)	[0, 7)
		股票市价总值/GDP C13	[120, ∞)	[100, 120)	[20, 40) U [80, 100)	[40, 80)
	保险业指标 B5	保险深度 C14	(-∞, 1) U [6, ∞)	[1, 2) U [5, 6)	[2, 3) U [4, 5)	[3, 4)
		偿付能力充足率 C15	(-∞, 70)	[70, 100)	[100, 150)	[150, ∞)

权法和客观赋权法，其中具体包括离差最大化法、模糊聚类分析法、德尔菲法（Delphi）和层次分析法（AHP）等。

（一）离差最大化法

该方法的基本思想是某项指标的观测值差别越大，那么在综合评价中所起的作用就越大，从而也就表明权重越大。其差别程度可以用方差来衡量。

设 x_{ij} 为第 i 个方案的第 j 项指标的观测值（$i=1,2,\cdots,n;j=1,2,\cdots,m$）。用式：

$$x_{ij} = \frac{x_{ij} - \bar{x}_j}{s_j}$$

式中：$\bar{x}_j = \frac{1}{n}\sum_{i=1}^{n}x_{ij}$，$s_j = \left[\frac{1}{n}\sum_{i=1}^{n}(x_{ij} - \bar{x}_j)^2\right]^{\frac{1}{2}}$

$B = (b_1, b_2, \cdots, b_m)^T$ 表示的是待定权重的向量，那么方案 i 的综合评分表示为：

$$y_i = b_1 x_{i1} + b_2 x_{i2} + \cdots + b_m x_{im} \quad i = (1, 2, \cdots, n)$$

各方案的综合评价结果表示为：

$$Y = XB$$

其中，$Y = (y_1, y_2, \cdots, y_m)^T$，$X = (x_{ij})_{n \times m}$

最大方差法也就是确定权重向量 B，使得 n 个方案的综合评价值的方差尽可能大。

Y 的方差为：$S^2 = \frac{1}{n}\sum_{i=1}^{n}(y_i - \bar{y})^2 = \frac{1}{n}Y^TY - \bar{y}^2$

将 $Y = XB$ 代入上式可以得到 $nS^2 = B^THB$，其中 $H = X^TX$ 为对称矩阵。若对 B 不加以限制，则 nS^2 可以取任意大的值，这里限定 $B^TB = 1$，那么确定权重向量 B 的问题就转化成了解如下约束的规划问题：

$$\begin{cases} \max B^THB \\ s.t\, B^TB = 1 \end{cases}$$

可证出使上式取最大值的 B 是 H 的最大特征值所对应的标准特征向量。

（二）模糊聚类分析法

当若干个评价指标具有模糊性时，可以采用模糊聚类分析法对指标做模糊分类，并给出分类的权重和排序，具体方法如下：

第一步取评价指标体系为论域 $U = (u_1, u_2, \cdots, u_i \cdots, u_m)$，其中任一指标 u_i 由 n 个样本的隶属度表征即为：

$$u_i = \{x_{i1} = \mu_1(u_i), x_{i2} = \mu_2(u_i), \cdots, x_{ij} = \mu_j(u_i), \cdots, x_{in} = \mu_n(u_i)\}$$

于是可以得到评价系统的初始数据矩阵 X：

$$X = \{x_{ij} = \mu_j(u_i)\}_{m \times n} \quad (i = 1, 2, \cdots, m; j = 1, 2, \cdots, n)$$

从而进一步可得标准化数据矩阵 Y：

$$Y = \{y_{ij}\}_{m \times n}, \text{其中}, y_{ij} = \frac{x_{ij}}{\sum_{j=1}^{n} x_{ij}}$$

第二步列出论域 U 中所有指标的序偶 (u_i, u_k)，采用数量积法计算所有序偶的模糊相似系数，得到论域 U 上的一个模糊相似关系矩阵 R：

$$R = \{r_{u_i u_k}\} = \{r_{ik}\}_{m \times m} = \begin{bmatrix} r_{11} & \cdots & r_{1m} \\ \vdots & \ddots & \vdots \\ r_{m1} & \cdots & r_{mm} \end{bmatrix}$$

第三步计算模糊等价矩阵，使其具备自反性对称性与传递性。为此对 R 做自乘运算：$R^2 = R \cdot R$，$R^4 = R^2 \cdot R^2$，直到出现 $R^k = R^{2k}$，这时 $R^* = R^k$ 为模糊等价关系矩阵。

第四步计算 R^* 在不同阈值 (λ) 下的截矩阵（布尔矩阵），对一系列截矩阵做分析可得到评价指标重要程度的分类。一般情况下，随着 λ 由小到大变化，对指标的分类也由少到多，为了尽可能区分出各评价指标的重要程度，应选取较大的 λ 值，以便对评价指标的重要程度做分类和排序，作为进一步确定各指标权重的基础。

（三）德尔菲法（Delphi）

该方法是根据若干专家的知识储备、经验、智慧、信息、价值观等因素对已经拟好的评价指标进行分析判断，并赋予权重的一种常见的调查方法。一般情况下需要进行多轮不记名的调查，在专家意见比较接近的前提情况下，组织者会对得到的专家意见进行统一数据处理，包括检验专家意见的集中程度、离散程度以及协调程度，都达到要求后，得出各评价指标的初始权重向量 $w^0 = (w^0)_{1n}$，再对 w^0 做归一化处理得到各评价指标的权重向量。

$$w = \left\{ \frac{w_1^0}{\sum_{i=1}^{n} w_i^0}, \frac{w_2^0}{\sum_{i=1}^{n} w_i^0}, \cdots, \frac{w_n^0}{\sum_{i=1}^{n} w_i^0} \right\} = \{w_1, w_2, \cdots, w_n\}$$

（四）层次分析法（AHP）

层次分析法（Analytic Hierarchy Process）是匹兹堡大学教授萨迪（Thomas L. Saaty）在20世纪70年代中期提出的一种既包含定性分析，又包含定量分析的多目标决策分析方法。此分析方法将一个复杂问题分解成多个组成因素，并对组成因素依据支配关系进一步分解，形成一个涵盖目标层、准则层、指标层，多目标多层次的有序递阶层次结构。该方法因为其系统化、简洁、灵活操作等特点，又把定性与定量分析相结合的优势，使其迅速在我国各个学科领域中得到了广泛的认可与应用。本书采用层次分析法将区域金融风险进行层次细分，并且对影响因素两两相比较得到多组判断矩阵，从而最终确定各影响指标的权重。对于本书研究的区域金融风险预警指标体系，我们分为2个一级指标即目标层，5个二级指标即准则层，15个三级指标即指标层，将对这些复杂系统进行层次分析并最终确定指标权重。层次分析法的具体步骤如下。

第一步，判断矩阵。

将因素 A_i 与 A_j 进行比较，得到判断矩阵：$A = (a_{ij})_{n \times n}$，判断矩阵是以上一级的某一个影响因素作为判断依据，对本级要素进行两两比较来确定指标的相对重要程度。具体比较后的打分标准如表8-7所示。

表 8-7　　　　　　　　AHP 法相对重要性标度说明

标度	说明
1	表示两个因素相比，同样重要
3	表示两个因素相比，前者比后者稍微重要
5	表示两个因素相比，前者比后者明显重要
7	表示两个因素相比，前者比后者非常重要
9	表示两个因素相比，前者比后者极端重要
2，4，6，8	表示上述相邻标度的中间值

第二步，根据判断矩阵来计算同一层各指标的权重。

根据判断矩阵，可以用幂法得到任意精确度的最大特征根与特征向量，特征向量的各个数值即表示该层次各指标对上层指标影响大小的权重。实际运用中，我们通常采用更为简便的近似求解法，如下：

（1）计算判断矩阵每一行元素的乘积 B_i：$B_i = \prod_{j=1}^{n} a_{ij}$，$i = 1, 2, \cdots, n$

（2）计算判断 B_i 的 n 次方根：$C_i = \sqrt[n]{B_i}$，$i = 1, 2, \cdots, n$

（3）对向量 $C = (C_1, C_2, \cdots, C_n)^T$ 归一化：$W_i = \dfrac{C_i}{\sum_{i=1}^{n} C_i}$，$i = 1, 2, \cdots, n$

$W = (W_1, W_2, \cdots, W_n)^T$ 就是所求的特征向量，$W_1, W_2, \cdots, W_n$ 分别指同一层各指标对上一层指标影响大小的权重。

第三步，一致性检验。

由于在第一步构造判断矩阵时，赋值是通过主观打分确定的，因而还需要进行一致性检验，以评判矩阵是否可靠。计算步骤如下：

（1）计算一致性指标 CI（Consistency Index）

$CI = \dfrac{\lambda_{max} - n}{n - 1}$，其中，$\lambda_{max} = \dfrac{1}{n} \sum_{i=1}^{n} \dfrac{\sum_{j=1}^{n} a_{ij} W_j}{w_i}$，$\lambda_{max}$ 为判断矩阵的最大特征值，n 为判断矩阵 $A = (a_{ij})_{n \times n}$ 的阶数。

(2) 计算一致性比率 CR (Consistency Ratio): $CR = \dfrac{CI}{RI}$

式中 RI (Random Index) 为平均随机一致性指标,其值可从表 8-8 中 n 相对应的数值获得。

表 8-8　　　　平均随机一致性指标 (RI) 取值

矩阵阶数	1	2	3	4	5	6	7	8	9	10	11	12	13	14	15
RI	0	0	0.58	0.90	1.12	1.26	1.36	1.41	1.46	1.49	1.52	1.54	1.56	1.58	1.59

若 CR<0.1,则判断矩阵通过检验,接受指标权重;

若 CR>0.1,则判断矩阵不能通过检验,不能接受指标权重,此时应对判断矩阵进行适当的调整。

二　区域金融风险预警指标权重的确定

(一) 一级指标权重确定

区域金融风险影响因素中的一级指标包括区域经济指标、区域金融指标两个。区域金融指标与区域金融风险的关联度于其他区域经济指标,因此,将区域金融指标值设为4,由此可得一级指标的标度值与权重,如表8-9所示。

表 8-9　　　　一级指标的标度值与权重

指标	区域经济指标	区域金融指标	B_i	C_i	W_i(权重)
区域经济指标	1	1/4	0.25	0.5	20%
区域金融指标	4	1	4	2	80%
合计/平均				2.5	

(二) 二级指标权重确定

1. 区域经济指标的二级指标权重

区域经济指标包括发展水平指标与营商环境指标两种。其中营商环境指标涉及企业运营的状况,与区域金融风险关系较为直接,因此营商环境指标较重要。营商环境指标对发展水平指标的标度值为2,区域经济指标二级指标标度值与权重如表8-10所示。

表8-10　　　　区域经济指标二级指标标度值与权重

指标	发展水平指标	生态环境指标	B_i	C_i	W_i（权重）
发展水平指标	1	1/2	0.5	0.7071	33.33%
营商环境指标	2	1	2	1.4142	66.67%
合计/平均				2.1213	

2. 区域金融指标的二级指标权重

区域金融指标包含了银行业指标、证券业指标、保险业指标三个方面。这三个指标均属于区域金融风险的业内指标,由于银行业的波动影响区域金融稳定程度较大,所以此指标较为重要,证券业影响力次之,保险业影响最弱。银行业指标相对证券业指标的标度值为3,相对保险业指标的标度值为4。因此可得区域金融指标二级指标标度值与权重如表8-11所示。

表8-11　　　　区域金融指标二级指标标度值与权重

指标	银行业指标	证券业指标	保险业指标	B_i	C_i	W_i（权重）	$CI = (\lambda - n)/(n-1)$	$CR = CI/RI$
银行业指标	1	3	4	12	2.2894	62.50%		
证券业指标	1/3	1	2	0.6667	0.8736	23.85%		
保险业指标	1/4	1/2	1	0.125	0.5	13.65%	0.0102	0.0176
合计/平均					3.663			

（三）三级指标权重确定

1. 区域经济发展水平指标的三级指标权重确定

区域经济发展水平指标包含区域GDP增长率、区域财政收入与GDP比例、失业率、通货膨胀率四个方面。区域经济发展水平指标三级指标标度值和权重如表8-12所示。

表8-12　　　　发展水平指标三级指标标度值和权重

指标	区域GDP增长率	区域财政收入/GDP	失业率	通货膨胀率	B_i	C_i	W_i（权重）	CI=(λ-n)/(n-1)	CR=CI/RI
区域GDP增长率	1	1/5	1/3	1/4	0.0167	0.3595	7.29%		
区域财政收入/GDP	5	1	3	2	30	2.3403	47.29%		
失业率	3	1/3	1	1/2	0.5	0.8409	16.99%	0.0172	0.0191
通货膨胀率	4	1/2	2	1	4	1.4142	28.43%		
合计/平均						4.9549			

2. 区域经济营商环境指标的三级指标权重确定

营商环境指标包含企业资产负债率、企业资金利税率两个方面。区域经济营商环境指标三级指标标度值和权重如表8-13所示。

表8-13　　　　营商环境指标三级指标标度值和权重

指标	企业资产负债率	企业资金利税率	B_i	C_i	W_i（权重）
企业资产负债率	1	2	2	1.4142	66.67%
企业资金利税率	1/2	1	0.5	0.7071	33.33%
合计/平均				2.1213	

3. 银行业指标的三级指标权重确定

银行业指标包括资本充足率、不良贷款拨备覆盖率、不良资产比例、贷款集中度四个方面。其中，不良贷款比例对区域金融稳定影响较大，资本充足率和拨备覆盖率次之，贷款集中度稍小，因此银行业指标三级指标标度值和权重如表8-14所示。

表 8-14　　　　　　银行业指标三级指标标度值和权重

指标	资本充足率	拨备覆盖率	不良贷款比例	贷款集中度	B_i	C_i	W_i（权重）	CI = (λ-n)/(n-1)	CR = CI/RI
资本充足率	1	2	1/2	6	6	1.5651	29.18%		
拨备覆盖率	1/2	1	1/3	5	0.8333	0.9554	18.01%		
不良贷款比例	2	3	1	7	42	2.5457	47.84%	0.0258	0.0287
贷款集中度	1/6	1/5	1/7	1	0.0048	0.2632	4.97%		
合计/平均						5.3294			

4. 证券业指标的三级指标权重确定

证券业指标包括净资本与净资产比例、净资产负债率、股票市价总值占 GDP 比例三个方面。证券业指标三级指标标度值和权重如表 8-15 所示。

表 8-15　　　　　　证券业指标三级指标标度值和权重

指标	净资本与净资产比例	净资产负债率	股票市价总值/GDP	B_i	C_i	W_i（权重）	CI = (λ-n)/(n-1)	CR = CI/RI
净资本与净资产比例	1	2	1/2	1	1	29.70%		
净资产负债率	1/2	1	1/3	0.1667	0.5503	16.34%		
股票市价总值/GDP	2	3	1	6	1.8171	53.96%	0.0051	0.0088
合计/平均					3.3674			

5. 保险业指标的三级指标权重确定

保险业指标包括保险深度、偿付能力充足率两个方面。保险业指标的三级指标标度值和权重如表 8-16 所示。

表 8-16　　保险业指标三级指标标度值和权重

指标	保险深度	偿付能力充足率	B_i	C_i	W_i（权重）
保险深度	1	1/3	0.3333	0.5774	25%
偿付能力充足率	3	1	3	1.7320	75%
合计/平均				2.3094	

通过以上分析可以得到区域金融风险预警体系各指标的权重，具体如表 8-17 所示。

表 8-17　　区域金融风险预警体系指标权重

一级指标	一级指标权重	二级指标	二级指标权重	三级指标	三级指标权重	最终权重
区域经济指标 A1	20%	发展水平指标 B1	33.33%	区域 GDP 增长率 C1	7.29%	0.486%
				区域财政收入/GDP C2	47.29%	3.152%
				失业率 C3	16.99%	1.133%
		营商环境指标 B2	66.67%	通货膨胀 C4	28.44%	1.896%
				企业资产负债率 C5	66.67%	8.890%
				企业资金利润率 C6	33.33%	4.444%
区域金融指标 A2	80%	银行业指标 B3	62.50%	资本充足率 C7	29.18%	14.590%
				拨备覆盖率 C8	18.01%	9.005%
				不良贷款比例 C9	47.84%	23.920%
				贷款集中度 C10	4.97%	2.485%
		证券业指标 B4	23.85%	净资本与净资产比例 C11	29.70%	5.667%
				净资产负债率 C12	16.34%	3.118%
				股票市价总值/GDP C13	53.96%	10.296%
		保险业指标 B5	13.65%	保险深度 C14	25.00%	2.730%
				偿付能力充足率 C15	75.00%	8.190%
合计						100%

第四节 区域金融风险实证分析与防范建议

一 区域金融风险的实证分析

根据上文构建的区域金融风险预警体系以及指标权重的确定，接下来对区域金融风险测度指标进行量化处理。首先，本书将实证获得的分值分为四个等级，依次为 [0, 25)、[25, 50)、[50, 75)、[75, 100]。四个等级分别对应的区域金融风险依次是高风险、低风险、基本安全以及安全，与上文的区域金融风险预警体系指标的临界值相对应。其中当分数介于 0—25 分时，表明区域金融处于高风险危机状态，应立即采取措施稳定金融环境；如果分数位于 25—50 分，表明区域金融处于低风险状态，应当密切注意其影响因素动态，提高警惕加强金融方面管理；如果分数处于 50—75 分，表明区域金融状态基本安全，应在保持此状态的前提下求发展求突破；如果介于 75—100 分，说明区域金融安全稳定，应再接再厉适当拓展。其次，对区域金融风险测度指标进行标准化处理。因为每个指标的性质以及量纲均不相同，所以就需要对原始的指标数据进行标准化处理，便于统一、直观、科学地反映出风险程度水平。本书采取映射法将原始数据按照上文选取的预警体系指标临界值映射为统一的分数值，具体操作是对于每个指标值，根据其在不同风险程度水平的预警界限上限与下限中的对应位置，依据相同的比例映射到分数上限与下限之间的对应位置。比如 2017 年我国 GDP 增长率为 6.9% 介于安全区间 6.5%—7.5% 内，也就是映射分数应该在 75—100 分，然后按照距上下限的比例进行计算，该指标分数为 85 分，因为篇幅有限，其余指标均如此计算。最终得到各省区市区域金融风险实证结果，如表 8-18 所示。

表 8-18　31 个省市自治区区域金融风险实证结果排序

序号	省区市	分数	预警区间
1	海南省（东）	77.58	安全
2	重庆市（东）	77.06	安全
3	吉林省（中）	76.66	安全
4	河南省（中）	76.66	安全
5	新疆维吾尔自治区（西）	76.47	安全
6	安徽省（中）	75.70	安全
7	陕西省（西）	74.56	基本安全
8	湖南省（中）	74.55	基本安全
9	江苏省（东）	74.32	基本安全
10	贵州省（西）	73.93	基本安全
11	福建省（东）	73.36	基本安全
12	黑龙江省（中）	72.96	基本安全
13	天津市（东）	72.48	基本安全
14	山西省（中）	72.37	基本安全
15	云南省（西）	72.14	基本安全
16	河北省（东）	71.96	基本安全
17	北京市（东）	71.61	基本安全
18	甘肃省（西）	71.50	基本安全
19	上海市（东）	71.31	基本安全
20	辽宁省（东）	70.72	基本安全
21	西藏自治区（西）	70.68	基本安全
22	浙江省（东）	70.60	基本安全
23	湖北省（中）	70.55	基本安全
24	四川省（西）	70.15	基本安全
25	广西壮族自治区（东）	69.97	基本安全
26	江西省（中）	69.74	基本安全
27	广东省（东）	68.97	基本安全
28	宁夏回族自治区（西）	68.84	基本安全
29	青海省（西）	67.84	基本安全
30	山东省（东）	67.22	基本安全
31	内蒙古自治区（中）	65.67	基本安全

由表 8-18 可得到一些实证结果，总体来看我国 31 个省区市中，海南省、重庆市、吉林省、河南省、新疆维吾尔自治区以及安徽省六个地区处于金融安全状态，情况较好，其余 25 个省区市均处于基本安全状态，其中青海省、山东省、内蒙古自治区的分数相对较低。其中，西部边远地区的区域金融风险实证分数整体偏低，比如青海、宁夏、西藏、四川综合排序均在 20 之后，主要是由于区域经济发展水平以及区域经济生态环境水平相比其他地方不占优势。地处中部和东部经济带的省区实证分数相对比较分散，接下来分析研究一下实证结果。

首先，近些年来我国杠杆率一直偏高。具体来看，政府层面上，有 23 个省区市的政府负债率高达 90% 以上，存在金融风险；企业层面上，全国 31 个省区市的企业负债率均在 40% 以上，存在低风险；个人层面上，其中有 16 个省区市的居民债务率指标存在风险。这种高杠杆率对区域金融风险的潜在影响还是比较危险的，应该引起我们的重视。其次，金融乱象问题比较突出。随着近些年来金融创新以及互联网金融的蓬勃发展，为我国金融领域带来生机与活力，但与此同时，金融领域中的乱象问题在传统金融机构和新兴的互联网金融领域频发，尤其在后者之间表现更为突出。其中影子银行因为具有高杠杆、信息不透明、监管不到位等特点为区域金融带来比较高的风险，除此以外，非法集资事件近些年不断增多且涉及区域也不断扩大，尤其在东部沿海地区、中西部人口大省，这些金融乱象都为区域金融风险埋下隐患。最后，虚拟经济的过快发展导致难以与实体经济发展相匹配。虚拟经济是以资本化定价为基础的一套价格体系，以股票价格和房地产价格为代表。其中我国"股票市场价格/GDP"这一指标数值显示在 2008 年与 2016 年都存在风险。此外，房价的过快上涨表明房地产领域存在价格泡沫。金融深化推动了虚拟经济的发展，但虚拟经济与实体经济的"脱钩"也形成了金融风险向实体经济传递的新通道，这方面的风险应该受到更多关注和研究。

二 区域金融风险的防范建议

基于对我国31个省区市区域金融风险的实证研究，可以发现以下问题。首先，我国区域经济状况处于比较理想的水平，但也仍有改善和进步的空间，各地区的区域经济生态环境的波动对区域金融稳定影响较大，而在造成区域金融风险存在差异的因素中，生态环境指标是主要原因，所以优化区域生态环境很有必要。其次，对于我国区域金融风险测度体系的研究在此之前就已经比较多，但是研究时间比较早，没有及时更新，缺乏时效性，导致常态化的测度体系不足。最后，我国区域金融制度依旧缺少创新，对于影响区域金融稳定的各方面指标都离不开区域金融制度创新，如果提高区域金融制度创新可以带来两方面的好处，其一是可以有效改善信息不对称问题引发的区域金融风险，其二是可以为区域金融发展营造一种竞争氛围，促进相互共同进步，降低风险，提高稳定性。根据现象和分析结果提出相应的防范建议。

首先，要继续深化推进供给侧结构性改革，降低杠杆率。政府层面上，可以因地制宜，根据不同的事宜行使相对应的财权，控制地方政府债务规模，防止债务膨胀导致问题进一步严重，加强地方政府对于融资平台的监管，使其信息公开透明。企业层面上，通过健全多层次、多功能的金融市场体系，促使企业间接融资转向直接融资，企业内部建立负债约束机制。个人层面上，主要与房地产价格泡沫有关，所以应严格控制房价，真正做到房子是用来住的，不是用来炒的。除此以外，针对货币供应量不断上升的问题，应加快货币运转，提高使用效率，在继续坚持稳健的货币政策的同时加强政策灵活性。

其次，健全金融监管体系，加强整治金融乱象。近年来随着以互联网为基础的金融科技的快速发展，互联网发展状况对于金融稳定的影响越来越重要，因此建立和完善互联网金融监管体系十分有必要。对于金融乱象，要严格界定影子银行，使监管对象具体清晰，完善相应的法律法规，各监管机构互通有无，齐心协力，杜绝形成监管空白。针对非法集资要加大整治力度，提高居民风险防范意识，区分融资形式，明确民间借贷和非法集资，完善相应的法律法规。

最后，各区域要引导金融业脱虚向实，大力发展实体经济。应完善虚拟经济内部结构，引导其稳健发展，避免大量资金聚集在金融泡沫上，对实体经济的资金造成挤兑，从而限制实体经济发展。应对两者进行协同监管，建立虚拟泡沫程度指标体系，并对其监管控制，促进金融市场与实体经济均衡发展。

第九章

区域金融风险防控国际合作机制

第一节 国际金融监管合作

一 国际金融监管合作的意义与功能

国际金融系统的稳定对世界经济发展起着极其重要的作用，每次金融危机的出现都对世界经济产生很多深层面的负面影响，由此可见，稳定才能压倒一切，当然国际金融体系的稳定也不例外。而当今世界的金融经济日益复杂化，紧密化，往往呈现出超越国别的界限，让世界范围内各地区角落的经济活动彼此依存，相互联系，逐渐形成了一个世界各国均参与其中，不分你我的有机整体，这就导致任何一国或地区的经济波动都会引起世界经济的波澜。

全球金融一体化不断加深的过程也是各国主权不断受到挑战的过程。具体表现之一为限制国家主权受到限制。一体化的相反含义是独立，所以金融一体化加深的过程会使主权国家的金融政策独立性受到挑战。在世界经济紧密联系的大背景下，各国家地区的汇率政策、货币政策等政策均具有溢出效应，除了对本国有作用以外，还会对其他国家产生效应，且效应显著。另外，全球金融一体化程度不断提升，随之而来的是国际金融机构的权力也逐步增强，这就留下一种隐患，或许有朝一日由于某种原因，存在国际金融机构对发展中国家、欠发达地区国家的主权发起冲击的可能性。具体表现之二是国家金融安全受到威胁。由于发展中国家、欠发达地区国家的经济结构不完善，经济体系不完整，国际金融市场的巨额游资会对不发达国家的金融安全产生威胁。其中金融创新会为国际巨额游资对主权国家产生潜在冲击提供途径和手段，使国家金融安全无法得到保障。另外发达国家可能操纵国际金融系统，还有全球金融体系主体结构的不完整性，让发展中国家始终暴露在金融风险面前，随时威胁着国家的金融安全。所以在金融全球一体化的进程中应当加强国际金融监管合作，首先我们要理解国际金融监管合作的目标及其功能。

金融监管的目标在于防范金融风险，提高金融系统的效率，保证金融体系的安全健康和稳定发展。但是当前种种复杂、深层的原因都使得金融体系的系统性、非系统性风险明显上升，导致金融危机发生频率更高，影响更深，从而使得监管目标难以实现。其中原因包括金融业综合经营势头显著，体现为金融市场的交易规模快速扩张，交易方式日新月异，复杂多变，金融机构间、市场间的相互联系不断深化，依赖程度显著提高，同时带来的是危机传染的可能性也大幅上升。其中交易方式复杂多样化容易加剧信息不对称问题，普通交易者由于缺乏专业的知识素养和经验储备而难以深刻理解掌握金融交易活动，金融监管机构也难以及时有效得到金融交易活动的准确信息，这都加剧了金融机构和普通交易者的信息不对称，从而损害对信息掌握较少的一方，即普通金融参与者的利益。所以有效防范金融体系的系统性危机，规避金融危机所带来的负面影响成为国际金融监管合作最重要的目标，接下来分析其功能定位。

首先，其功能之一是确立国际金融监管合作的标准。在国际金融监管合作中建立标准是后续工作开展的前提，它是当今各种国际监管组织的共同目标，也是国际金融监管合作的重中之重。建立确定一个适用于广泛地区的监管标准是提升面对金融危机应对能力的重要措施。事实上，自 20 世纪 80 年代以来，巴塞尔委员会、国际保险监管者协会、国际证券业监管委员会三大国际监管组织分别在银行业、证券业、保险业均提出了行业间比较规范化的国际监管标准。制定国际监管标准的参与国家因为金融结构、体制等多方面要素均不相同，各有千秋，所以在制定标准时应以符合大部分人的利益，满足大多数人的需求为准则。目前，在国际金融监管中制定的国际标准已不局限于国际上比较相似的监管标准，而更注重于国际社会上普遍比较认可的最低标准。

其次，其功能包含加强监管信息的交流与共享。提高金融监管效率的一个关键因素是第一时间获得充分、有效的即时信息，目前国际上对于金融监管领域的信息交流与分享已经达成一致，其中要遵循的原则有监管者必须有充分大量的有效信息作为基础从而进行有效的监管；应持有未雨绸缪的态度去收集获得信息，来促进协调合作，当监管机构真正面临问题时，应该及时进行信息共享，并在第一时间作出反馈；向金融机构的主要监管者传达实时相关信息；除此以外还应秉公无私，对那些可能影响到自身的不利信息也要共享，积极签署相关协议，共同建立信任合作机制。目前金融监管的信息交流共享中最主要的形式有多边合作以及双边合作。多边合作是指在一定区域内进行监管国际合作时，由各类利益相关者参与，既包括金融监管合作，也包括金融监管协调与合作。前者是在全球性经济组织、金融组织框架下进行的，后者包括巴塞尔委员会以及金融监管合作等，其发生发展的过程中起到主要作用的为发达国家。[①] 想要有效地进行国际监管机构的彼此合作，就要建立良好的信息交流共享机制，以国际监管标准为准则共同实现多边合作的目的。在这期间众多国家都为多边合作贡献出自己的力量，比如在1990年由巴塞尔委员会制定的《银行监管当局之间的信息交流》，就是针对监管信息的互通有无建立的；1995年国际保险监督者协会发布的《关于双边援助、合作和信息共享的建议》要求签署国以立法形式促进原始信息的交流分享。

---

① 宋宪伟：《国际金融监管的多边治理机制———一个多层次的构想框架》，《福建行政学院学报》2009年第3期，第93—97、108页。

最后，其功能包括形成一种国际性约束来稳定金融秩序。一般来说，在国际金融业务领域，金融机构开展业务的过程中应当承担的责任和对应国家金融监管机构应当具备的合理的权限事先都应该要有明确的规定。传统金融机构的监管权限都是通过双边协议来确定的，比较基础和浅显。但随着时代的变迁，监管权的确立和协调方案都有较大的发展和进步，基本都是通过国际金融监管协商来完成的。[①] 世界经济稳定发展的前提是需要不同国家之间形成一种国际性约束制度，国际金融监管合作要通过这种制度把风险降到最小，保障参与者的利益。目前，国际监管机构、各个国家都推出很多有关国际金融的法规政策，这些法规政策的制定与颁布使得与国际贸易有关的国际法律体系更加完善，另外还促进了其他的国际活动有序且稳定地开展。这一方面加强了世界上不同国家之间的合作，另一方面还保障了世界经济的稳健发展。每次不同国际组织间的彼此合作一定程度上既是国际社会的发展和进步，又是对国际合作内容的丰富和实践。从某种意义上来讲，国际机构在对国际活动制定监管规范标准的同时也推动了不同国际组织间的密切配合，这种配合使双边、多边的监管合作在面对危机时产生的效果得到显著的提升，不同的监管机构紧密合作、进行共同监管使监管的程度和规模都有所加强和扩大。

二 国际金融监管合作制度的不足

金融在现代经济中具有核心的地位，要想使经济有序稳定地发展一定离不开金融体系的不断完善进步，所以只有首先保障金融安全健康，国际经济乃至世界经济才会稳步向前。随着当今世界金融一体化、区域经济一体化进程的不断加深，劳动市场、资本市场以及其他市场中各种要素的流动性、关联性均越发频繁，这导致世界上各个国家，涉及各个领域的联系也越发紧密，一体化带来的不仅仅是更多的机遇，随之带来的也是前所未有的挑战。

---

① 李国英:《金融抑制、金融创新与互联网金融发展边界——基于与传统金融机构竞合的视角》，《区域经济评论》2015 年第 4 期。

现阶段世界范围内金融领域存在的主要矛盾是国际层面的金融活动与国家层面的金融监管之间的不协调不匹配，导致金融监管的脚步落后于金融活动的步伐。一旦金融危机爆发，仅靠单个国家或地区的力量政策很难与之抗衡，因此，国际金融监管合作的必要性显得尤为重要。通常国家政策都会存在溢出效应，而国际金融活动日趋频繁使这个效应不断被放大，同时要求不同国家要加强沟通协作，促使各国金融监管机构加强合作互助。[①] 另外，金融领域的主要矛盾进而导致了金融监管领域的矛盾，即国际化的监管对象与国别化的监管主体之间的不协调不匹配。造成了如果一国想要监测防控金融风险，就要牺牲一部分监管自由，接受合作机制的约束与管制；国际金融监管组织开展合作需要国家层面让渡金融领域部分主权，而有些国家不配合，难以实现合作的相关问题。因此，国际金融监管合作的不足有几个方面，主要包括合作的利益冲突、合作制度的不完整与相关合作法律的缺陷。

　　国际金融监管合作主要受到大国博弈的束缚。当前的国际活动往往更多表现为权力博弈，不只是在主权国家之间，也在国际组织之间。国际组织既是主权国家的功能延伸，又受到其主权国家的限制约束，使国家间权力博弈在国际政治层面依旧是最根本的影响因素，所以国际制度受大国权力的影响，让其为国家利益服务而不是国际利益，国际组织变成了大国为实现自己目标的一种途径手段。对此，一直支持国际制度的罗伯特·基欧汉，也曾无奈地承认，"只要民族国家仍然是国际政治中的基本现象而不是过时的现象，那么希望通过国际组织，运用集权方式以使规则得以实现就只能是一个空想"。就连最初的"巴塞尔Ⅰ"都仅仅以体现西方发达国家意志制定出来的，20世纪90年代左右，金融一体化已成大势所趋，加之金额创新深化，巴塞尔Ⅰ的问题深刻暴露出来。就在巴塞尔Ⅰ制定的八年之后，《统一资本计量和资本标准的国际协议：修订框架》问世，也即"巴塞尔Ⅱ"，其中强化

---

　　① 周渤、苏宇慧、于震：《美国量化宽松货币政策对中国的溢出效应研究》，《经济体制改革》2016年第5期。

了最低资本充足率、外部监管、市场约束在监管中的支撑地位，然而，此协议依旧由美国主导，本质上两个协议的理念是相同的，只是在包装上、技术层面略作修整。巴塞尔Ⅰ到巴塞尔Ⅱ是美国带头，只考虑西方少数发达国家利益的全球性金融监管制度的演化过程，以此为手段打压竞争对手。这就表明合作具有非公平性。在合作中受益者往往是发达国家，因为其强大的经济实力、政治影响等多方面因素，将自身利益放到第一位，忽略多数发展中国家的利益诉求。

国际金融监管合作制度的不完整主要体现在危机预警系统存在滞后性以及监管框架过于复杂化。根据近些年历次的金融危机，比如东南亚金融危机、欧债危机、美国次贷危机都表明现存的金融危机预警体系的作用甚微，甚至完全没有作用。IMF用来稳定各成员国汇率的机制，其定位决定了它在一国汇率体制崩塌后再进行援助，实际上充当了马后炮的角色，在预警方面完全起不到任何作用。在东南亚金融危机期间，IMF就没有发挥其应有的作用，反而让危机加剧。目前来看，重建一个类似于IMF的组织机构是不太现实的，更迫切需要完善的是其危机前的预测作用。

国际金融监管合作制度的法律缺陷具体表现为，其一，约束力不强。由于各国家的经济水平、文化历史都不尽相同，而且监管体制也良莠不齐，构建全球性的具有法律强制力的监管机构尚还不具备基础和条件。目前来说，巴塞尔委员会在国际金融监管领域已然是受到广泛认同的机构了，但其也是非正式国际组织，所以发布的巴塞尔协议等文件也不具有国际法意义上的法律约束力。可以看出，实施国际金融监管合作困难重重。其二，存在监管盲区。在世界金融紧密联系的大潮流之下，也滋生出一些非法组织机构逃税、洗钱等金融活动，长此下去都为金融危机的爆发埋下诱因，甚至不法组织会利用其高流动性、高利润对某一国经济恶意攻击，这些都是金融监管的黑暗地带。尽管国际性监管机构都出台很多文件政策，但还没有形成一套完整成熟的监管体系，此外，在金融创新的监管方面还存在漏洞，这些都给金融监管提出新的要求，对国际金融监管合作带来新的挑战。

三 国际金融监管合作的改进

国际合作是确保全球经济治理合法有效的关键一环，因此国际金融监管合作的改进将有效推动世界各国的发展。首先，应划定主体权限。国际法之所以能够存在并被遵守的原因在于其符合大多数国家的利益，所以他们愿意为此进行合作。而不同的国家都拥有不同的金融环境，在金融一体化进程中就会产生利益冲突，这意味着国际金融监管机构要在满足大多数国家的利益时，才能利用制定的规则制度监管国际金融。所以在每个国家都追求自身利益最大化的背景下，国际监管组织应协调好国家间的利益矛盾并关注整体金融发展趋势以作应对。其次，寻找多样性国际金融监管合作。由于各种现实原因，立即快速探索出一套世界各国都一致认可的监管系统是难以实现的，不应将目光单一关注于此，应该多层面、多样式探寻合作可能，目前世界合作基础一般为双边合作，因为双方主体都相对独立，所以合作共赢是容易达成的。应秉承相互信任、平等互利、合作共赢的理念进行金融领域的合作，向多层面、多样式的方向探索合作模式，比如金融多边关系的创建，区域范围合作的探索，合作建立相关法律，等等。

推行区域监管以弥补国际监管的不足之处。其一要完善谈判沟通的机制。金融一体化日益发展，各国想要在收集分享信息方面互通有无，就需要建立谈判沟通的机制，当年德国赫斯塔特银行危机由于时差问题而最终引发欧洲外汇市场的纷争，追根溯源是金融监管的不协调问题。国家之间为了争求自身利益不断地进行着博弈，学界普遍认为加强政府对金融监管问题的重视是预防危机的根本所在。但由于每个国家是理性的，造成国家之间博弈的最终结果是陷入"囚徒困境"，即个体理性会导致集体的非理性，并没有达到"帕累托最优"，最终会损害博弈双方的利益。但若有谈判沟通机制，在进行博弈时，会达成对双方都有利的选择，以推动区域监管的协调。其二是扩大监管合作范围。近年来，非银行金融机构在高速发展，推动了金融业整体的发展进步。但是银行类金融机构的发展风险会出现转移，转移到非银行金融机构，对后者造成影响，因此要扩大监管合作的范围，增加监管主体，保障非金融机构的长久发展。此外，发展中国家加入国际金融监管机构之后，会扩大国际金融监管合作的范畴，不仅如此，还可以解决存在于国际金融层面发达国家与发展中国家的信息不对称问题，完成部分信息共享。

加强机制创新来提高国际金融监管合作的效率。其一是确定法律协调内容，国际金融监管合作的有效实现需要有不断完善的法律法规。想要实现法律协调，应以相互尊重、公平合理为基础理念，以国家政治安全、经济发展为基础前提，作出最优选择。法律协调既可以提高金融领域监管效率，提高国际金融监管水平，又可以使金融机构有机会学习他国的优点，取长补短，增强自身实力。对于国家来说，金融稳定就意味着金融机构都各司其职，维护公共利益，从国际金融监管合作角度看，公共利益就是金融机构在实现自身价值的同时为整体金融市场创造的额外价值；从国际社会角度看，公共利益意味每个机构都负责相应的监管活动，从而实现全球金融市场的稳定。其二是增强机制创新能力。不同国家在贸易程度、经济水平、监管力度等多方面都存在较大差异，这就决定了在金融监管的过程中不能整体推进，而是要分级别、分领域精准进行。另外，施行国际金融监管合作会扩宽监管范围，其中发展中国家的加入会完善监管主体结构，健全监管合作机制，降低金融危机风险，增强金融系统坚固性。

第二节　区域金融监管合作

就当今世界金融系统运行的状况而言，经济与金融的全球化是大势所趋，无可阻挡。然而，在此大趋势下，金融乃至经济方面的区域主义也同时在崛起。正如何泽荣曾经表示："在经济全球化的同时，区域性集团在扩展……区域性经济集团有发达国家之间的，也有发展中国家之间的，还有发达国家与发展中国家之间的，甚至头号经济强国美国也加入了北美自由贸易区。这些经济集团一方面促进了集团内部贸易和金融的自由化、经济技术合作和产业结构的调整，另一方面又在一定程度上阻碍了经济、金融全球化的实现。"[1] 由此可见，区域性集团是一把双刃剑，有利也有弊。也正因如此，继东南亚金融危机、次贷危机爆发后，金融危机的区域性特征浮出水面，引起了更多学者的高度关注。以东南亚金融危机为例，众多学者认为，此危机是一种区域性现象，原因有几点，第一，东南亚国家的经济、金融体制之间具有高度的相似性，一旦此区域内任何一个国家发生金融危机，国际投资者们会对此区域内其他国家甚至整个地区都抱有消极态度，其投资信心会备受影响，甚至产生动摇。第二，东南亚地区国家过早放开资本项目管制的原因，导致国际资本自由流入流出，正是通过相邻国家间紧密的金融、经济联系和传染效应，通过此机制对区域内其他国家地区产生冲击，从而导致危机爆发。基于此种分析，我们或许可以认为，金融危机的预防和控制大部分程度上讲是一种地区性的公共产品，相比于全球性的国际组织机构的援助，区域性国际组织的合作可能会更为高效，作用更为显著，意义更为深远。

金融全球化和金融区域主义类似于当今经济全球化和区域经济一体化，已成为当代国际金融发展的一大特点。随着世界经济总量的不断扩大，各国各地区之间的经济资源配置不断突破国别制约，在世界范围内寻求最优的配置组合与方式，世界各国经济之间形成相互依存、相互融合、相互影响，乃至相互制约的模式，不断发展达到更高水平。区域金融监管合作近年来也在全球付诸实践，比如，东亚地区经济合作的发展格局，"10+3"模式和"10+1"模式的诞生标志着东亚地区经济合作开始步入体制化发

---

[1] 参见何泽荣、黎维彬《国际金融与中国金融发展》，云南民族出版社 2000 年版。

展的新阶段。

一 区域金融监管的发展

区域金融可以被我们理解为，由于地理因素的客观存在，区域内紧密联系的经济金融产生出一种单一货币，构建起区域性货币金融制度体系。它超越了单个国家的层面，使整个区域为同一阵营，在防范应对金融危机、推动区域经济稳步发展方面发挥作用。区域金融的内涵相对来说较为复杂，既有区域内成员国货币金融政策之间的协调，又有汇率制度方面的考量。区域金融不但追求单个成员国的金融效率，还追求整体范围的金融安全。其存在的意义实际上是对世界现存的国际金融制度的完善和补充。国际货币金融监管合作组织机制主要包括世界银行、国际货币基金组织、国际证券委员会、国际清算银行、国际保险监管协会等。20世纪70年代后，随着1974年赫斯塔特银行和富兰克林银行的相继倒闭，使西方国家十分震惊，随后在次年2月成立了巴塞尔银行监管委员会，即巴塞尔委员会。该委员会成立之初的目的是加强国际金融监管合作，制定统一标准执行国际监管，这成为后期一系列关于银行监管国际合作文件协议的基本框架。此外，在非银行金融机构方面，国际证券委员会、国际保险监管协会也制定了很多相关的协议与文件。

但是，即便存在着各种各样的监管机构，也未能阻止近些年一系列的金融危机的到来。对此，贺小勇认为，一是现有国际金融监管体系缺乏有效的金融风险预警机制；二是在这个体制之下，各国金融监管法规和实施措施差距太大，金融监管的国际协调难以进行；三是在金融危机发生时，援助方式僵化。[1] 因为国际金融监管系统存在国家间利益冲突，而且现有监管体系专注于发达国家和地区的金融状况，因此，全球性国际金融监管不能取代区域金融合作，所以不能采取"一刀切"的模式，应尊重各地区的实

---

[1] 参见贺小勇《金融全球化趋势下金融监管的法律问题》，法律出版社2002年版。

际状况，充分发挥各地特点，应加强区域金融监管合作，让区域层面的金融机构在金融秩序中发挥更多作用，从而更好地防范应对金融危机。

之所以强调以区域合作的模式对金融加以监管，在于危机传染的特殊性。危机往往是从一个点爆发，最后逐渐扩散到整个面，正如危机往往从一个国家开始爆发，逐渐传染到区域范围，最终扩散到全球的范围。所以区域合作是防御乃至阻拦金融危机传播的有效途径。区域内的传染机制有一些特点，其一，区域内国家通常都有共同的贷款人，当一国的金融运行出现问题，就会引发区域内其他国家的危机。因为一国发生金融危机会造成区域内共有的贷款人受到冲击，贷款人为防止损失过大会收紧对其他国的贷款，其他国也会因为贷款受限而导致流动性危机，此时金融危机就悄然而至。其二，区域内国家金融关联度比较高。其三，区域内国家的经济结构高度相似，彼此依赖程度较高，一国货币危机爆发，区域内其他国家会出现市场恐慌，从而引起动荡。

从历史来看，不可否认的是，发展中国家、新兴市场国家比发达国家、工业化国家更容易发生金融危机，这些国家主要集中在东南亚、南美、苏联、东欧这些区域，也从侧面表明，金融危机有区域特性。陈学斌认为，"主要原因在于这些地区拥有相似的经济制度，经济结构也具有相似性，出现的经济问题也是相似的。这样，引发危机的因素就能够在同一地区积累，直至发生金融危机"[1]。对此，邓大鸣认为，"这些区域之所以屡遭金融危机的袭击，是因为在发达国家和新兴市场国家以及发展中国家之间存在着一个'金融监管的势差'。所谓'金融监管的势差'是指区域之间、国家之间在金融监管方面所存在的宽严程度上的差距或不均衡"[2]。两者分析的角度不同各有侧重。而构建区域金融监管合作的框架还可降低监管的成本，此成本是相对全球性的国际金融

---

[1] 参见陈学斌等《当代金融危机的形成、扩散与防范机制研究》，上海财经大学出版社 2001 年版。

[2] 参见邓大鸣《金融监管的区域合作》，西南交通大学出版社 2006 年版。

监管合作而言的，原因在于统一的国际金融监管可能具有规模不经济的特点。

二 欧洲区域金融监管合作的历程回顾

我们之所以要研究区域金融监管合作，不仅因为在次贷危机后相互合作、共同抗击金融危机，已经成为相关区域中多数国家地区的共同信念，还因为区域金融监管合作已经是当今国际社会的普遍现象。区域金融监管合作作为一种金融现象并非只存在于今天，也绝非只出现在东南亚地区。追根溯源，区域金融监管合作至少存在于半个多世纪以前的欧洲共同体时期，故本章节以欧洲为例，对欧洲区域金融监管合作的历程进行回顾分析。

其实自从布雷顿森林体系瓦解之后，国际金融就处在一种事实上"无体系"的状态，潜藏着各种原因导致金融危机的风险。而金融危机不但对区域金融监管合作是一种挑战，而且从另一方面来看，也推动区域金融监管合作的不断发展。经过近70年的发展，欧洲区域金融监管合作可以大致分为三个阶段：第一阶段为1950年的欧洲支付同盟到2008年美国次贷危机前夕；第二阶段为从2008年美国次贷危机开始到2012年经济层面金融危机形式产生好转；第三阶段为2012年至今的后金融危机阶段。以此三个阶段为时间节点梳理下监管政策的制度变迁。在次贷危机前这个阶段，欧盟进行了许多的金融合作，从金融监管政策层面，银行监管方面的合作主要体现为在成员国内部监管机构之间的合作，主要以莱姆法路西法案为基础。这是对欧盟金融监管规则中"货币政策与金融监管分离"政策的呼应，也呼应了成员国和金融部门通过"在银行母国进行审慎监管，在东道国对商业行为进行监管"的要求。在次贷危机期间，2009年提出了"德拉罗西埃报告"，其中指出建立起一个超越国家层面的，对整个欧洲都有效的金融监管体系和金融监管机构，此时欧盟的监管思想转变为审慎监管。当金融危机的局面逐渐得到缓解之后，欧洲的金融系统仍有很多问题，监管层面建立起"银行业联盟"，以实际行动呼应"德拉罗西埃报告"，确立超国家层面的审慎监管原则。

1977年，欧洲共同体通过了《协调有关从事信贷机构业务的法律、法规和行政规章的指令》，也就是《第一银行指令》，提出了"母国监管"的原则，意味着欧盟在金融监管方面统一协调的开端。1989年，为了促进银行业的一体化、自由化，欧洲共同体又通过了《第二银行指令》，提出了以母国法律为前提的"相互承认"原则，这意味着欧洲银行业相互认可的开端，促进了区域金融监管合作的发展。1998年，欧洲中央银行（ECB）成立，银行业监管委员会也于同年成立，启动了欧元区货币政策与区域金融监管的合作进程。次年1月1日，欧元区正式形成，欧元区成员国将货币政策主权移交给欧洲央行，以便制定欧元区整体的货币政策，保持价格的稳定性。此时，实行了货币与监管相分离的政策制度，欧盟成员国仍然拥有金融监管的权力，而欧洲中央银行在其中只起到协调指导的作用。同年5月，欧盟制订《金融服务行动计划》，强调了金融监管应该适应于金融创新发展的需求，强调了风险管理和市场参与者的权益保护。2000年，此计划被批准，为欧盟金融一体化、区域金融监管合作奠定了基础。于是在2002年，欧盟就开始着手建构新的金融监管协调体系，即莱姆法路西框架（Lamfalussy Framework），此金融监管框架为四个层面：第一层为立法层，由欧盟理事会、欧盟委员会、欧洲议会按照立法程序制定金融监管法律与规则；第二层为制定层，由欧盟银行委员会（ECB）、证券委员会等制定实施细则和技术性条款；第三层为指导层，欧盟银行监管委员会等督促细则贯彻落实、促进各国监管当局沟通合作；第四层为执行层，欧盟和成员国根据本国实际情况合作执行监管任务。莱姆法路西框架的建立的目的是使欧盟金融监管更好适应于市场变动，提高监管效率，协调监管合作，最初只适用于证券业，2003年以后也逐渐适用于银行业、保险业，从而使欧盟区域金融监管政策趋于一致，2004年制订了《金融服务行动计划》，将框架中绝大部分内容写入欧盟共同法律，进一步强化了监管一体化进程。

次贷危机爆发前后，2007年10月，欧盟理事会通过了跨国金融危机管理的九项原则。次年6月，欧盟各成员国、中央银行、财政部共同签署合作备忘录，着重强调了欧盟内部区域的金融监管合作，这些安排都是为了面对金融危机增强认识，统一行动，提高效率。2009年6月，欧盟理事会通过《欧盟金融监管体系改革》报告，其中提出成立欧盟系统风险委员会（ESRB）、欧洲金融监管系统（ESFS）。次年9月，通过《泛欧监管体系协议》，正式成立欧盟系统风险委员会（ESRB），主要负责宏观审慎监管，包含系统性风险预警，监控并评估各类风险，提出建议，执行预警后的相关监控。而欧洲金融监管系统（ESFS）主要负责微观审慎监管，确保欧盟法律得到一致遵守，制定规则，调节争议。至此欧盟构建起一个全新的金融监管框架，将宏观审慎监管与微观审慎监管结合在一起，金融监管改革具有一些特点，比如监管权限明显扩大了，过去的"母国监管"式平行监管转换为以欧盟为主的垂直监管；欧洲中央银行的地位得到显著提升，欧盟的金融监管机构地位也随之提高；将宏观审慎监管与微观审慎监管更好地结合，对于金融的监管，两者审慎监管皆起到很重要的作用，二者有机结合在一起发挥的效率更为显著。此次改革是基于全球金融危机大环境下进行的，因而是以危机管理为重点，修补金融监管体系漏洞为要点，着力解决主要问题。但也有些许不足，比如因为强化了欧盟层面的地位和监管权力，致使需要其他成员国更多让渡主权，从而在短期内改革效力难以显现。

世界范围内金融危机的爆发，引起欧洲多个主权国家陷入主权欧债危机，欧债危机不但延缓了欧洲经济的复苏，而且暴露出欧洲金融一体化进程中许多方面的弊端，从而引发思考，重新审视金融监管体系，推动着改革的深化。欧债危机从某种程度上来说是银行业的危机，很多欧洲银行持有大量的以次级贷款为基础资产的美国有价证券，因而次贷危机爆发后，这些银行都面临严重危机，而政府为了救市，拿出巨额财政资金援助，从而加重政府财政负担，甚至无法偿还，如此恶性循环，进而引发欧债危机。

在如此形势下，若能形成泛欧层面的银行监管体系，由欧洲中央银行担任最后贷款人的角色，能缓解市场信心，甚至有望恢复欧洲经济。

基于此，后金融危机时期建立欧元区统一银行业监管机制（SSM），就成为欧洲区域金融监管改革深化的下一个目标。统一银行业监管机制（SSM）是由欧洲中央银行、欧洲银行监管局和各成员国银行监管当局共同组成的一个三层监管框架，分别发挥负责监管主导、制定监管规则、监管中小银行的作用。在统一银行业监管机制下，欧洲中央银行的权力被继续强化，各成员国的权力则受到不同程度的削弱。中央银行不仅制定货币政策，还要维护金融市场稳定发展，承担最后贷款人角色，既实施宏观审慎监管，又负责微观审慎监管。

第三节　国际金融监管合作与区域金融监管合作的比较

一　次贷危机前后的国际金融监管合作的表现

本节从对比分析的角度来看国际金融监管合作和区域金融监管合作之间的异同，并进行比较。通过这种研究方法，可以让我们直观地看出现存的国际金融监管合作机制中存在的隐患，辨别两者在决策效果、效率与公平等方面的不同，从而为区域金融监管合作的优化提供理论基础。

2008年美国次贷危机暴露出新自由主义经济学过度追求经济效率而忽视安全与稳定的问题，另外，金融危机也促进全球金融监管的改革，开启了以防范系统性风险为核心，宏观审慎与微观审慎并重的新时代。次贷危机的爆发意味着过去传统的金融监管制度的重大缺陷，从而引发学界对此问题的重新审视与研究，探索化解与预防金融危机的方式方法。

金融危机爆发之前，发达经济体的金融监管理念是"监管自由主义"（Regulatory Liberalism），是基于新古典经济学产生的，此理念认为市场是有效率的，而且参与者都是理性人假设，所以应该尽量减少监管，市场力量与规则就可以确保经济稳健运行。但是，在某种意义上来讲，金融危机使"良好的监管意味着较少的干预"这种理念备受质疑，因为仅靠市场的力量并不能弥补金融机构风险管理层面的缺陷与不足。由于结构化金融创新产品的复杂性、模糊性，市场已经很难对其正确定价，监管部门仍然让市场力量自行发挥，而实际上熟视无睹，由此加剧了危机的爆发。

新古典经济学基于理性人假定，即经济决策主体是充满理智的，既不会感情用事，又不会盲目从众，而是精于判断和计算，追求自身经济利益的最大化。然而，经济上升时期投资者因过度自信、盲目乐观所进行的过度投机才是市场波动的根源。这与理性人假定形成了鲜明的对照，从而也说明市场力量与规则的不足。其次，次贷危机爆发以后，很多金融机构也是"大而不倒"，政府想方设法对其进行补救，确保其存续，因为重要金融机构倒闭所造成的一系列巨大负面效应并非单个经济体所能承受的，所以难以通过市场出清的方式来解决问题。这些恰好证实了诺贝尔经济学奖得主科斯（Coase）的论断，"对于追求完全竞争的金融市场而言，一个精心设计的规制与监管体系是不可或缺的"。

次贷危机爆发前，国际金融监管的主要对象均为微观层面的诸如银行、投行等金融机构，忽视了宏观层面审慎监管化解其系统外部性，而微观审慎监管方面仍存在一些不足。

其一，微观审慎监管忽视了系统性风险监管。微观审慎监管是为了保证个体金融机构稳定运行，但就像"囚徒困境"一样，个体的理性会导致集体的非理性，从而无法实现集体利益的最大化。银行和其他金融机构由于杠杆率高，通常会采取一些损害整体金融系统的措施，以增强自身安全。例如风险价格上升时，由于审慎的选择，一家银行会出售资产，但是所有的银行均采取这种方式，资产价格就会崩盘，然后银行和其他金融机构会采取进一步的措施来弥补，如此恶性循环，因而从某种意义上来说，正是由于银行这些举动反应,导致资产价格下跌和资产市场的波动。微观审慎监管会轻忽总杠杆率的升高和总信贷资源的错配问题、会忽略金融机构间的风险关联、不足以应对全局性金融风险,也对"大而不倒"的问题束手无策,包括规模过大导致管理效率低下,过大无法有效救援,甚至过大无法倒闭。

其二,微观审慎监管轻视软指标重视硬指标,造成不协调问题。软指标包括公司文化、公司治理、公司战略和经营模式等相关内容。硬指标包括资产质量、贷款充足率、不良贷款拨备覆盖率、资产利润率等内容,危机之前,一般只注重这些硬性指标。而此次危机让人们意识到金融机构管理也可能诱发系统性风险。正如英国一名议员在此次危机调查报告中表示:"红利驱动的薪酬结构刺激了不计后果、过度冒险的行为,红利方案的设计不符合股东利益和银行的长期可持续发展目标。"实际上,单个金融系统任何环节的相互引导和传染,都会因为不当的激励诱发出过度风险,进一步影响整个金融体系,比如投资者的从众心理、羊群效应、市场参与者的盲目非理性、基金经理过分的市场操作。

在金融监管自由主义的指导下,主要发达经济体的金融监管当局大力推动金融创新和金融竞争,以提高金融体系在危机前的整体效率。片面强调金融效率和过度依赖市场力量,使迅速扩张的影子银行体系不在监管体系之中。另外,影子银行因为没有存款准备金和资本充足率的限制,急速发展,由于自身没有足够的资本来支持庞大的业务规模,导致金融衍生品的过度创新远远超出了实体经济的需要,这进一步增加了整个金融体系的脆弱性。除此以外,由于影子银行不受存款保险制度的保护,一旦出现市场恐慌,极易出现挤兑和违约。

对效率的过度关注也会导致对消费者保护的忽视,在金融危机之前,由于过度关注效率而轻忽公平,发达经济体对金融消费者权益的保护措施主要是信息的披露,也就是说,监管当局制定一个标准,然后金融机构根据这个标准向金融消费者公开信息以提示风险。但是由于现代金融产品的复杂性和信息的不对称,消费者对于自己所购买的金融产品也不是完全了解，金融消费者在此环节中处于劣势，缺少判断，更无法发现其中隐藏的风险，所以消费者的权益也无法得到有效的保护。另外，因为忽视消费者的权益保护还会引发监管方面的问题，比如监管真空、监管滞后。

二 国际金融监管合作机制中内生矛盾分析

对国际金融监管合作机制的主要内生矛盾进行分析，有助于我们在未来的金融监管合作中有针对性地做出安排。主要矛盾大致有两点。

其一，国家之间，区域之内，存在各种复杂的利益冲突。根据国际法的基本原理，国际法效力来源于国际社会大多数国家意志的协调。同理可知，国际金融监管的相关法律制度也应该是基于国际社会上大多数的国家意志协调产生，但是在实际的国际金融监管法律讨论与制定中，所涉及的众多国家和地区都想方设法让法律约束向着对自己有利的一方倾斜，使自己的国家获取最佳利益，于是会产生很多利益上的矛盾和冲突。想要制定一个令所有国家地区都十分满意的国际金融监管法律制度就要把这些矛盾冲突一一解决，但这几乎是不可能的。所以只能通过国家间的对话谈判机制，求同存异，去达成一个次优的方案进行监管。与此同时也会产生问题，国家在达成共识前你来我往，容易陷入无休止的争论，大大地延迟了决策时间，可能方案出台前危机已经悄然来临，所以很难起到监管的作用。

其二，国际金融监管合作中所追求的集中监管难以实现。首先，国际金融的运行是十分复杂的动态演变，并非简单的静态分析，动态演变系统中包含成千上万个变量和参数，对这样层次结构复杂的国际金融系统进行集中监管是很难做到的；其次，国际金融监管中包含很多国家和地区，每个国家和地区又包含众多金融机构，这些单位和部门主要依据实现自己利益最大化的原则来发挥自身功能，就会产生一个问题，可能宏观层面上的目标是一致的，但是中观层面和微观层面上的目标不一致，因此，利益协调才是其复杂性根本所在。基于此，我们不能用简单的一般均衡模型去研究分析。不仅如此，信息研究分析方面也存在一系列问题，比如信息处理复杂，信息不完备、不确定。分析处理大量有关国际金融运行方面的信息十分耗时，同时根据这些信息进行决策时还可能有意料之外的各种影响因素产生，从而改变决策方向。

三 区域金融监管合作的现实选择

见识过亚洲金融危机、美国次贷危机对全世界的深远影响之后，区域金融监管合作日益被金融界重视，可以说区域金融监管合作是继国际金融监管合作之后的新生事物，是基于国际金融监管合作的弊端，进行不断探索，弥补其劣势的不断思考的结果，是基于现实的一种选择，本节以东南亚金融危机事件为例，探索区域金融监管合作得以存在和发展的原因。

首先，有区域内国家进行金融监管合作的共同利益驱使。20世纪末的东南亚金融危机让该区域内的各国认识到，由于地理位置上彼此相邻，经济上依存度也很高，金融危机影响的不单单是一个国家，而是整片区域甚至向全球扩散，如果采取措施加入亚洲货币合作，收益会远高于不参加合作所负担的成本。目前，国际金融投机活动往往采取联合行动，善于利用各种金融衍生品，仅靠各国央行和公开市场操作等传统手段，难以应对。因此，亚洲大部分发展中国家应该尽快采取积极的防御举措，比如在国内加强央行、财政部、银保监会、证监会等相关部门的合作；在国际加强各国央行政策协调，探索建立新的国际和地区金融安全机制。

其次，源于国家之间的合作博弈。既然有合作博弈，亦有非合作博弈，那么何为合作博弈？何为非合作博弈？在此我们借用谢识予关于两者的定义，"我们将也许存在约束力协议的博弈称为'合作博弈'（Cooperative Game）；与此相对，不存在有约束力协议的博弈则称为'非合作博弈'（Uncooperative Game）"[①]。根据此

---

① 参见谢识予《经济博弈论》，复旦大学出版社2002年版。

定义，两者之间的划分标准关键在于参与博弈人之间能否达成一个具有约束力的协议，也基于此，国际金融监管合作和区域金融监管合作都共同追求金融监管的合作协议，理应归属于合作博弈，但也不排除求同存异的情况，即在大层面中合作博弈，在某些细节方面非合作博弈。例如，当各国面临金融监管合作时，会始终考虑本国的政治经济利益，以此为前提，尽力寻求一种能够影响未来合作方向的话语权。在合作初期，因为缺乏互信机制，双方很有可能在刚开始合作之际就陷入相互猜疑的"囚徒困境"；在合作之后，博弈者也会为自身利益争吵不止，但根据博弈论原理，即使一开始缺乏互信机制彼此算计，但经过多轮博弈之后也会走上合作的道路。

区域金融监管合作是源于历史的国际金融监管合作的非博弈合作，虽然国际金融监管合作是一种最为理想的最优防范金融危机的措施，但其弊端也是源于其理想化而导致的不现实，包括国家和地区之间复杂的利益冲突，追求的集中监管难以实现，霸权主义的存在影响监管走向，等等。东南亚的金融危机、美国次贷危机都表明，现行的国际合作机制、国际金融系统并不适用于金融全球化、区域经济一体化发展的需要，所以需要建立新的国际金融秩序，以更好地防范风险，促进全球经济稳步发展。建立新的国际金融体系也非一朝一夕，此时就彰显出区域金融监管合作的重要性，即使不能覆盖全球的金融安全，也对区域内各国家的金融安全起到积极防范作用。本质上是区域内各国家为了共同利益不断进行合作博弈，从而实现监管的协调发展的一个过程。

从某种程度上来讲，区域金融监管合作的前提条件是区域内存在金融利益冲突，没有冲突，何来合作，就本书而言，区域金融利益的获得机制是区域金融监管合作的一个较为基本的动因。区域内的国家由于交流来往最为密切，导致区域内思想观念、行为处事有趋同趋势，当面对相同的事物时，可能相应的反应也比较接近，各国都是利益获得者，所以更激励了其中国家信息共享等更多合作，从而形成良性循环，使得区域金融监管合作本身自我增强。

不同地区的政治经济利益不同，经济金融发展水平也不同，所以我们几乎不可能用绝对统一的标准来监管世界上所有地区的所有国家。如果我们真的能够在世界各地实施统一的金融监管，那么这种监管也将不可避免对所有地区和国家的金融发展起到负面抑制作用。因此，只有以尊重各国家、各地区金融发展的客观规律和实际情况为前提，在自愿平等的基础上构建区域金融监管合作机制，才能更有效地抵御区域金融危机的冲击，只有世界主要区域建立起这样的金融监管合作机制，国际金融监管合作才能有赖以建立的基础。

第四节　中国—东盟区域金融合作研究

一　中国—东盟区域金融合作现状

自1978年改革开放至今40多年来，随着开放程度的不断加深，中国取得了前所未有的成果。近年来，中国在金融领域开放的步伐也逐渐加快，制定了很多金融开放政策，其中涉及市场准入、国民待遇、金融市场开放三个领域。而与东盟的金融合作一直在持续进行，2018年12月印发的《广西壮族自治区建设面向东盟的金融开放门户总体方案》体现了中国面向周边国家开放金融领域的战略思想。2019年8月2日，国务院批准了山东、江苏、广西、河北、云南、黑龙江6个省区设立自由贸易试验区，并出台了许多关于面向东盟的跨境金融创新发展政策。其中，在《中国（广西）自由贸易试验区总体方案》中明确提出要打造面向东盟的金融开放门户，深化以人民币面向东盟跨区域使用为重点的金融改革。在《中国（云南）自由贸易试验区总体方案》中明确提出要扩大金融领域对南亚、东南亚等国家的开放合作。由此可见，我国将东盟视为开展金融合作的重要伙伴。中国主要基于"10+3"（东盟十国与中日韩三国）机制进行金融当局间的合作，其中包括监管方面的合作、货币方面的合作、金融基础设施的建设。

目前金融全球化、区域经济一体化趋势越发显著，一个国家的金融危机会导致全球金融市场的动荡，所以在金融方面进行区域合作是非常有必要的。第一，监管方面的合作有"东盟监督机制"的建立，其前身是1998年签订的《理解条约》，这一机制确实推动了中国与东盟国家的金融合作，"10+3"地区国家实现了短期资本流动数据的共享。2000年5月的东盟"10+3"监督进程第一次同行会议参与者集体同意加强区域合作与政策对话，这就意味着之前仅在东盟国家存在的东盟监督机制得到了"10+3"地区国家的广泛认可并使用，且在之后不断发展。次年5月在"10+3"财长会议中，东亚"10+3"预警系统被充分肯定。2011年4月成立了"10+3"宏观经济研究办公室，以监测该区域内成员国的宏观经济形势，并且对申请货币互换协议的成员国进行客观评估。

第二，货币合作方面主要由货币互换协议、人民币挂牌交易、外汇储备共同支撑。首先，货币互换机制方面。2000年达成《清迈协议》，提出扩大东盟现有的货币互换协议，涉及国家由东盟十国加入中国、日本、韩国三个国家，在"10+3"区域内建立货币互换机制，目的是面对金融危机时提供短期资金援助。2001年，在《清迈协议》框架下，中国与泰国签署了20亿美元的货币互换协议，这是我国首次与外国央行签署货币互换协议。2006年财长会议中明确了接下来需要努力建设的方向，即将清迈协议多边化，或者启动"后清迈倡议"的合作模式，两年之后，清迈协议多边化就得到了落实。货币互换机制在中国，东盟区域内初步充当了最后贷款人角色，在抵抗区域性金融危机，预警全球性危机中都发挥着相当积极的作用。目前我国与东盟国家中的马来西亚、印度尼西亚、菲律宾、新加坡、泰国五个国家签订了双边本币互换协议。截至2019年8月，我国央行与东盟国家签署的货币互换协议总金额已达7500多亿元，双边本币互换机制有望覆盖东盟所有国家。

其次，在人民币挂牌交易方面，随着滇桂沿边金融综合改革试验区的不断建设，人民币与缅币、越南盾自由汇兑的试点已经取得突破性进展，成立了中国东盟货币服务平台、中国东盟货币业务中心。采用成员银行每周一次的"抱团定价"和"轮值定价"模式，实现人民币对越南盾的直接报价兑换。云南瑞丽中缅货币兑换中心规范了人民币与缅甸货币的兑换市场，发布了中缅货币兑换中间指导价，形成了"瑞丽指数"。除此以外，人民币对马来西亚林吉特、新加坡元、泰国铢在外汇交易中心已经实现直接交易，人民币对柬埔寨瑞尔在银行间市场进行区域交易，截至目前，中国与6个东盟国家货币实现人民币挂牌交易。东亚外汇储备基金是为了应对金融危机期间流动性困难问题而用于统一调度，短期资金援助的外汇储备基金，即"自我管理的外汇储备库安排"。由"10+3"区域内的成员国按照一定出资比例建立，通过实施双边、多边货币合作制度，为区域内国家提供流动性支援，稳定国家经济。目前随着"一带一路"倡议的不断加深，已经有马来西亚、泰国、老挝、新加坡、菲律宾、柬埔寨、印度尼西亚7个东盟国家将人民币纳入外汇储备。

表9-1　　　　　　　　中国与东盟国家货币合作现状

国别	与中国货币合作情况		人民币国际化情况	
	双边本币互换协议、结算协议签署情况	小币种挂牌（含区域交易）	是否被纳入外汇储备货币	是否为官方结算货币
文莱	无	无	否	否
柬埔寨	无	银行间市场区域交易	是	正在考虑
印度尼西亚	2000亿元人民币双边本币互换协议	无	是	否
老挝	已签署双边本币结算协议	无	是	否，但在北部四省可以代替本币流通
马来西亚	1800亿元人民币双边本币互换协议	在外汇交易中心直接交易	是	否

续表

国别	与中国货币合作情况		人民币国际化情况	
	双边本币互换协议、结算协议签署情况	小币种挂牌（含区域交易）	是否被纳入外汇储备货币	是否为官方结算货币
缅甸	无	"自由兑换"试点	否	是
菲律宾	已签署货币直接兑换协议	无	是	否
新加坡	3000亿元人民币双边本币互换协议	在外汇交易中心直接交易	是	否
泰国	700亿人民币双边本币互换协议	在外汇交易中心直接交易	是	否
越南	已签署双边本币结算协议	"自由兑换"试点	否	是，可在越中边境7省内使用人民币结算

资料来源：中国人民银行官方网站发布的《中国人民银行公告》。

第三，金融基础设施的建设合作所包含的范围比较广泛，即囊括双边结算、信息共享、交易平台，又涉及市场服务规范、金融法律的建设、信用环境等多个方面。以双边结算为例，中国—东盟自贸区的建设使中国与东盟国家之间的投资和贸易迅速扩大，2019年期间，中国与东盟持续有7个月的贸易额超过中美贸易额，使得东盟目前成为中国第二大贸易伙伴。而2018年全年中国与东盟贸易额高达5878.7亿美元，同比增长了14.4%，增速在中国贸易伙伴中排名第一。而随着投资、贸易的迅速增长，一般国际结算与边境贸易结算在结算量等方面都得到快速发展，人民币跨境结算得到充分试点，东盟随之成为人民币跨境收付的主要地区。我国2018年全年的人民币跨境收付总金额为15.85万亿元，同比增长46%。同时，结算规模的扩大促进了双边银行结算网络的发展。目前，中国已建立了中国工商银行中国—东盟人民币跨境清算（结算）中心、广西北部湾银行中国—东盟跨境货币业务中心等结算平台。

二 中国—东盟区域金融合作的制约因素

近年来随着"一带一路"倡议的实施,中国与东盟国家的金融合作取得了显著的成效,包括金融监管方面、货币合作方面等多领域合作,但同时还存在诸多不足制约了金融合作的发展。首先,中国与东盟国家的经济发展水平存在较大差异。区域内不仅包括经济水平较高的新加坡、文莱,还包括比较贫困的缅甸、越南、老挝等国家,以目前2019年人均GDP为例,区域内国家的经济发展水平可以大致分为五个级别:第一级别为人均GDP在50000—60000美元的新加坡,此级别已进入高收入国家的行列;第二级别的为文莱,人均GDP介于20000—30000美元;第三级别为人均GDP位于10000—20000美元,马来西亚、中国均在其中;第四级别是人均GDP在5000—10000美元的泰国;第五级别是人均GDP在5000美元以下,其中包括印度尼西亚、菲律宾、老挝、越南、柬埔寨、缅甸六个国家。从中可以看出,各个级别之间差距还是十分巨大的。区域内国家经济基础良莠不齐,经济结构也各有特征,导致在发展过程中,不同国家面临的问题与困难也是不相同的,从而各国的宏微观政策的制定也不尽相同。

其次,深层次的金融合作从某种意义来讲是政治上的融合,相互之间的金融关系会反映出主权国家之间的权利利益安排。欧元之父蒙代尔曾表示,在没有一定程度的政治合作前提下要求国家放弃本国货币而接受单一货币制度联盟是不可能实现的。欧元区的经验也正说明这一点,有政治联盟支撑才能进行深层次的金融方面的合作,比如建立单一货币联盟欧元区。

东盟作为东南亚地区国家的一种合作机制,其特点是强调国家主权的地位,其原则包括不干预国家内政、不使用武力与不威胁使用武力、强调和平解决争端、互惠互利等,在合作基本文件中都有相应的规定。但是事实上,如果东盟任何一个成员国违反了协议,也不会受到明确的惩罚,因为在所签订的合作协议中没有强制性规定出成员国权利和义务相关方面的内容,这导致其主权意识较为强烈，不利于东盟一体化的进程。此外，改革开放以来中国的经济发生了翻天覆地的变化，中国在与东盟进行金融合作时，东盟国家传统的主权意识、对中国崛起的片面认识、过于谨慎的合作态度等使得金融合作偏向于非正式、重共识的"亚洲传统"，导致合作多以协议代替明确的规章制度。但是，长期的区域金融合作需要建立明确、固定的规章制度，支持合作国家自主制定相关的金融政策。

中国与东盟在区域金融监管合作方面已经取得了一些成果，但仍存在许多不足之处，其中包括各国国内因素和国际监管合作中的原因，这都限制了区域金融监管合作的发展。首先是金融监管制度的落后。东盟国家金融市场体系尚不够完善，金融监管以行政监管为主，法规监管为辅。而行政监管自身存在很多弊端，混乱、随意、缺乏透明度等，这些弊端无法确保监管的独立性，降低了监管效率。与此同时，我国的监管制度也不尽完整，金融法规不健全、监管滞后等问题仍然存在。中国与东盟的金融合作体系相比发达国家间的金融合作体系更加脆弱，经验也更加不足，这都影响了监管合作的进程。其次是金融援助机制需完善，中国与东盟监管合作基本上是在《清迈协议》框架下进行的，其中货币互换机制均为双边协议，一旦危机来临，受灾国家为了获得流动性支持需要进行双边谈判，这会影响救援的时效。最后是信息共享程度不够。现代社会是信息的社会，任何科学的决策都要有大量真实的信息数据支撑，而成员国共享的各种信息数据是实施区域金融监管的重要依据，也是进行建模预警，预防金融危机的重要支撑，所以要确保共享信息的及时性、准确性、真实性。目前中国与东盟国家之间还没有建立起高效的信息共享机制，即使在东盟十国内部也没有完善的信息共享体系。因为东盟国家没有把经济金融方面的信息数据当成一种公共产品，而是一种策略手段。

三　中国—东盟区域金融合作的建议

通过对中国与东盟区域合作现状、不足的分析，我们了解到与双方紧密的经贸往来相比，区域金额合作尚还处在较浅的层次，其中有政治方面、经济发展方面、金融监管合作方面的各种原因，导致合作发展进程受限，还不能满足进一步深化双边贸易投资发展的需求。对此，我们从几方面对深化中国与东盟区域金融合作提出建议。

第一，建立协调一致的区域金融体系，加强政治互信。基于中国和东盟国家的经济水平、政治制度、金融市场等方面均有较大差异，中国可以根据不同国家的经济情况开展不同层次的合作，秉承先易后难、审慎进行的原则，实现"梯度式"合作模式。比如第一梯度是中国和新加坡的合作联手，提高本国在全球金融体系中地位，为第二、第三梯度的国家提供资金和技术方面支持，帮助引导其金融的高速发展；第二梯度的国家有文莱、马来西亚和泰国，借助上一梯度国家提供的资源完成自己国家的金融结构改革和优化，为下一梯度合作探索路径；第三梯度为剩下的六个国家，凭借第一梯度的资金援助和技术支撑，第二梯度的经验模式来加快自身的经济金融发展，促进金融结构快速调整。此外，除了建设区域金融政策协调机制外，还应注重区域内金融法律方面的研究制定，为深层次的合作发展打好基础。

第二，加强区域金融监管合作，提高应对风险能力。无论是1997年的东南亚金融危机，还是2008年的次贷危机都告诫人们，在全球金融一体化的大背景下，任何单一国家的力量都是有限的，难以应对全球性的金融危机，因此需要区域层面上的合作监管。首先，构建完善的金融监管预警体系。随着金融合作的不断加深，区域金融风险也逐渐积累，只有完善预警机制，注重事前的监测，才能避免或及时应对突如其来的金融危机。具体包括建立高效可行的监管标准，加强多边信息的共享互换，等等。其次，建立健全制度化的沟通对话机制。金融合作的理论和实践表明：合作只有在正式的制度约束下才能发挥其应有的功效，金融合作的制度化能够强有力地影响私人部门的预期，有助于获取私人部门对合作进程的参与和支持，进而形成金融合作的"自增强"效应。①故而应加强对话沟通机制制度化建设，倡导相关国家在区域范围内成立专门常设机构，更好地服务于进一步合作发展。最后，改善金融救援模式。目前按照《清迈协议》框架下是双边化的货币互换协议，根据现实的要求可改善其为多边化，扩大货币互换的金额，降低使用条件，充分发挥其灵活性。

第三，深化经贸合作，加快区域经济一体化进程。区域经贸与区域金融合作有直接关联，任何经济活动都要依靠金融服务来实现，缺少经贸活动，金融合作也难以为继，二者相辅相成。贝拉·巴拉萨把区域一体化发展分为五个阶段，分别为特惠贸易安排、自由贸易区、关税同盟、共同市场、经济联盟。第一阶段为特惠贸易安排，成员国彼此享受低于正常关税的特殊优惠关税；在第二阶段自由贸易区中，取消了进出口贸易关税；在随后的关税同盟阶段中，成员国自由贸易并采用相同的贸易政策；在第四阶段的共同市场中实现劳动、资本的自由流动；在最后阶段经济联盟里，除要素的自由流动外，还包括施行一致的财政金融政策。五个阶段依次实现，一体化程度逐步加强，根据此理论，中国与东盟目前还处在第二阶段自由贸易区，有很大发展空间，可通过在中国—东盟自贸区建立贸易结算体系，探索人民币在东盟地区实现国际化的模式。

---

① 李晓、丁一兵：《现阶段的东亚金融合作：面临的挑战及政策建议》，《国际经济评论》2005 年第 3 期。

参考文献

陈学斌等：《当代金融危机的形成、扩散与防范机制研究》，上海财经大学出版社2001年版。

陈雁云：《区域金融理论与问题研究》，江西人民出版社2009年版。

邓大鸣：《金融监管的区域合作》，西南交通大学出版社2006年版。

韩国文主编：《金融市场学》，清华大学出版社2014年版。

何泽荣、黎维彬：《国际金融与中国金融发展》，云南民族出版社2000年版。

贺小勇：《金融全球化趋势下金融监管的法律问题》，法律出版社2002年版。

黄解宇、杨再斌：《金融集聚论——金融中心形成的理论与实践解析》，中国社会科学出版社2006年版。

蒋三庚、逄金玉：《中国区域金融及发展研究》，高等教育出版社2012年版。

雷蒙德·W. 戈德史密斯：《金融结构与金融发展》，周朔等译，上海三联书店、上海人民出版社1994年版。

李正辉、马守荣：《金融风险指数构建与应用》，中国金融出版社2016年版。

刘仁伍：《区域金融结构和金融发展理论与实证研究》，经济管理出版社2003年版。

刘锡良、董青马：《防范系统性和区域性金融风险研究》，中国金融出版社2018年版。

慕丽杰：《中国区域金融非均衡发展研究》，高等教育出版社2009

年版。

时光、杨海燕、伍燕：《区域金融学纲要》，民族出版社 2010 年版。

史瑛：《中国区域金融与区域经济发展相关性研究》，四川大学出版社 2017 年版。

宋泓明：《中国产业结构高级化分析》，中国社会科学出版社 2004 年版。

孙伟祖：《金融产业演进与金融发展——基础理论的构建及延伸》，中国金融出版社 2006 年版。

韦红：《地区主义视野下的中国—东盟合作研究》，世界知识出版社 2006 年版。

谢识予：《经济博弈论》，复旦大学出版社 2002 年版。

徐忠：《区域金融改革探索与实践》，中国金融出版社 2014 年版。

叶永刚、张培、宋凌峰：《区域金融工程》，人民出版社 2017 年版。

应寅锋：《金融结构、政府行为与金融稳定》，中国社会出版社 2009 年版。

赵振宗：《中国东部地区金融风险研究——基于宏观金融工程方法》，中国金融出版社 2014 年版。

支大林、于尚艳：《区域金融理论与实证研究》，商务印书馆 2008 年版。

艾洪德、张羽：《辽宁省区域金融风险实证研究》，《财经问题研究》2005 年第 3 期。

白钦先：《金融结构、金融功能演进与金融发展理论的研究历程》，《经济评论》2005 年第 3 期。

曹森：《留存资本缓冲与逆周期资本缓冲的模型分析》，《金融理论与实践》2014 年第 5 期。

曹源芳、蔡则祥：《基于 VAR 模型的区域金融风险传染效应与实证分析——以金融危机前后数据为例》，《经济问题》2013 年第 10 期。

陈军、王敏：《基于资产负债表的区域金融风险与脆弱性的实证分析》,《上海金融》2010年第9期。

陈向阳:《金融结构对区域创新能力的影响研究》,《区域经济评论》2019年第6期。

陈雁云:《中国区域利率决定模型的构建》,《上海金融》2009年第2期。

陈颖、王建红:《区域金融风险管理的目标与策略研究》,《海南金融》2011年第7期。

戴季宁:《产业发展视角下对防控金融风险的思考》,《当代金融研究》2019年第1期。

丁述军、庄须娟、李文君:《区域金融风险部门间传染机理与实证分析》,《经济经纬》2019年第3期。

冯林、董红霞、郝建娇:《基于ESDA的区域金融风险传染评价研究——山东县域数据的实证》,《经济与管理评论》2016年第1期。

冯子涵:《美国次贷危机形成的政策原因剖析》,《改革与开放》2018年第2期。

龚强、张一林、林毅夫:《产业结构、风险特性与最优金融结构》,《经济研究》2014年第4期。

郭克莎:《中国产业结构调整升级趋势与"十四五"时期政策思路》,《中国工业经济》2019年第7期。

韩小羽:《实施有差别性的区域金融政策可行性研究》,《山东省农业管理干部学院学报》2009年第5期。

何晓夏、章林:《中国区域金融结构差异研究》,《金融论坛》2010年第1期。

赫国胜、燕佳妮:《财政分权下金融支持实体经济发展效率及区域差异研究——基于省际面板数据的实证分析》,《当代经济管理》2020年2月16日。

洪伟璇、梁培金:《土地财政与地方政府债务研究》,《青海金融》2019年第3期。

胡善成、靳来群、刘慧宏:《金融结构对技术创新的影响研究》,

《中国科技论坛》2019年第10期。

胡伟、夏成、陈竹：《东北建设成为对外开放新前沿的现实基础与路径选择》，《经济纵横》2020年第2期。

瞿小丰：《防范和化解区域金融风险的对策建议》，《中国集体经济》2019年第23期。

李国英：《金融抑制、金融创新与互联网金融发展边界——基于与传统金融机构竞合的视角》，《区域经济评论》2015年第4期。

李建军、卢少红：《区域民间金融风险预警方法与实证分析——以浙江省为例》，《金融监管研究》2013年第2期。

李健男：《论后金融危机时代金融监管国际合作的组织机制——全球金融集体安全机制构建思考之一》，《现代法学》2010年第4期。

李晓、丁一兵：《现阶段的东亚金融合作：面临的挑战及政策建议》，《国际经济评论》2005年第3期。

林毅夫、徐立新、寇宏、周叶菁、裴思纬：《金融结构与经济发展相关性的最新研究进展》，《金融监管研究》2012年第3期。

刘瑞明、赵仁杰：《西部大开发：增长驱动还是政策陷阱——基于PSM-DID方法的研究》，《中国工业经济》2015年第6期。

刘湘云、杜金岷：《区域金融结构与经济增长的相关性研究》，《武汉大学学报》（哲学社会科学版）2005年第3期。

鲁玉祥：《系统重要性银行监管改革进展及对我国的启示》，《区域金融研究》2014年第11期。

陆平军：《中国钢铁行业的现状和展望》，《市场论坛》2019年第3期。

路妍：《金融危机后的国际金融监管合作及中国的政策选择》，《管理世界》2011年第4期。

罗白璐、赵少平、蒋满霖：《"一带一路"沿线省域金融发展差异的实证研究》，《经济地理》2019年第9期。

马立平、邹士年：《中部崛起事关全局举足轻重》，《宏观经济管理》2017年第6期。

彭俞超：《金融功能观视角下的金融结构与经济增长——来自1989—2011年的国际经验》，《金融研究》2015年第1期。

戚湧、王昊义、王明阳：《区域金融生态系统对新创企业绩效影响的实证研究》，《科技管理研究》2019年第13期。

邱兆祥、王修华：《试论后危机时代国际金融监管协调与合作》，《教学与研究》2010年第11期。

任建军、柯善咨：《信贷配给与区域经济发展》，《金融论坛》2011年第7期。

沈丽、张影、李文君、刘嫒：《我国区域金融风险的时空演化及驱动机制——基于经济四部门视角》，《南方经济》2019年第9期。

沈丽、张影、张好圆：《我国金融风险的区域差异及分布动态演进》，《改革》2019年第10期。

沈悦：《金融安全预警机制：综述与启示》，《济南金融》2007年第7期。

盛垒、权衡：《区域经济分化态势与经济新常态地理格局》，《复旦学报》（社会科学版）2018年第3期。

石润、潘焕学：《我国区域金融风险的防范与化解策略研究》，《区域金融研究》2014年第11期。

宋伟：《IMF近期决策结构改革及其对中国的影响（2006—2012）》，《国际经贸探索》2013年第6期。

宋宪伟：《国际金融监管的多边治理机制——一个多层次的构想框架》，《福建行政学院学报》2009年第3期。

孙福兵、丁骋骋：《改革开放以来温州的三次金融风潮与金融改革》，《社会科学战线》2013年第10期。

孙颖：《区域性金融风险剖析》，《统计教育》2007年第3期。

万泰雷、李松梁、黄鑫：《国际金融监管合作及中国参与路径》，《国际经济评论》2014年第3期。

汪明：《广东产业结构转型升级的最优金融结构研究》，《金融教育研究》2011年第4期。

王锦阳、刘锡良：《影子银行体系：信用创造机制、内在不稳定性与宏观审慎监管》，《当代经济科学》2017年第7期。

王丽娅、胡玮艳：《金融政策在美国区域均衡发展中的作用及对我国的启示》，《河北金融》2009年第1期。

王文胜、李新彬：《试论国有商业银行信贷资源的区域化配置》，《金融论坛》2005年第2期。

王荫林、张海霞、张东生：《经济波动、区域产业结构调整与金融风险实证研究——临汾市区域经济个案分析》，《金融研究》2004年第11期。

王颖：《新常态下我国系统性区域性金融风险新特征及防范对策研究》，《现代经济信息》2017年第22期。

韦凤巧：《中国—东盟区域金融监管合作法律制度：困境与出路》，《经济研究导刊》2009年第20期。

吴艾君、官祥庆：《新常态背景下有效防范区域性金融风险的路径探析》，《金融发展评论》2017年第8期。

吴云峰：《后危机时代金融监管国际合作的法律研究》，《河南财政税务高等专科学校学报》2011年第4期。

谢坤、夏琦、谭中明：《我国省域系统性金融风险的测度分析》，《农村金融研究》2019年第5期。

辛灵、陈菡彬：《我国钢铁产业产能过剩的形成机理与影响因素分析》，《统计与决策》2019年第17期。

徐铭蔚：《2018年地方政府综合财政收入情况》，《中国财政》2019年第9期。

徐英倩：《金融结构对区域经济影响的实证分析》，《统计与决策》2018年第5期。

尹继志：《后危机时代欧盟金融监管改革动向与评析》，《南方金融》2013年第5期。

于尚艳：《区域金融风险的成因分析》，《吉林省经济管理干部学院学报》2008年第4期。

俞颖、康建华：《我国区域经济差异与金融差异的双重分解——基于空间与产业视角》,《西安电子科技大学学报》(社会科学版) 2019 年第 2 期。

虞笑慧:《民间金融公司的风险传导机制研究》,《中国商论》 2020 年第 3 期。

云倩:《"一带一路"倡议下中国—东盟金融合作的路径探析》, 《亚太经济》2019 年第 5 期。

张斌彬、何德旭:《金融显性集权、隐性分权与区域金融风险——基于 kmv 和空间面板杜宾模型的实证研究》,《福建论坛》(人文社会科学版) 2019 年第 5 期。

张培、叶永刚:《区域的宏观金融风险——基于东亚及东南亚国家(地区)的实证分析》,《经济管理》2011 年第 8 期。

张时坤、丁文丽:《信贷资金区域化配置的问题研究》,《中国商界》(下半月) 2009 年第 7 期。

张晓莉、王宇、王媛、李玉辉:《我国信贷资源的区域分布与配置效率研究》,《西部金融》2012 年第 10 期。

张雪兰、何德旭:《次贷危机之后全球金融监管改革的趋势与挑战》,《国外社会科学》2016 年第 1 期。

赵丽君:《"一带一路"背景下中国与东盟区域金融合作的创新路径》,《对外经贸实务》2019 年第 12 期。

郑长德:《当代西方区域金融研究的演进及其对我国区域金融研究的启示》,《西南民族大学学报》(人文社会科学版) 2005 年第 11 期。

周渤、苏宇慧、于震:《美国量化宽松货币政策对中国的溢出效应研究》,《经济体制改革》2016 年第 5 期。

周莉萍:《金融结构理论:演变与述评》,《经济学家》2017 年第 3 期。

周绍永:《中国与东盟国家金融合作:现状、制约因素与对策》, 《吉林工商学院学报》2015 年第 2 期。

朱鸿鸣、吴庆:《温州化解地区性金融风险的做法及启示》,《重庆理工大学学报》(社会科学版) 2015 年第 9 期。

淄博银监分局区域金融风险研究课题组、陈保君:《区域金融风险预警系统研究——基于 Z 市的实证分析》,《金融监管研究》2015 年第 7 期。

邹小芃、叶子涵、杨亚静:《文化资本、制度环境对区域金融中心的影响》,《经济地理》2018 年第 4 期。

程莉:《关于信贷资金区域化配置的研究》,硕士学位论文,东北师范大学,2007 年。

段莉芝:《建立湖南省区域金融稳定指标体系的研究》,硕士学位论文,湖南大学,2006 年。

莫申生:《制度安排视角下的中国金融结构调整与经济发展》,博士学位论文,浙江大学,2014 年。

钱晓霞:《金融开放进程下短期跨境资本流动对我国金融稳定的影响》,博士学位论文,浙江大学,2018 年。

时红:《区域金融风险的综合度量及实证研究》,硕士学位论文,江苏大学,2017 年。

王宇辉:《区域经济板块问题研究》,博士学位论文,兰州大学,2008 年。

王志辉:《金融生态系统演化研究》,博士学位论文,吉林大学,2018 年。

吴桢:《金融生态环境影响金融主体发展的区域差异研究》,博士学位论文,兰州大学,2015 年。

谢家智:《区域资金配置的理论及实证研究》,博士学位论文,西南农业大学,2001 年。

叶光毓:《我国区域信贷配给的形成机制:理论与实证研究》,博士学位论文,暨南大学,2008 年。

张彻:《区域经济差异识别及预警研究》,博士学位论文,武汉大学,2010 年。

张玄:《金融集聚影响区域民营经济成长的机理与实证研究》,博士学位论文,重庆大学,2017 年。

周宏亮:《基于发展绩效的中部崛起战略重构研究》,博士学位论文,武汉理工大学,2012年。

陈爱莲:《健全和优化内控机制是基层商业银行防范金融风险的有效保障》,载《2005年度中国总会计师论文选》,中国总会计师协会,2006年。

Demirguc-kunt, Asli and Ross Levine, "Bank-based and Market-based Financial Systems: Cross-country Comparison, Mimeo", *World Bank*, 1999.

Eatwell, John, "Institutions, Efficiency, and the Theory of Economic Policy", *Social Research*, Vol. 61, No. 1, 1994.

Fishkind, H. H., "The Regional Impact of Monetary Policy: An Economic Simulation Study of Indian 1958 – 1973", *Journal of Regional Science*, Vol. 17, No. 1, 1977.

Greenwood, Jeremy, and Boyan Jovanovic, "Financial Development, Growth, and the Distribution of Income", *Journal of Political Economy*, Vol. 98, No. 5, 1995.

Hugh, R., "Monetary Policy and Regional Interest Rates in the United States", *NBER Working Paper*, 2004.

Jaramillo, F. Schiantarelli, F, & Weiss, A., "The Effect of Financial Liberalization on the Allocation of Credit: Panel Data Evidence for Ecuador, Policy Research Working Papers", *The World Bank*, WPS 1092, 1992.

Sheila C. Dow, Carlos J. Rodriguez-Fu, *Regional Finance: A Survey*, *Regional Studies*, Vol. 31, No. 9, 1997.

Statement Regarding the Impact of the Economic Growth, Regulatory Relief, and Consumer Protection Act (EGRRCPA), Board of Governors of the Federal Reserve System, 2018, https://www.federalreserve.gov/.

Supervision and Regulation Report, Board of Governors of the Federal Reserve System, May 2019, http://www.federalreserve.gov/publications/default.htm.

后 记

本书能够付梓，首先要感谢云南大学一流大学建设项目"区域合作"理论创新高地建设项目负责人梁双陆研究员的大力支持和帮助。本书的出版，还得到了云南大学经济学院崔庆波副教授的大力帮助。在此，谨向他们表示衷心的感谢。

此外，还要对云南大学经济学院研究生李敬侠、李丹、李忠绪、苏云迪在数据收集、资料整理方面所做的工作表示诚挚感谢。

区域金融与金融风险一直以来是我们关注的焦点问题。本书的研究是对前期研究基础的扩展。本书试图从区域金融发展、区域合作与金融风险防控的角度探讨金融与经济的关系。作为一个研究方向上的尝试，恳请读者朋友不吝赐教。

王 旭
2021 年 9 月